中文文化史

十七講

常耀華、李洪波 編著

崧燁文化

目錄

自序

　　從書名知，這不是一部學術專著，只不過是一種教材更確切地說是一本講義，而已。如果讀者肯耐心讀上幾講，也許會提出這樣的質疑：「這是教材嗎？」其實，我們自己也曾為本書的定位而困惑。作為教材，一般都會有介紹該課的性質、學習物件、學習方法之類的文字，然而，本書於此卻付闕如。為什麼呢？原因有兩個。首先，對於「講什麼」亦即「文化史」的邊界坦白地說我們並不清楚。翻開當下流行的「文化史」，或一卷本，或多卷本，既有偏重哲學的，又有偏重語言的，既有偏重制度的，又有偏重經濟的，既有偏重文學的，又有偏重藝術的，既有偏重自然科技的，又有偏重宗教禮俗的，當然還有類乎「百科全書」的。總而言之，言而總之：「政出多門」，流光異彩，令人目迷五色。以此之故，有人戲稱「文化是個筐，什麼都可以往裡裝。

　　在研究所時曾經選修過一門名叫「文化人類學」的課，上課地點是學術禮堂。第一節課整個禮堂坐的滿滿的，兩三次課下來學子們逃了五分之四。何以如此？有人說，「文化」這玩意兒太高深了，光「文化」一個概念老師講了好幾堂，據說古今中外不同的解釋有二百五六十種呢！我想二百五六十種怕也未必完備。說句實在話，我也屬於愛熱鬧的那一路學生，雖然對那些高頭講章也不無敬意，但我還是更喜歡張光直先生《美術、神話與祭祀》一類的東西。這門課我有一搭無一搭聽著，學分怎麼拿的就記不得了。有了這個經歷，心想有朝一日，如果不得不「販賣」「文化」，我也不概這個念！說來也巧，事隔三年，我還真攤上了這類課，並且還接二連三地開設「語言文化專題」、「中華文化史專題」、「古文化學專題」等等，等等。為稻粱謀，我不得不東奔西突，惡補「文化」。「文化」久了，倒也覺得蠻好玩的。然因對「文化」概念有恐高症，所以，在這本書裡找不到「什麼是文化」這樣的內容。如果有人偏想求知這一問題？

　　作為教材，最穩妥的做法是雜抄諸家，雖不能倖免似曾相識之譏，卻可以做到四平八穩，讓人找不出毛病。我素煩千人一面，推己及人，所以，甘願承擔一點風險。是書或有不「倫」乃至錯誤之處，多緣於此。

　　以是書的腳力，大概不能走得很遠。故我們也不懷貽誤天下學子的杞人之憂。再說了，學術天下之公器，天下學子豈是那麼好糊弄的？

　　是為序。

常耀華

第一講「北京人」與中國遠古居民

▌一、從人類歷史聖地走來的「北京女士」

「你從哪裡來？我的朋友。」

「古老的東方有一群人，他們全都是龍的傳人。」

在流行歌曲的潛移默化中，大家都知道我們都是龍的子孫。「龍」在中華文化中具有標誌性意義，早在三千多年前的甲骨文中就有它的身影。

「龍」者何謂？《說文解字》云：「能幽能明，能細能巨，能短能長；春分而登天，秋分而潛淵。」《管子·水地篇》云：「欲小則化如蠶蠋，欲大則藏於天下；欲尚（上）則凌於云氣，欲下則入於深泉。」《爾雅翼》云：「龍者，鱗蟲之長。王符言其形有九似：角似鹿，頭似駝，眼似鬼，項似蛇，腹似蜃，鱗似鯉，爪似鷹，掌似虎，耳似牛。背有八十一鱗，具九九陽數，聲如戛銅盤，口有須髯，頷有明珠，喉有逆鱗，頭有博山，又名尺木，龍無尺木，不能升天，呵氣成云，既能變水，又能變火。」

古代文獻中的龍被描寫成一種神異動物。自然界是不是實有其物？答案大家都很清楚。所謂「龍」只不過是廣泛流傳於中華大地上的一個古老的傳說而已，自然界中本不存在。雖然，在渺遠的中生代，也曾有一種長約三十米被稱謂「恐龍」的大型爬行動物生活於這片熱土，但此「龍」非彼「龍」也。

「龍」究竟是什麼？學術界主要有兩種意見：一種以聞一多為代表，認為龍是圖騰；一種以朱天順為代表，認為龍是水神或動物神。不管是神還是圖騰，可以肯定的是，龍作為一個符號或標誌早已深深地烙印在中華民族每一個子孫的腦海中了。龍是中華民族的象徵，龍與中國人有永遠割捨不斷的聯繫。極為有趣的是，上個世紀初，當一群西方的科學家要在我們這塊古老的土地上追尋遠古人類蹤跡之際，中國神異的「龍」又以另一種形式展現在他們面前。

中藥中有龍類，「龍骨」、「龍齒」、「龍角」、「龍涎」、「龍腦」皆為中藥名。龍類藥藥效頗為神奇，「久服輕身，通神明，延年。」關於「龍

骨」的來歷，明朝李時珍的《本草綱目·卷四十三·鱗之一·龍》引《別錄》曰龍骨「出生晉地川穀及太山岩水岸土穴中死龍處，采無時。」龍骨的性狀和功能：「氣味甘平，無毒。主治心腹鬼疰，精物老魅，咳逆，泄利膿血，女子漏下，症瘕堅結，小兒熱氣驚癇。」其實，「龍骨」不止分佈於晉地川穀，在北京周口店一帶就出產「龍骨」。因為盛產龍骨，所以人們就把這裡的一座山稱為龍骨山。周口店附近的村民在採石時挖到「龍骨」，就把它賣給中藥鋪。

到了近世，古生物學、地質學、考古學興起，古生物學家研究認為，所謂「龍骨」不過是古生物的骨骼化石。早在 1870 年，英國生物學家、古脊椎動物學家理查·歐文就發表了一篇關於中國哺乳動物化石的論文，賈蘭坡、黃慰文先生推測，他的材料來源，大概也離不開「龍骨」。第一個與中國「龍骨」發生直接關係的外國人，是一位名叫哈貝爾的德國醫生。他在北京行醫期間，從中藥店裡買到不少「龍骨」和「龍齒」。他雖然不是研究古脊椎動物化石的行家，但他很瞭解這些化石的學術意義。

1900 年八國聯軍自海入侵，在北京燒殺搶掠，義和團奮起抵禦外侮，身為藍眼睛，高鼻樑的哈貝爾自然成了中國人仇視的對象，他只好卷起鋪蓋，打道回府，離開中國的時候，他沒有忘記把「龍骨」、「龍齒」帶上，1903年，他把這些化石送給了德國著名的古脊椎動物學家施洛塞爾教授研究。在這些「龍齒」中，有一顆已經磨損的牙齒和人的牙齒非常相似，施洛塞爾翻來覆去地不知看了多少遍，並且辨認出是上第三臼齒。但是，由於受當時的歷史條件的局限，施洛塞爾最終沒敢承認是人齒，而把它說成是類人猿的牙齒，這一草率的結論，使他與「北京人」失之交臂。儘管如此，這顆牙齒還是引起了學術界的注意，它吸引一批又一批古生物學家、考古學家來到中國，這其中便有瑞典地質學家、考古學家安特生。安特生生於 1987 年 7 月 3 日，卒於 1960 年 10 月 29 日。早年數次參加極地探險，曾任萬國地質學會秘書長，是一位國際上享有盛名的學者。1914 年受聘任中國北洋政府農商部礦政顧問，以協助開展煤田及其它礦產調查。在來中國之前，安特生就已經注意到了施洛塞爾公佈的從中國帶去的「龍骨」——類人猿牙齒。因此，在從事地質調查的同時，他對中國華北一帶的古生物調查也有極大的興趣。

　　1918 年 2 月的一天，安特生在一個偶然的機會遇見了在北京任教的化學家麥格雷戈·吉布教授，這位化學家知道安特生對「龍骨」具有特殊的愛好，就從包裡拿出一些包在紅色黏土裡的「龍骨」碎片，並告訴他是剛從周口店附近一個名叫雞骨山的地方采到的，還說保存有類似堆積物的石灰岩洞穴在那一帶很多。這個消息令安特生十分興奮，3 月 22 日，他特意到雞骨山考察了兩天。雞骨山是一座石灰岩的小山，化石就埋藏在這裡一種深紅色砂質黏土裡。安特生米到時，含化石的堆積物的圍岩已經剝落殆盡，猶如一座孤零零的古塔。安特生進行了小規模的發掘，找到了兩個種的齧齒類和一個種的食肉類化石。這裡齧齒類化石很多。當地有一個關於雞骨山的神話傳說： 很久很久以前，周口店山洞裡邊住著一大群狐狸，這群狐狸把山下的野雞、家雞都給偷吃了，這一下惹惱了當地的村民，村民們發誓要殺死山洞裡的狐狸，但村民尚未下手，卻被狐狸使了一個魔法，村裡的人一個個都變成了瘋子。自此之後，再也沒人敢去碰山洞之中那些狐狸吃剩下的雞骨頭了。天長日久，雞骨頭就變成了石頭。 從這個神話傳說中安特生意識到在這個山洞中可能有大量沒有被發掘的化石。雖然初次發掘收穫並不很大，但能夠在北京附近找到一處「龍骨」產地，卻也是一件值得高興的事。安特生這次試掘，可謂「拓荒」之掘，他的鐵鏟撬動了中國遠古人類的塵封之門。

　　初次試掘之後，周口店經歷了一段短暫的沉寂，1921 年初夏，奧地利的古生物學家師丹斯基根據維曼教授的建議來到中國，他打算與安特生合作三年。安特生安排他先去周口店發掘雞骨山。這一年 8 月，安特生和美國自然歷史博物館的亞洲考察團的首席古生物學家葛蘭階到周口店看望師丹斯基，正當他們發掘雞骨山的時候，一位當地老鄉走來告訴他們：「在這裡呆下去沒有什麼用，離這裡不遠有一個去處，你們可以在那裡采到更大更好的龍骨。」在老鄉的引領下，他們來到了「北京人」之家——龍骨山。龍骨山果然是一個好去處，此次的收穫大大出乎他們的意料之外，在這裡他們采到了「腫骨鹿」、犀牛、鬣狗、熊的化石，還有一些白色帶刃的脈石英碎片。安特生認為，憑藉它們那鋒利的刃口，用來割切獸肉是不成問題的。他對師丹斯基說：「我有一種預感，我們的祖先的遺骸就躺在這裡。現在唯一的問題就是去找到他。你不必焦急，如果有必要的話，你就把這個洞穴一直挖空為

之。」安特生還預言「這個地點總有一天會變成考察人類歷史最神聖的朝聖地之一。」

安特生和葛蘭階走後，師丹斯基又繼續發掘了幾個星期才結束工作。1923 年秋，安特生要求師丹斯基再次發掘那個新地點。他們最初在周口店發掘的「龍骨」，都送到瑞典作分類研究，因為當時的中國學術界中根本就沒有這門學問。

1926 年 10 月，瑞典皇儲伉儷（Crown Prince）環球旅行來到中國，這位皇儲就是後來的瑞典國王古斯塔夫六世·阿爾道夫（1882—1973），他是一位富有經驗的考古學家，對中國的歷史和文物又特別愛好，安特生博士發現的史前遺跡，引起了他的興趣。於是安特生約集了許多專門學者——包括考古學家、古生物學家以及地質學家，為歡迎這位對學問有興趣的貴賓舉辦一次學術演講盛會。地質調查所所長翁文灝首先在會上致歡迎辭，與會的中國學者有不少，老一輩的如梁啟超，年青一輩的如丁文江、章鴻釗等人。梁啟超講中國考古學，對北宋以來的中國考古學，如金石器物文字的考證，作了很詳細的說明。此外，大半都是外國學者的報告。法國古生物學家德日進報告了他和法國博物學家桑志華在鄂爾多斯高原考察的收穫，安特生代表維曼教授介紹烏普薩拉大學關於中國古生物研究的最新成果。這次會議最令人難忘的卻是最後，由安特生發表的一短條新聞：他說在周口店發現的「龍骨」中有一枚荷蘭形的臼及一枚前臼齒（Hominid teeth），經專家的鑒定，認為大概是原始人類的牙齒。

為了正確評價這個發現在人類學上的意義和價值，安特生事前特意約請著名的體質人類學家、時任北京協和醫學院神經學和胚胎學教授的步達生先生寫了一份《亞洲的第三紀人類——周口店的發現》的材料供他在會上報告時參考，步達生當時就對周口店的發現作出了崇高的評價，茲將有關論述摘要節錄如下：

安特生博士宣佈的這次考察的成果，除了從遺址中發現了一批哺乳類化石以外，還有鑒定為狒狒和短尾猴的化石以及兩件具有特別意義的標本，即一顆前臼齒和一顆臼齒。除了把他們叫做「真人？」外，別無其他分類方案。

　　根據存在真馬而缺少三趾馬，安特生博士在初步報告中認為，周口店動物群可能是上新世的，師丹斯基博士亦持有同樣的看法。不過根據研究，這個遺址的層位可能是早更新世的。不管它屬於第三紀晚期還是第四紀早期，有一個明顯的事實不會改變：具有完整而確實的地質資料的古老的人類化石，已經在亞洲大陸的喜馬拉雅山以北首次發現。因此，早期人類曾在亞洲東部存在這一點，現在已經不再是一種猜測了。

　　發現的牙齒中有一顆是右上臼齒，大概是第三臼齒。從照片看來，它那未受磨損的齒冠（原文如此）所顯示的特徵本質上是人類的……另一顆大概是靠前面的下前臼齒。它的牙冠保存很好，沒有磨損。照片上所顯示的特徵是一個雙尖齒。

　　周口店的臼齒，在特徵上與哈貝爾從北京一家中藥店購來的那顆牙齒相似。這件標本在 1903 年由施洛塞爾描述過。它是一顆左上第三臼齒。它的牙根合併，但齒冠磨蝕得很厲害。根據石化的程度，施洛塞爾認為它可能屬於第三紀的，分類上暫時放在「真人？」或「類人猿？」，施洛塞爾在描述這個牙齒時所作的推論很值得回味。他當時指出：未來的調查者可以指望在中國找到新的類人猿、第三紀人類或更新世早期人類化石的材料。因此，周口店的發現對他的預言作出了肯定的回答。

　　現在比較清楚，在第三紀末或第四紀初，亞洲東部確實存在人類或與人類關係密切的類人猿。這一點在史前人類學領域裡是至關重要的。因為差不多在這個時候，也有人猿生活在爪哇，曙人生活在英國的皮爾唐，海德堡人生活在德國的茅厄爾。這些種類實際上是同時代的。他們從中亞高原各自向東、向東南和向西遷移了同樣遠，並到達它們後來居住的地區。中亞高原的某個地方看來非常可能和上述種類的共同分化中心恰好是吻合的。所以，周口店的發現給人類起源於中亞的假說提供了強有力的證據，在一連串鏈條中又增加了重要的一環。

　　最有趣的自然是報告以後的事，對這一條新聞的反應不同，與會的科學家多數贊同，但也有一些科學家對此表示懷疑，德日進即表示：「老實說，我並不完全相信那兩顆牙齒有那種假設的人類的性質。甚至被當作是人類前臼齒的那個缺少牙根的標本，雖然乍看起來似乎十分可信，但卻可能是某種

食肉類動物最後面的臼齒。另外一顆牙齒的情形也是一樣，除非它有明確的四個牙根」。德日進的看法在當時也有一定的代表性，這個問題成了一時談話的笑料。時在北京大學任教的地質學界的老前輩、美國著名學者葛利普教授曾問安特生：「喂，安特生博士，北京人是怎麼搞的，它到底是人還是食肉類？」安特生幽默地回答道：「我尊敬的葛利普博士，來自周口店的最新消息是：我們的老朋友既不是一位男子漢，也不是食肉類動物，而是走在他們當中的某個階段的代表，並且還是一位女士呢！」據說，這次談話之後的幾個月裡「北京女士」竟成了那次發掘的代名詞。

雖然，對於兩顆牙齒的鑒定結論有不同意見，但結果卻是建設性的。地質學會、地質調查所和協和醫院——這三個機關聯合起來，要求洛克菲勒基金會出錢資助系統發掘周口店和籌建一個體質人類學研究機構，於是就有了「新生代研究室」(Cenozoicla boratory) 的產生。由當時的協和醫院解剖室主任步達生博士 (Davidson Black) 主持，作有計劃的發掘。不久「龍骨」中又出了一些牙齒，由發掘人親自送交步達生研究。根據這些新發現，步氏作了進一步的研究後，不但證實初期的斷定是對的，並推測周口店一帶，一定還有更多的大量的人骨存在。此時，步達生更大膽地根據一個牙齒，為這些人骨取了一個學名——支人屬北京類 (Sinan thropus Pekinensis)，以後又定名為「北京中國猿人。」這個學名與葛利普提議的俗名「北京人」一併使用、流行。後來，隨著人類學的發展，北京人的學名又調整為「Homo erectu spek in ensis」，即「北京直立人」。這樣，所謂「龍骨」之謎揭開了。這不是天賜神物的骨骼，而是人類祖先和與他們同時代的動物的化石。

■二、「北京人」橫空出世

在周口店發現遠古人類化石的消息，像一顆重磅炸彈一樣震撼了當時的科學界。

1927 年初，洛克菲勒基金會同意撥款資助周口店發掘，中國地質調查所與北京協和醫院也簽署了關於合作研究華北第三紀及第四紀堆積物的協議書，周口店的系統發掘於這年春天正式開始。周口店合作項目以丁文江為名譽主持人，具體實務由步達生和翁文灝商定施行。派到周口店的發掘者主要

有中國地質學家李捷和瑞典古生物學家步林等。這一年的發掘可以說是旗開得勝，獲得化石材料 500 箱，特別是找到一顆保存完好的人牙化石。步達生在給安特生的信中稱：「我們終於得到了一顆漂亮的人牙！這確實是一個令人振奮的消息！」其實，步達生高興得還嫌太早，以後發生的事情令他難以想到。

1927 年底，步達生回加拿大，整整大半年時間不在中國。李捷也離開了周口店。青年古生物學家楊鐘健接替李捷成為地質調查所在周口店的代理人，還有一個 24 歲的小青年必須隆重介紹，他就是北京大學地質系畢業生裴文中先生，裴先生在學校是個激進青年，曾經參加聲討軍閥宣傳革命的活動，大學畢業後兩年沒有找到工作。一天，他路過地質調查所，忽然想起該所所長是曾經給他們講過課的翁文灝先生，於是，他抱著試試看的心理給翁所長寫了一封求職信，這封信的文采和執著，不僅使裴文中的命運得以改變，同時也改寫了世界的古脊椎動物學史。接下來的事情不說大家也都能猜得到，裴文中進了地質調查所，並且參加周口店的發掘工作。

1929 年，步林辭去了周口店的職務，去參加西北科學考察團的工作。楊鐘健也和德日進一起去山西、陝西調查新生代地質。周口店的發掘工作交給了本來只想混碗飯吃的裴文中全權負責。裴文中接手的工作頗有點兒「雞肋」的味道，第 1 區第 5 層堅硬異常，怎麼炸都不見效。還好，突破第 5 層後，柳暗花明，在第 6 - 9 層獲得很多化石，還得到幾顆人牙。轉眼到了 11 月底，野外發掘工作早該結束了，此時又發現了一個小洞，洞口很深很窄，僅容一人出入。裴文中為探個究竟，便把繩子系在腰間，讓上面的人拉著繩子一頭，然後墜繩而下。下去之後，看到洞裡有那麼多化石！於是決定再把工作延長幾天。1929 年 12 月 2 日，是古人類學發掘史上一個標誌性日子，這天下午四點多，已是日落時分，洞外寒風呼嘯，洞中陰冷淒清，如果沒有錘鎬的叩擊，洞裡將如死寂一般。在洞裡發掘，一般是點汽燈，因為這裡太狹小，只好每個人一隻手拿著蠟燭，一隻手發掘。在昏黃的燭光裡，裴文中看見一個圓圓的東西，「這是什麼？是人頭！」隨著裴文中驚叫，另三個人立即圍攏過來，頭蓋骨一半埋在硬土裡一半露出地面。不難想像當事者此刻的心情有多麼激動。裴文中將化石周圍的硬土一點兒一點兒清理掉，然後再小心翼翼

地用撬棍將化石輕輕翹起，頭骨的一部分雖然由於震動而破裂開來了，不免會使他感到後悔，可是他也借這個機會看到頭骨的厚度和腦面構造，又多多少少有了點安慰。其實這一點兒破裂，並未使後來的研究受到任何影響，粘結後很完整。寶貝取出之後，裴文中脫掉外衣，把它輕輕地包起，捧回住地。裴文中抑制不住內心的激動，連夜給翁文灝寫一封短信：

親愛的翁所長先生：

今天交了好運，我們在原發掘址第 9 層下邊發現一個洞穴，經發掘，得一猿人頭蓋骨！一個完整的頭蓋骨。我在現場就把它取出並安然無恙地帶回。待稍作處理，我即攜此頭蓋骨返北京面交。

裴文中敬上

1929 年 12 月 2 日晚匆匆

裴文中寫好了信，次日清早，就派專人把這個特大喜訊報告給北京城裡的地質調查所。送信人走後，裴文中有覺得他們到晚上才能看到信，天晚了，翁先生未必能通知關心周口店工作的朋友。於是，在第三日早裴文中又給步達生發了一個電報：

頃得一頭骨，極完整，頗似人。

裴文中後來說：「奇怪的是，據說北平方面得到信和電報之後，人們好像都不大相信，不是說裴文中不認識什麼是『人』，就是說他不會有這麼好的運氣。例如，步達生在 12 月 5 日給安特生寫的信裡就多少帶一點半信半疑的心情：『昨天我接到裴從周口店發來的電報，說他明天將把他所說的一個完整的中國猿人頭蓋骨帶回北平！！我希望它結果變成真的。』」

12 月 6 日，裴文中用他自己的兩床被子和褥子、毯子包著頭蓋骨，親自坐著汽車把這稀世珍寶護送到城裡。

如前所述，周口店兩顆人牙的發現就已令科學界激動不已了，這次又出土了一個完整的頭蓋骨，這一下更讓「北京人」聲名大振，周口店是日業已成為一個毫無爭議的考察人類歷史最神聖的朝聖地。

　　以後幾年，一直到抗日戰爭爆發前夕，科學家在周口店又陸續發現了北京人的四個頭蓋骨。其中有三個，是 1936 年 10 月在年青考古學家賈蘭坡的主持下挖出來的。經過研究判斷，北京人是生活在距今四、五十萬年以前的一種原始人類，是我們的祖先。根據一些古人類學家和考古學家的研究，北京人在周口店一帶生活了長達三十萬年之久，大約經歷了一個冰期，到距今約二十萬年前，才離開周口店一帶。北京人頭蓋骨的發現，完全證實了中國古老的土地上，早在幾十萬年前就有人類居住著生活著。西方對中國境內是否存在過原始人類的懷疑，至此煙消雲散了。

　　為什麼一個小小的「北京人」頭蓋骨竟能震動全世界的科學界？要講清楚這一點，還須簡要地回顧一下人類起源的研究歷程。

　　「我從哪裡來？」是每一個關心自己身世的人都會遇到的問題？關於這個問題，不同的民族有著各不相同的神話和傳說。中國就有女媧氏摶土造人的傳說，人意是說天地開闢之初，天地之間空空如也，一個名叫女媧的女神，仿照自己的模樣，用黃土摶作泥人。做成之後，吹了口氣，小泥人活了，這便有了人。為了不讓人類滅絕，女媧還要男人和女人結成配偶，傳種接代，這樣，人類就繁衍下來了。古埃及相信第一個人是由一個名叫哈奴姆的神在陶器場裡塑成的。在古希臘，也流傳著大神普羅米修士用泥土造人的神話。《聖經·創世紀》中上帝耶和華造人的傳說影響更大，上帝先造出個男人亞當，再從亞當的身上抽取一根肋骨造了個女人夏娃，並讓他們結為夫妻，後代從此綿延不絕。與此類似的神話傳說還有不少，今天看起來這類神話傳說極為怪誕，不著邊際，但是，我們知這是不同民族的上古先民對「我從哪裡來」古老難題所作的思索。

　　除了人類神創說之類的神話傳說之外，也還有一些看起來比較坐實的猜測。古希臘思想家阿那克西曼德（前 611 － 前 545 年）曾經提出魚是人類的祖先。這一說法也許對後世的法國醫學家米高爾·奧登提出「人類的祖先是海豚」，以及英國人類學家艾利斯特·哈代教授提出的「人類祖先海猿說」的產生不無啟發。關於人類起源由主觀玄想到科學認識是一個漸進的過程，隨著人類認識的積累，到了 18 世紀關於動物種類的研究已經進入到科學的階段。1735 年，瑞典著名的博物學家林奈（Linnaeus，Carolus）出版了《自然系

統》一書，他以動物身體結構的相似作為分類根據，創立了自然分類的新的動物分類系統。

1809 年，著名的法國學者拉馬克（J.B. Lamarck，1744 ～ 1829）在其《動物學哲學》中，用環境作用的影響、器官的用進廢退和獲得性的遺傳等原理解釋生物進化過程，創立了第一個比較嚴整的進化理論，特別指出人類起源於類人猿。拉馬克之後必須要特別提出的是，英國著名學者達爾文（C.R.Darwin,1809-1822），他於 1859 年發表《物種起源》一書，提出了動植物論不斷地變化發展，由簡單到複雜，由低級到高級的進化學說。並指出地球上現存的生物都由共同祖先發展而來，它們之間有親緣關係，自然選擇是其進化的動因。人類起源於動物，人類是由已滅絕的古猿進化而來的。達爾文的學說揭示了生物發展的歷史規律，被人們稱為科學的進化理論，對於人類起源的科學研究起到了至關重要的作用。達爾文在缺乏化石證據的情況下，依據進化論斷定非洲是人類的發源地。他的理由很簡單，因為與人類血緣關係最近的黑猩猩和大猩猩至今仍生活在非洲。

在當時，歐洲人一向認為他們居住的歐洲是世界的中心，他們瞧不起亞洲更瞧不起非洲，達爾文人類的發源地在非洲的觀點令那些傲慢的歐洲人頗為難堪，然而，中新世以後的人科化石在非洲大量出現，南非和東非出土地點之多，出土數量之大，令其無法抗辯。不止是非洲，亞洲也有古人類化石出土，其時代也遠在歐洲之前。

周口店北京人頭蓋骨的發現，特別是隨後又發現了石器和用火遺跡，使直立人的存在得到切實的肯定，並使人類進化的序列得以基本明確，為「從猿到人」的偉大學說提供了有力的證據。在此之前，雖然德國的尼安德塔人、爪哇的「直立人」和德國的海德堡人的遺骨已經問世，但這些發現由於保守思想的束縛並未得到學術界的公認，即使在持進化論的學者當中，對於人類起源的問題和這些發現在人類進化過程中的地位，也眾說紛紜，莫衷一是。北京人頭蓋骨的發現使這一切問題都得到解決。

周口店北京人遺址及化石的發現，是世界古人類學研究史上的大事。迄今為止，還沒有哪一個古人類遺址象周口店北京人遺址這樣擁有如此眾多的

古人類、古文化、古動物化石和其它資料。周口店北京人遺址而今已被列為世界文化遺產，世界文化遺產委員會對此作出這樣的評價：

在北京西南 42 公里處，遺址的科考工作仍然在進行中。到目前為止，科學家已經發現了中國猿人屬北京人的遺跡，他們大約生活在中更新世時代，同時發現的還有各種各樣的生活物品，以及可以追溯到西元前 18000 年到 11000 年的新人類的遺跡。周口店遺址不僅是有關遠古時期亞洲大陸人類社會的一個罕見的歷史證據，而且也闡明了人類進化的進程。

北京人頭蓋骨化石的學術意義，使之成為世界科學界眾所矚目的稀世瑰寶，然而，也正因為如此，它也成為一些投機商和帝國主義者所覬覦的對象。裴文中等發掘出來的 5 個北京人頭蓋骨和一批化石，於 1941 年 12 月太平洋戰爭爆發前後，全部在幾個美國人手裡奇怪地「失蹤」了。該事件成為震驚世界的失竊案。50 年代以來，人們繼續尋找著；令人失望的是，至今仍無結果。這　案件目前已引起世界上越來越多的人關注。

據說，1972 年，美國總統尼克森破冰之旅，他曾經帶給中國一個重要禮物，即有關阿波丸號的情報資料（阿波丸號沉沒位置圖），據稱，阿波丸號上有價值 50 億美元的黃金，還有比這 50 億美元還貴重的就「北京人」頭蓋骨。

逝者已逝，「北京人」是不是還能回來，至今仍是一個謎。「北京人」走了，中國這片熱土上是不是還可以找到古人類的其它蹤跡？古人類學家在尋找。

■三、從「元謀」到「巫山」的崎嶇之路

「北京人」的失蹤，並不意味著中國大地上古人類線索的終結，就在人們繼續追尋「北京人」的同時，古人類學家牽扯出一串更長、更為激動人心的古人類萍蹤的絲線，白 1963 年起，陝西藍田人、云南元謀人、安徽和縣人、湖北陽縣人及南京湯山人也陸續走出互古，撩開其神秘的面紗。

1963 年先後在中國西北部陝西省的藍田縣陳家窩發現了距今 65 萬年左右，在公王嶺發現了距今 100 萬年左右的早期人類遺址。被命名為藍田人，

藍田人屬早期直立人，學名為「直立人藍田亞種」。藍田人遺址包括陳家窩地點和公王嶺地點兩處。除藍田人骨骼化石外，這兩處地點還出土了 200 餘件石器，以及藍田劍齒虎、李氏野豬、三門馬、葛氏梅花鹿等中更新世動物化石。在公王嶺地點，與人類化石同一地層出土的以三棱大尖狀器為特色的石器，被認為是藍田人文化的特徵之一，此外還發現了用火的遺跡。公王嶺化石是亞洲北部迄今發現的最古老的直立人化石。藍田人的發現為研究古人類進化提供了寶貴的實物資料。

1965 年在中國西南部雲南省元謀縣大那烏村北約 500 米的山麓又發現了「元謀人」。元謀人化石曾被認為是目前中國發現的最早的人類化石，後正式被定名為「直立人元謀新亞種」，簡稱「元謀人」。遺址中還出土有云南馬、劍齒虎、劍齒象等早更新世動物化石，打制石器及炭屑。元謀人遺址的發現，證明了云南高原是人類早期活動的重要地區之一。元謀人化石據歷史教科書說，距今有 170 萬年。中國著名考古學家安志敏指出這一結論是錯誤的。他說「中國的元謀猿人化石曾被認為距今一百七十萬年，但據古地磁重新分析，被確定為不應超過七十三萬年，即可能為距今五十至六十萬年或更晚一些。」

西方、美國等專家認為人類起源在非洲東部，那裡發現了好多東西，400——200——100 萬年前的直立人化石都有發現，用不著再爭論了。

說人類起源於非洲，的的確確是正確的。亞洲有無可能是一個起源點？中國的古人類學家提出這樣一個疑問。

早在 100 多年前，就有人類學家、考古學家都曾在三峽地區採集到新石器時代以前的遺物。1870 年歐文在《中國化石哺乳動物》一文中，描述了三峽和四川的幾種哺乳動物，如中國貘、東方劍齒象等，均是歐文研究後定名的。20 世紀 20 年代，美國的古生物學家葛蘭階以旅遊為名，在三峽考察，希望能得到人類化石，並在今三峽庫區萬縣鹽井溝購得化石，據此出版了《中國四川石灰岩裂隙中之更新世哺乳動物》一書，在國際上產生了較大的影響。但這些遺物由於缺乏確切的地層關係而無法斷代。近年來，考古工作者對三峽地區進行了全面的考察，峽區舊石器地點與古生物化石地點有驚人的發現，僅湖北宜昌至四川涪陵一線，即發現古人類、舊石器及古脊椎動物化石點達 60 餘處。

1984 年，中國科學院古脊椎動物與古人類研究所的一支考察隊根據當地農民提供的消息，尤其是當地一名中醫曾在龍骨坡發現「龍骨」（即哺乳動物化石）的事實，進行深入考察。

1985 年 10 月 13 日下午 1 時，古人類學家黃萬波在重慶市巫山縣廟宇鎮龍坪村龍洞苞西坡（俗稱龍骨坡）發現了距今 204 萬年的「巫山人」化石。包括含有兩顆臼齒的下頜骨一塊，新生出的恒門齒一枚，被命名為巫山人。與古人類化石同時出土的還有 116 種哺乳動物化石群，其中大部分哺乳動物已滅絕，僅有 10 餘種至今還生存在地球上。而且發現了 10 多種早更新世早期步氏巨猿化石，距今達 248 萬年。更重要的是還發現了古人類加工或使用過的兩件石器。1997 年在第二階段的發掘中，出土大量的石器，製造粗糙，第二步加工者甚少。在同一地點有如此一系列的重大發現，是世界古人類發掘史上罕見的，龍骨坡也是世界上研究人、猿分野的理想寶地，說明在 200 萬年前，華夏大地已有了人類的足跡，證實長江三峽地區是世界人類祖先最早的發祥地之一，為人類起源於亞洲說提供了新的佐證。據說這類化石與東非早更新世能人處於同一進化水準。考古學家認為，中國最早的人類誕生在三峽地區。

巫山人的發現證實了青藏高原東部是人類的搖籃，改變了西方人類起源於非洲的說法，改變了人類起源的理論。

緊隨著巫山人之後，又走來了建始人。

從「巫山人」龍骨坡遺址往東南方向行約 80 公里，是湖北省建始縣高坪鎮窯場灣。那裡有一個石灰岩的穿山洞，有東西兩個洞口，海拔 750 米，洞長 120 米，洞內呈管道狀，蜿蜒曲折，有深淺不一的支洞 10 個。與其他古人類遺址的發現非常相似，在這裡也常有「龍骨」出土。根據這一線索，自 1968 年被到 2000 年，中科院古脊椎動物與古人類研究所先後在此進行過大小 9 次發掘，並由此獲得了人類進化史上的重要發現。1999 年至 2000 年間，聯合發掘隊共清理堆積 2500 立方米，發掘出 2 枚古人類牙齒化石，大哺乳動物化石 30 多個種屬、小哺乳動物化石 50 多個種屬，同時在堆積中還發現了石器、石製品和骨器。2000 年 11 月，由中科院 15 位古人類、舊石

器、哺乳動物等方面的專家組成的成果鑒定委員會對巨猿洞發掘成果進行了審定，確認發現的 3 枚古人類牙齒化石為人屬早期成員。2002 年 12 月，課題組正式將其命名為「建始人」。

巫山人、建始人的最新出土資料，促使人們不得不思考，亞洲人究竟是不是非洲「移民」？考古學家如是說：「巫山人」、「建始人」古人類化石和石製品的發現，為我們在亞洲尋找更古老的人類，研究人類的起源和演化提供了重要的依據。中國很可能是世界上早期人類的發源地之一。長江三峽南岸的「建始人」和「巫山人」化石距今都在 200 萬年以前，這為人類亞洲起源說提供了強有力的實證。此外在湖北長陽地區發現了 13 萬年、12 萬年前的舊石器和人類用火的遺跡，這足以證明亞洲人是由自身本土連續發展起來的，不是從非洲遷徙來的。身為中國社會科學院考古研究所所長的劉慶柱也指出：「建始人」化石及舊石器的發現，足以證明中國人的發展具有本土連續性，這對於當今中國乃至東亞舊石器時代考古研究、對於探討人類起源的「一元」、「二元」或「多元」理論具有十分重要的學術意義。

1910 年在巴基斯坦和印度交界的西瓦立克山區曾經發現一個臘瑪古猿的上頜骨破片，其年代為 1000—800 萬年前。1961 年在肯亞的特南堡也發現了臘瑪古猿化石，年代為 1400 萬年。臘瑪古猿被認為是人類的遠祖。1980 年 12 月 1 日，由中國古人類學家吳汝康率領的發掘隊，在雲南祿豐石灰壩發現了舉世罕見的臘瑪古猿的第一個比較完整的頭蓋骨化石，年代為 800 萬年前，這個古猿頭蓋骨比非洲古猿更接近人類。這個頭蓋骨的發現，其意義完全可以與「北京人」頭蓋骨媲美，它為解決人類起源問題提供了極為珍貴的科學論據。中國著名的古人類學家、考古學家賈蘭坡據此認為人類起源的中心在亞洲南部。

中國境內的古人類遺址如點點繁星，鑲嵌在世界的東方，藍田人、元謀人、巫山人、建始人的先後面世，雄辯地證明了在中國境內生活著世界上第一批公民。早在渺遠的洪荒時代，中國這塊土地上就有眾多的居民在活動著。

第二講 中華民族的形成及中國疆域之變遷

▋一、石器時代的「天下格局」

中國的舊石器時代考古學與古人類學研究證明在中國人類進化自直立人（猿人），經早期智人（古人），至晚期智人（新人）的各個階段沒有缺環，可以建立較完整的進化序列。中國大地上埋藏的人類化石和舊石器時代遺物，已發現的早、中、晚各個時期的地點約 300 多處，新石器遺址，據不完全統計總共有 7000 餘處，遍佈中國各個省、市，自治區。尤其是在青藏高原 4000 米以上的地方也發現了舊石器，有人很吃驚，認為「這麼高的地方發現舊石器地點，是創考古學史上新記錄的發現」其實，這是誤解，在 2、3 萬年之前，青藏高原的地貌不是今天這個樣子。但不管怎麼說，這些材料至少表明一點，在遠古時代，中國這塊土地上就有眾多的居民在活動著。我們的祖先一直在中華大地上生生不息地創造著歷史與文化。

7000 多個新石器遺址表現了中華新石器文化的多元區域性，但是各個區域的發展並不平衡。有幾個中心需要強調一下，因為這些中心一直影響著中國今天的格局。首先要說的是黃河流域。大家熟知黃河是中華民族的搖籃。黃河流域地處黃土地帶，自然植被以耐乾旱的草本植物為主。在新石器時代氣候比現在溫暖濕潤，年平均氣溫比現在大約高兩度左右。尤其是仰韶文化時期，黃土疏鬆肥沃，便於墾殖，此時已經形成了較為發達的粟作農業文化。以在今河南新鄭裴裡崗、河北武安磁山和甘肅秦安大地灣等地發現的距今七、八千年的新石器文化遺址為代表，在那裡發現了半地穴式房子，有氏族墓地，石制農具，粟、黍類農作物及豬、狗等家畜骨骼，還有石磨盤、石磨棒、石鐮等。在磁山遺址兩個時期的窖穴中發現的糧食遺跡，據估算大 13.82 萬斤。其中第一期約 9 萬餘斤。這標誌著此時當地的人口已達到一定的規模，中華大地已經進入到一個以農業經濟為主嶄新的階段，前此是依賴自然的採集漁獵經濟，此後一變而成為改造自然的生產經濟。在黃河流域內涵最豐富、影響最大的要數黃河中下游的河洛地區和黃河下游文化區。河洛地區主要是以

關中、晉南、豫西地區為中心，西至渭水上游陝甘接壤地帶，北涉長城一線，南至汝潁中上游。

如前仰韶文化（前 6000—前 5400 年）——仰韶文化（前 5000—前 3000 年）——廟底溝二期文化及河南龍山文化等（前 2900—前 2000 年），接下來就到了夏文化了。黃河下游文化區，以泰山為中心的山東地區為主，南延淮河以北，向東沿海達到旅大地區。如大汶口文化（前 4300——前 2500 年）——山東龍山文化，岳石文化（前 1900—前 1500 年）等等。

其次要說的長江流域。過去只強調黃河是中華民族的發祥地，近些年的考古成就表明，長江也是中華民族的發祥地之一。因此也有中國早期文明發源於兩河流域的新提法。長江中、下游地區為連續的衝擊平原。地勢坦蕩、湖泊眾多，氣候暖熱，雨量充沛。新石器時代這一地區的氣候與現在的兩廣地區差不多。這裡現已發現的遺存都以稻作農業為主。該流域也可以分成長江中游和長江下游東西相對的兩個文化區。長江中游的江漢地區和三峽地區主要有分佈於川、鄂的三峽地區以及鄂西南、湘北一帶的大溪文化，分佈於湖北和豫南的屈家嶺文化和湖北龍山文化等。長江下游諸文化主要以河姆渡、馬家浜、良渚文化為代表河姆渡文化遺址中發現的成堆的稻殼為亞洲最古老的稻作遺存。榫卯結構的幹欄式建築體現出相當高的工藝水準。

最有名的當然是良渚文化遺址了。且不說良渚文化遺址所出稻穀，但就良渚文化的玉器就足以令人稱羨了。最有名的是余杭反山 12 號墓出土的大琮，方柱形，中有圓孔。邊長達 17 釐米之多，高度是 8.8 釐米，重達 6500 克。器形之寬闊，為現有玉琮之首，發掘者稱之為「琮王」，上面所鐫刻的神人獸面紋與商周青銅器上的饕餮文竟有某種程度的一致性。玉琮用為禮器、贄品、符節等。《周禮·春官·大宗伯》：「以玉作六器，以禮天地四方，以蒼璧禮天，以黃琮禮地。」有學者稱，良渚文化遺址的發掘將使中國歷史改寫。

再次，北方地區。包括東北、內蒙古、新疆的北方地區，除了山地丘陵、沖積平原，主要是廣闊無垠的沙漠和草原。這些遺存都有明顯的原始農業，不過畜牧、狩獵經濟還占相當大的比重。這一地區最有名的是紅山文化遺址。

最後說說華南和西南地區。華南地區絕大部分為山地丘陵，又多出於沿海一帶，由於受海洋季風影響，雨量很多。從出土遺物看，這裡使用的主要勞動工具既有打制石器也有磨制石器。農業痕跡不明顯，採集漁獵是當地人的主要生活方式。西南地區資料比較零碎，文化面貌不太清楚。

要而言之，自前 6000 年至前 2000 年大約四千年間，中華大地上逐漸形成了兩個農業起源中心，一個是以華北的黃河流域為代表的粟作農業的起源中心，一個是以華中的長江流域為代表的稻作農業的起源中心。另外，在秦長城以西以北地區仍然是狩獵和漁獵經濟區。新石器時代的這種經濟發展走向已為其後的中華大地的社會經濟形態的形成埋下了伏筆。

▌二、「三皇五帝」的傳說與中華民族的形成

前面所講的石器時代，歷史學上稱為「史前時期」，史前之夜很漫長，但我們卻用三言兩語交代完了，實在是不得不然。因為我們對於「史前」瞭解實在太少了。接下來進入有史階段，敘述自然較為詳細一點。

談中國古史，首當其衝的是「三皇五帝」問題。「三皇」是哪「三皇」？「五帝」是哪「五帝」？古書所載分歧頗大。

關於「三皇」，《辭海》給出 5 個版本：

1. 天皇、地皇、泰皇《史記·秦始皇本記》；

2. 天皇、地皇、人皇《史記·補秦始皇本記》引《河圖》、《三五曆》；

3. 伏羲、女媧、神農《風俗通義·皇霸篇》引《春秋緯運鬥樞》；

4. 伏羲、神農、祝融《白虎通》；

5. 伏羲、神農、共工《通鑑外紀》；

6. 燧人、伏羲、神農《風俗通義·皇霸篇》；

《漢語大詞典》給出了 6 個版本：

1. 伏羲、神農、黃帝。《周禮春官外史》：「﹝外史﹞掌三皇五帝之書。」鄭玄注：「楚靈王所謂《三墳》、《五典》。」孔穎達疏：「《三墳》，

三皇時書。」按，孔安國《書序》云：「伏羲、神農、黃帝之書謂之《三墳》。」《莊子·天運》：「餘語汝三皇五帝之治天下。」成玄英疏：「三皇者，伏羲、神農、黃帝也。」

2. 伏羲、神農、女媧。《呂氏春秋·用眾》：「此三皇五帝之所以大立功名也。」高誘注：「三皇，伏羲、神農、女媧也。」

3. 伏羲、神農、燧人。漢班固《白虎通號》：「三皇者，何謂也？謂伏羲、神農、燧人也。」

4. 伏羲、神農、祝融。漢班固《白虎通·號》：「《禮》曰：伏羲、神農、祝融，三皇也。」

5. 天皇、地皇、泰皇。《史記·秦始皇本紀》：「古有天皇、有地皇、有泰皇。泰皇最貴。」

6. 天皇、地皇、人皇。《藝文類聚》卷十一引《春秋緯》：「天皇、地皇、人皇，兄弟九人，分九州，長天下也。」

合併兩書的同類項，「三皇」異說複增至 7 個，即：

1. 天皇、地皇、泰皇《史記·秦始皇本記》；

2. 天皇、地皇、人皇《史記·補秦始皇本記》引《河圖》、《三五曆》；

3. 伏羲、女媧、神農《風俗通義·皇霸篇》引《春秋緯運鬥樞》；

4. 伏羲、神農、祝融《白虎通》；

5. 伏羲、神農、共工《通鑑外紀》；

6. 燧人、伏羲、神農《風俗通義·皇霸篇》

7. 伏羲、神農、黃帝。《周禮·春官·外史》。

關於「五帝」，《辭海》給出 3 個版本：

1. 黃帝、顓頊、帝嚳、唐堯、虞舜。

2. 太皞（伏羲）炎帝（神農）、黃帝、少皞、顓頊。

3. 少昊（皞）、顓頊、高辛（帝嚳）、唐堯、虞舜。

《漢語大詞典》給出四個版本：

1. 黃帝（軒轅）、顓頊（高陽）、帝嚳（高辛）、唐堯、虞舜。《大戴禮記·五帝德》：「孔子曰：『五帝用記，三王用度。』」《史記·五帝本紀》唐張守節《正義》：「太史公依《世本》、《大戴禮》，以黃帝、顓頊、帝嚳、唐堯、虞舜為五帝。譙周、應劭、宋均皆同。」漢班固《白虎通·號》：「五帝者，何謂也？《禮》曰：『黃帝、顓頊、帝嚳、帝堯、帝舜也。』」

2. 太昊（伏羲）、炎帝（神農）、黃帝、少昊（摯）、顓頊。見《禮記·月令》。

3. 少昊、顓頊、高辛、唐堯、虞舜。《〈書〉序》：「少昊、顓頊、高辛、唐、虞之書，謂之五典，言常道也。」孔穎達疏：「言五帝之道，可以百代常行。」晉皇甫謐《帝王世紀》：「伏羲、神農、黃帝為三皇，少昊、高陽、高辛、唐、虞為五帝。」

4. 伏羲、神農、黃帝、唐堯、虞舜。見《易·繫辭下》、宋胡宏《皇王大紀》。

「三皇五帝」，年代緬遠，邃古之事人們記不不楚，是很自然的事。對於古書中的這些舛錯糾紛恐怕永遠無由糾正解決了。

中國人常說我們都是炎黃子孫，這種說法具有很久的淵源。徐中舒、唐嘉弘二先生根據《國語》、《世本》、《大戴禮記》中的《帝系》、《五帝德》記載，徐、唐二位先生說：「從上述世系簡表分析，炎、黃本出一父，夏、商、周、楚均出一源。如果完全相信這些世系，從而作為編撰中國古代史的依據，無疑是不科學的，和歷史實際有所抵牾」。

那麼究竟應該如何對待這些上古傳說呢？這是古史學界要面對的重大問題。

著名史專家、考古學家徐旭生認為，首先應當對神話與傳說認識清楚並加以區分。「傳說與神話是很相鄰近卻互有分別的兩種事情，不能混為一

談。」徐先生在對中國古史傳說疏通整理之後，找出它較早所傳的簡單的歷史因素。他在《中國古史傳說時代》一書中說：「華夏、夷、蠻三族實為秦漢間所稱的中國人的三個主要來源。」故此，徐先生把中國遠古部落劃分為三大集團，即西北的華夏集團，東方的東夷集團，南方的苗蠻集團。

(1)華夏集團包括黃帝、炎帝、顓頊(高陽)、舜(有虞氏)、祝融等族，這是三集團中最重要的集團，所以此後它就成了我們中國全族的代表，把其他的兩個集團幾乎全部掩蔽下去。此部族中於又分出兩個大亞族：一個叫做黃帝，一個叫做炎帝。黃帝族發祥於陝西黃土高原，《史記·五帝本紀》：「黃帝者，少典之子，姓公孫，名曰軒轅。」又居姬水，因改姓姬。國於有熊，亦稱有熊氏。以土德王，土色黃，故曰黃帝。炎帝族則肇端於渭水上游，陝甘接壤地區，原居姜水流域，因而得薑姓。此後，兩族各有一部分東移。炎帝族順渭水、黃河一直發展到今豫南及豫、冀、魯三省交界地區。

黃帝族順著北洛水、渭水及黃河北岸，沿中條山、太行山脈，直到今北京附近。《禮記·樂記》有「武王克殷，反商，未及下車，而封黃帝之後於薊」的記載，今北京平谷縣還有軒轅黃帝陵。

(2)太皞(或作太昊，實即太昊)、少皞(或作少昊，實即小皞)、蚩尤均屬東夷集團。其分佈：北自山東北部，最盛時達到山東全境，西至豫東，南至淮河南北，東至海。

(3)三苗、伏羲、女媧、驩兜屬苗蠻集團。

分佈以湖北、湖南、江西等地為中心，迤北到河南西部熊耳、外方、伏牛諸山脈間。

徐先生說：「三集團的相遇並且發生關係，大約很早。它們中間的關係大約和平相處為常態，戰爭狀態卻是暫時的。」經過長期交往、衝突、磨合，三集團最終融合成為華夏，亦即漢族的前身。

與徐先生相似，著名的史學家、古史專家的蒙文通先生在其名著《古史甄微》中謂「戰國之初，惟說三王，及與中葉，乃言五帝，及至秦世，乃言三皇。」並說三五之說皆起於南方，本為神而非人。太古民族可以江漢、河洛、海岱分為三系，並將之分別命名為江漢民族、河洛民族、海岱民族。所

謂江漢民族即共工、炎帝族，共工氏本是薑姓炎帝之裔。河洛民族即黃帝族，是西北的遊獵民族。依《五帝本紀》：「自黃帝至舜、禹皆同姓。」黃帝號有熊氏，皇甫謐言：「有熊，今河南新鄭是也。」海岱民族即泰帝伏羲、女媧之風姓民族。蒙先生還指出「中華文化之起於渤海，盛於岱宗，光大於三河」。又云「中國古代之文化，創始於泰族，導源於東方。炎、黃二族後起，自應多承襲之。」

　　兩位歷史學家都將上古中國居住的部族以其活動區域劃分為三大區域，只是命名不同，所說諸部族的活動區域也有歧異，但後人對他們的研究給予都很高的評價。蒙先生被學者贊為「精密的考證，科學的預見。」「為古代民族、文化區系研究開拓一條新路，」徐先生則被譽為「化腐朽為神奇」，「為中國古史傳說時代的研究，創立了一個新體系。」

　　上舉徐、蒙兩家之說可看作古史學界最有代表性的看法。探尋中華民族的源頭，是歷史學家同時也是人類學家、民族學家的職責。那麼，人類學家、民族學家怎麼看？林惠祥先生是中國著名的人類學家、民族學家，他在《中國民族史》一書中把中國的民族分「歷史上的民族」和「現代民族」兩大類，並說「歷史上之各民族混合分歧的結果，便成為現代之民族。」關於中國民族他指出：「中國之民族既以華夏系為主幹，其同化皆系消融於華夏系，故每一期之終亦即華夏系之擴大。」他將中國民族史分為四期：(1) 秦以前，(2) 漢至南北朝亡，(3) 隋至元亡，(4) 明至民國」。第一期「包括自蒙古利亞種即黃種有分支以來至於秦末，大事為東夷、西戎、南蠻、北狄之同化及華夏系第一次之擴大。」

　　臺灣學者趙林教授指出：「林氏與徐氏二說最大的不同點，便是林氏以為中國境內有一主流民族（華夏），不斷的擴大吸收其他民族，並將之同化，成為中華民族，而徐氏則以為古代中國境內有三大民族，他們長時期的爭鬥、合併、同化才形成了中華民族。」趙先生把林氏學說簡稱為「由一元而多元」說，把徐氏學說簡稱為「由多元而一元」說，認為「兩者爭議之處便是中華民族是起源於一個同文同種的民族的擴大吸收其他民族，或是起源於多個不同的民族的同化。」這個爭議乍一看無關宏旨，但正如趙先生接下來所說的那樣：「最近若干大陸上的考古學者，以為中國新石器時代在中原西方的仰

韶文化的主人，可能與華夏、河洛民族或炎黃集團有關；與仰韶文化同時，在中原東方的大汶口文化的主人與東夷、海岱民族或風偃集團有關；在華南的河姆渡文化，及南方的若干文化可能與苗蠻集團有關。

他們深受徐氏學說的影響，強烈的意味著這三個文化的主人是屬於三個不同的民族。他們雖然認為仰韶人、大汶口人、河姆渡人，皆為蒙古人種（黃種人），卻為蒙古人種下各別的分支，各有不同的文化及語言，也就是說三者同種但不同支、不同文。」這樣說來，茲事體大，不可不辯。趙先生否定了中國人是由三個同種不同文的民族構成的說法，他從人類體質學、古語言學等角度論證了中華民族自舊石器時代以來就是一個血脈相傳的同種同文的民族。

在中華民族起源的研究上，對華夏是由許多不同的氏族部落融合而成的說法現在學界一般多持贊成的態度，至於所融合的各個氏族部族是不是同文同種這一問題則未引起足夠重視，慮及趙著流傳範圍有限，茲將其富於啟發性的一些論述撮述於下，以便有志於此者攻錯：

體質人類學家常用身材的高低、頭骨的大小長短、以及鼻孔的寬窄來將人類分種別類。中國境內的人種，在舊石器時代早、中期（距今二百萬年至十萬年前），其類型發展並不明確，要到了舊石器時代的晚期（距今十萬至一萬年前），真人（Homo sapiens sapiens）或譯為「智人，智人亞種」在中國境內出現之後，他們才逐漸在體制上出現了蒙古人種，即黃種人的特徵。此後在新石器時代（距今一萬年至二千年前），中國境內的原始黃種人，又再分支、地方化，產生了不同的次型。

中華文化基本上是由舊石器時代及新石器時代，血脈相傳的，中國境內的居民所創造、演進而來的。

事實上，考古學家將出土器物分門別類，建立「文化」類型，但是要將考古學上的文化類型與民族類型混為一談是非常冒險的。同一民族因族人分散居住，受到客觀環境的影響，往往會發展出不同的考古學上的文化類型，（甚至改變了生活上的習慣）。其次，同一民族因時代先後的不同，在同一地區也會發展出早晚不同的考古學上的文化類型。總之，僅僅依據器物遺存

分門別類建立起的文化類型，是不足以鑒別這些文化類型的主人的族屬或種屬。再者，體制上的些微差異，亦不足以分辨民族之類型。現代中國人南北體質上差異甚為明顯，但並沒有人據此將現代中國人分成南北兩個民族。

中國新石器，黃河流域兩大文化的主人的族屬問題，仍需以目前體質上及（考古學）文化上的研究成果為基礎，再結合其他方面的發現作進一步的探討，才能作較為接近事實的推論，而語言便是最重要的線索之一。

根據仰韶文化及大汶口文化遺址中出土的陶器上的陶器的文字，基本上可以肯定與大汶口人說的同是「漢語」。

半坡的陶文有沒有固定的音讀？答案是肯定的。因此它們的確是文字，而且是漢字。

漢字的起源既然是一元的，仰韶人與大汶口人所說的話也就不該不是漢語。黃河中下游的兩個新石器時代主要的文化雖有東西之分，卻為同一民族所創。如果古史的傳說時代，在東方確有一個「風偃集團」，或在西方確有一個「炎黃集團」，他們也不過是同一個民族中，因地域之不同而產生的兩個政治集團，黃河流域無所謂夷、夏之分。

新石器時代長江流域，甚至南方或西南方的民族，與黃河流域的民族，本來就是一家的可能性是非常大的。

總之，漢語族族人，大約在西元前五千至三千年這段時間之中，已經因族人居住地之不同，在黃河中、下游產生了不同的（考古學上）文化類型，及社會政治集團，在其後的二千年之中，同一民族內異化與同化的過程同時進行，但是夏商周（約西元前二千年至一千年）的建立，使黃河流域產生了一個文化中心，將同化的力量大大增加，不僅同化同一民族內的異化分子，也同化吸收了若干非同一民族分子。周代以降，漢語族人的政治結構、規模逾備，同化的力量及範圍亦益加擴大，且深入南方。基本上來說，在先秦時代，中國民族史的發展，自始就是一個主要民族——漢語族——其族人異化而同化及吸收外在因素，不斷成長擴大的過程。

新石器時代後期，居住在黃河中游的漢語族人，可能與傳說中的炎黃政治集團有關，中國第一個王朝，夏代，可能是由他們建立的。同時期，居住

在黃河下游的漢語族人,與傳說中的風偃政治集團以及商人的遠祖可能有相當的關係。

長江流域的居民,在中國歷史舞臺上扮演重要的角色的時代較晚。他們在史前時代,究竟與黃河流域的居民有多大的差異?目前雖然欠缺一些決定性的證據,但是就古語言學的知識來推論,他們大體上也應該是漢藏語系中的一份子:他們可能與傳說中的三苗或苗蠻政治集團有關。再就這一帶居民進入中國歷史的文化面貌而言,似乎可以確定他們的語言依舊是漢語系統的,並未分支出去。

從匈奴民族與商人,從羌人與姬周在中國古代千餘年間的政治聯盟,血液交流,文化交融的歷程來看,所謂『華夏民族』,也就是『中國人』這一個概念,其內容的形成,在中國歷史的黎明時代,便已定向。『中國人』這個概念不走向絕對的血統主義,而是以文化作為區分異己的標準,韓愈在原道篇中說:『孔子之作春秋也,諸侯用夷禮則夷之,夷而進於中國則中國之。』以文化為基礎的民族主義,這是中國人在其歷史發展中所積累的經驗,同時也是自新石器時代以來,中國民族史發展的主流去向。

▌三、中國疆域與中國觀念

下面談談中國歷史上的疆域問題,讓我們從一則故事講起。

1954 年,有一天毛澤東和歷史學家吳晗一起談起標點《資治通鑑》的事,希望能有一個好的歷史地圖來配合這部《通鑑》一起出版,吳晗建議改編清代歷史學家楊守敬的《歷代輿地圖》,得到毛澤東的贊許。於是由範文瀾、吳晗兩位歷史學家領銜,組成了一個標點《通鑑》、改編《楊圖》的委員會。復旦大學譚其驤教授參加了這個委員會,並實際負責領導了改編《楊圖》的工作。編繪工作開始於 1955 年春。據譚先生講,一開始他們只想著把楊守敬的《歷代輿地圖》予以「重編改繪」一下,範圍準備一仍楊圖之舊,那時還沒有接觸到歷史上中國的範圍這個問題。楊圖各時代都只畫中原王朝的直轄版圖,除前漢一冊附有一幅西域圖外,其餘各冊連王朝的羈縻地區都不畫,更不要說與中原王朝同時並立的各邊區民族政權的疆域了。為什麼會

出現這種情況呢？是楊守敬們不負責任還是他們沒有足夠的地理知識？顯然不是，楊守敬是近代著名的地理學家，文獻學家。地理知識和工作態度絕不會含糊。所以然之故，根本問題在於兩個字，「史觀」。

楊圖並不是獨自一個人隨心所欲閉門造出來的，他承襲的是古人繪製的地圖，可是，中國古人並無類似今天的國家觀念，在他們心中並沒有一個明確的國家邊界線，自家的地盤有多大？家當有多少？沒有人說得清楚。

西周之前的中國祖先的詞庫裡本無「中國」一語。商代甲骨文裡非但沒有「中國」一語，甚至連「國」字也沒有。由此推想，那個時候不會有地圖，也沒有明確清晰的邊界概念。這樣說並不表明統治者沒有國土的經營意識。《詩·商頌·長發》有這樣的詩句：「相土烈烈，海外有截。」相土，契之孫，是商族人記憶中的第四位祖先，所謂「海外有截」，就是說他把商族人的疆土擴張到四海之外。鄭玄箋：「截，整齊也。……四海之外率服，截爾整齊。」由此可以看出，相土是商族人心目中開疆拓土的民族英雄。至商湯時，商人自東徂西，逐鹿中原，滅了夏朝，立都西亳（今偃師商城），在今冀、豫、魯之間，建立商王朝，先後歷 17 世 31 王，建立起邦畿千里的商王朝。有詩為證：「天命玄鳥，降而生商，宅殷土芒芒。古帝命武湯，正域彼四方。方命厥後，奄有九有。……武丁孫子，武王靡不勝。龍旗十乘，大糦（音 chì，大祭所供黍稷稻粱之屬）是承。邦畿千里，維民所止。肇域彼四海，四海來假。」從相土至紂王，在殷商已形成以偃師商城、鄭州商城、安陽洹北商城和殷墟四座商代王邑為圓心，方圓直徑約為二三百里的王畿區，王畿區也就是殷商王朝的直接控制區。這與載籍所說大致相合，《戰國策·魏策》云：殷紂之國，左孟門而右漳滏，前帶河，後被山。

《史記·吳起傳》云：

殷紂之國，左孟門，右太行，常山在其北，大河經其南。

至於殷商的勢力及其文化影響所及，亦即周邊四至，載籍這樣說：

紂之地，左東海，右流沙，前交趾，後幽都。

東海即東部濱海地區，流沙泛指甘肅、內蒙等地的沙漠地帶，交趾，即五嶺以南，幽都大致包括今河北北部燕山南北及遼寧部分地區。甲骨文中也有「南土」、「北土」、「西土」、「東土」之說，例如《甲骨文合集》36975 版辭曰：

(1) 己巳王萄，貞〔今〕歲商受〔年〕。王占曰：吉。

(2) 東土受年。

(3) 南土受年。吉。

(4) 西土受年。吉。

(5) 北土受年。吉。

甲骨學家宋鎮豪先生指出「這說明，商王朝視『四土』乃是其政治疆域。」不過，宋先生同時又強調：「商代國家的政治疆域，尚不可能如後世有明確的國界線，也不可能如後世那樣維持有中央與地方政府之間嚴格的行政統屬關係，但在王權可控範圍內，其『設官分職』卻已有定制。即或域內大小方國族落，因其力量強弱受制於大國，亦不得不盡其貢納臣服諸義務，而大國亦對其有政治上的承認和軍事上的保護之權利。」

由甲骨文的「四土「，可知商代已有模糊的疆土意識。其實，不止殷商，這種觀念大概在有夏時代就已萌發了。因為《詩商頌長發》中有「幅隕」一詞，詩曰：「洪水芒芒，禹敷下土方，外大國是疆，幅隕既長」。「幅隕」即「幅員」。毛傳：「幅，廣也；隕，均也。」鄭玄箋：「隕，當作圓。圓，周也。」朱熹《詩集傳》：「外大國，遠諸侯也。幅猶言邊幅也。隕，讀作員，謂周也。……方禹治洪水，以外大國為中國之竟，而幅員廣大之時，有娀氏始大，古帝立其女之子而造商室也……」且古文獻中也有關於夏王朝晚葉政治疆域四至範圍的記載，例如：

《戰國策·魏策一》

夫夏桀之國，左天門之陰，而右天蹊之陽，盧睾在其北，伊洛出其南。

《史記·吳起列傳》亦云：

夏桀之居，左河濟，右泰華，伊闕在其南，羊腸在其北。

《逸周書·度邑》也說：

自雒汭延於伊汭，居易無固，其有夏之居。

河流會合或彎曲的地方叫做汭，《書·禹貢》：「東過洛汭。」孔傳：「洛汭，洛入河處。」

伊汭，伊水入洛水處。在今河南省偃師縣。也就是說，夏王朝的中心轄區相當今黃河流域中游中嶽嵩山和伊、洛、潁、汝四水流經的豫西地區，西至華山腳下，亦即洛陽周圍地區。這一點業已被地下考古所證實，在河南洛陽偃師二里頭發現了夏代王都。不過，從夏到商殷庚遷殷之前，我們的祖先卻是基於種種原因，「民無所定」，不時遷都。《文選·西京賦》：「殷人屢遷，前八而後五」。由是可知，夏王朝根本沒有明確疆域之可能。

姬周時代有了明確的「體國經野」意識，《周禮·地官》云：「惟王建國，辨方正位，體國經野」。《國語·周語》記載了這麼一件事兒。公前 635 年，周襄王的弟弟王子帶發動宮廷政變，周襄王逃往鄭國並向同宗叔叔晉文公求助。晉文公勤王，帶兵打敗了王子帶，並護送周襄王回京城。為了報答晉文公，周襄王要把河內、陽樊等地賞賜給晉國。可是，晉文公想得到的不是土地，而是政治待遇。結果，「王弗許，曰：昔我先王之有天下也，規方千里，以為甸服。以供上帝山川百神之祀，以備百姓兆民之用，以待不庭不虞之患。其餘以均分公侯伯子男，使各有寧宇，以順及天地，無逢其災害。先王豈有賴焉？內官不過九禦，外官不過九品，足以供給神祇而已，豈敢厭縱其耳目心腹，以亂百度。亦唯是死生之服物、采章，以臨長百姓，而輕重布之，王何異之有？」周襄王所說「規方千里，以為甸服」的意思就是按周制規定把方圓千里的地方叫甸服。為什麼說是周制呢？《國語·周語上》記載著周王室卿士、周公之後人祭公謀父的話：「先王之制，邦內甸服，邦外侯服」。

西周地方官制有「五服」之制，所謂「五服」就是依據諸侯封地距離王畿的遠近，分封為甸、侯、賓、要、荒五服，或曰侯、甸、男、采、衛五服。每服五百里，最遠者稱為荒服。

不過，學者一般認為古代不會有這麼齊整的行政區劃，事實上，周初也沒有那樣寬廣的封疆，退一步說，即便有也不可能如此整齊劃一，那樣整齊的區劃在中國歷史上不可能找到。儘管如此，倒也不必否認西周時代存在過「五服」之制，西周之「五服」也許只是與邦內諸侯相對的泛稱而已，這就意味著西周即便有要服、荒服等五服，也不會有確切的邊界。實際上不只有周一代，歷代中國帝王從來都沒有具體的疆域概念，他們邊界就是「天下」。正如周人之詩曰：「溥天之下，莫非王土；率土之濱，莫非王臣」。

上古三代如此，秦漢帝國如此，隋唐乃至元明清莫不如此。由此說來，楊圖畫不畫羈縻州也就不難理解了。楊守敬以及之前的楊守敬們所繪的「中國地圖」只畫中原王朝的直轄版圖還有一個重要原因就是，他們頭腦中固有一種正統觀念：只有中原王朝才是中國，才是中華民族，蠻、夷、戎、狄、氐、羌、匈奴皆非中國。他們不能以歷史眼光看歷史。所以，他們畫的一隅之圖根本無法反映中國版圖發展的歷史實際。如果固守「中原王朝」＝「中國」的正統觀念，那麼，春秋戰國時代的地圖就無法畫，因為，中原地區又好幾個諸侯國，以誰為宗呢？總不能把彈丸大小的「東周」等同於中國吧！再說，不管是將地圖名稱定名為「中國地圖」還是「中華地圖」，這種做法本身就是以後例前，夏商之前包括夏商時期我們祖先的辭典裡尚無「中國」這一概念。「中國」之名，最早見於周初（成王五年）的何尊銘文。何尊的主人「何」是周成王的一個重臣，與是周王室是同宗。周成王遷都成周，按照武王的禮，舉行福祭，四月丙戌，成王在京室誥訓「宗小子」們，「何」是「宗小子」中的一員，周成王講完話之後還賞賜給「何」三十朋貝，「何」感到十分榮寵，就用來做了祭祀先人的祭器，器銘中記載的就是這件事兒的經過，周成王的誥辭中有「隹（惟）武王既克大宅中或……」云云，這裡的「中或」，就是「中國」，「或」「、國」、「域」在古文字裡是一個字，《說文》：「或，邦也，從口，戈以守一，一，地也。域，或從土。」段玉裁《說文解字注》：「既從口從一，又從土，是為後起之俗字。」所以，古文字學家唐蘭在《何尊銘

文解釋》一文中就直接在「佳（惟）武王既克大宅中或」的「或」字後的括弧寫一個「國」字。並在注中說：「這裡的中國，是指周王朝疆域的中心。」在譯文中他把「中或（國）」譯為「中央地區」。的確，「中國」一詞的最初意義就是「中央地區」的意思。華夏族在黃帝之後長期生活在中原地區，故他們自稱「中國」，而對周邊地區的少數民族則總稱為四夷。例如《書·畢命》：「四夷左衽，罔不咸賴。」孔傳：「言東夷、西戎、南蠻、北狄，被發左衽之人，無不皆恃賴三君之德。」《後漢書·東夷傳》：「凡蠻、夷、戎、狄總名四夷者，猶公、侯、伯、子、男皆號諸侯云。」《穀梁傳·成十二》又將「夷狄」與「中國」對舉：「中國與夷狄不言戰。」並且，邊邑地區的少數民族也認可這種說法，楚國國君熊渠曾說：「我蠻夷也，不與中國之號謚」。

華夏族又單稱「夏」或「華」，或稱「諸夏」、「諸華」，或將「華夏」連稱。由於居住中原，開化較早，他們頗有優榮之感。《論語·八佾》曰：「夷狄之有君，不如諸夏之亡也。」《史記·武帝本紀》：「天下名山八，而三在蠻夷，五在中國。」中原諸夏和周邊四夷相處，總是保持著居高臨下的姿態，《孟子·梁惠王上》：「蒞中國而撫四夷也。」而且，周邊的四夷也不是不買帳，《書·舜典》：「柔遠能邇，惇德允元，而難任人，蠻夷率服。」《左傳·定公十年》載，魯定公與齊侯相會於夾谷，齊侯使萊人以兵劫魯侯，孔子理直氣壯地責備齊侯說；「士，兵之！兩君合好，而裔夷之俘以兵亂之，非齊君所以命諸侯也。裔不謀夏，夷不亂華，俘不幹盟，兵不逼好。於神為不祥，於德為愆義，於人為失禮，君必不然。」結果「齊侯聞之，遽辟之。」孔穎達在《正義》中對「裔不謀夏，夷不亂華」作出這樣的解釋：「夏，大也。中國有禮儀之大，故稱夏；有服章之美，謂之華。華、夏一也。萊是東夷，其地又遠，『裔不謀夏』，言諸夏近而萊地遠；『夷不亂華』，言萊是夷而魯是華。二句其旨大同，各令文相對耳。」孔穎達關於「華夏」名稱由來的解釋雖未必盡是，但這段話還確實反映出當時魯國以華夏族正宗傳人而自命清高的心態。「華」人自認為是天子驕子，自居禮義文采，視蠻夷戎狄等少數民族為不知禮義的「野人」，甚至是「禽獸」，也就是說上古時代觀念是華貴夷賤，華尊夷卑。據《史記·太公世家》云：「是時周室微，唯齊、楚、秦、晉為彊。晉初與會，獻公死，國內亂。秦穆公辟遠，不與中國會盟。楚成王

初收荊蠻有之，夷狄自置。唯獨齊為中國會盟，而桓公能宣其德，故諸侯賓會。」由這一段文字知，齊桓公之所以能夠「九合諸侯，一匡天下」的關鍵因素就是他「為中國會盟」，也就是說在春秋時期「中國」二字頗有號召力，由於「秦穆公辟遠，不與中國會盟」，東方六大國則把秦當夷翟看待（「夷翟遇之」），這讓他的後代秦孝公深以為恥。於是他「布惠，振孤寡，招戰士，明功賞。」發佈「求賢令」，於是，「衛鞅聞是令下，西入秦，因景監求見孝公。」於是，才有商鞅變法。於是才有「秦王掃六合」天下歸秦的歷史結局。

春秋時候，黃河中下游的周王朝、晉、鄭、齊、魯、宋、衛等，這些國家他們自認為是中國，他們把秦、楚、吳、越看成夷狄，不是中國。不曾想「諸侯卑秦」，竟使秦孝公發出「醜莫大焉」怒吼，且為秦國帶來橫掃六合的契機。自秦之後中國歷史上「夷狄」數度入主中原，但有趣的是，這些夷狄從不自外於中國，他們反而以中國人自居，大家都在爭正統。到了晉室南渡，東晉人把十六國看作夷狄，看成外國。而「五胡十六國」的匈奴、羯、氐、羌、鮮卑、後涼、前秦等族，先後建立過政權，而石勒、苻堅都曾統一中國北部，據有「兩京」（長安、洛陽），自居「中國皇帝」，反指東晉為「司馬家兒」與「吳人」。

北魏在中國北部建立穩定的封建王朝，以「中國」自稱，北朝把南朝罵成「島夷」，南朝更罵為北朝為「戎狄」與「索虜」，又史為證，《北史·序傳》曰：「大師少有著述之志，常以宋、齊、梁、陳、魏、齊、周、隋南北分隔，南書謂北為『索虜』，北書指南為『島夷』。」到了唐代，唐太宗說：「自古皆貴中華，賤夷狄，朕獨愛之如一。」所以，唐代李延壽在修南北史時，一視同仁，把南北雙方都視為中國的一部分。唐代之後，宋朝又把遼、金、夏都看成是外國，看成夷狄。但是元朝人和唐太宗的態度一樣，把遼、金、夏跟宋朝都看成是「中國」人。元明清三朝更替的只是執政者的姓氏，民族則日益融合，國土則日益延展，到清朝完成統一以後，帝國主義侵入中國以前，中華民族文化的融合得以徹底完成，中國的國土疆域業已完全確定。

總之，正如譚其驤先生所說：「『中國』這兩個字的含義，本來不是固定不變的，是隨著時代的變化而變化的，是隨著時代的發展而發展的。」「現代人不能以古人的『中國』為中國。後一代的人把前一代的概念否定，不採

用前一代的概念，這是由來已久，自古而然的，沒有什麼奇怪。我們現在當然不應該以東晉人自居，再以宋代人自居。總而言之，我們是現代人，不能以古人的『中國』為中國。」「我們既不能以古人的「中國」為歷史上的中國，也不能拿今天的中國範圍來限定我們歷史上的中國範圍。我們應該採用整個歷史時期，整個幾千年來歷史發展所自然形成的中國為歷史上的中國。」

　　話題再回到譚其驤等改編楊圖的問題上來。譚先生等經過研究之後認識到，他們原來設想的以楊圖範圍作為他們的圖的範圍，這種想法是不行的。因為「我們偉大的祖國是各族人民包括邊區各族所共同締造的，不能把歷史上的中國同中原王朝等同起來。我們需要畫出全中國即整個中國歷史的地圖來，不應只畫秦、漢、隋、唐、宋、元、明等中原王朝。」隨後譚先生他們就作出決定：圖名改為《中國歷史地圖集》，範圍要包括各個歷史時期的全中國。至於怎樣確定各個時期的全中國範圍，譚先生及其同仁經過反復慎重考慮然後決定：「拿清朝完成統一以後，帝國主義侵入中國以前的清朝版圖，具體說，就是從 18 世紀 50 年代到 19 世紀 40 年代鴉片戰爭以前這個時期的中國版圖作為我們歷史時期的中國的範圍。所謂歷史時期的中國。就以此為範圍。不管是幾百年也好，幾千年也好，在這個範圍之內活動的民族，我們都認為是中國史上的民族；在這個範圍之內所建立的政權，我們都認為是中國史上的政權。簡單的回答就是這樣。超出了這個範圍，那就不是中國的民族了，也不是中國的政權了。」

　　為什麼作出這樣的決定？譚其驤先生指出：「18 世紀中葉以後，1840年以前的中國範圍是我們幾千年來歷史發展所自然形成的中國，這就是我們歷史上的中國。至於現在的中國疆域，已經不是歷史上自然形成的那個範圍了，而是這一百多年來資本主義列強、帝國主義侵略宰割了我們的部分領土的結果，所以不能代表我們歷史上的中國的疆域了。」

　　以 1840 年以前的中國範圍作為中國歷史地圖的範圍，而不以之前或之後中國版圖作範圍，或會受到一些別有用心的人的責難，然而，這樣做完全是尊重歷史，完全是客觀公正的做法。假若按現在的中國地圖為範圍，試想，要畫漢武帝時代衛青、霍去病北征匈奴的地圖怎麼畫？要畫元朝的嶺北行省怎麼畫？要講《中俄璦琿條約》、《中英北京條約》等近代史問題怎麼講？

如果「香港」、「澳門」、「臺灣」等不在《中國歷史地圖》範圍之內,這樣的地圖是尊重歷史的地圖嗎?這樣的地圖是客觀公允的地圖嗎?畫歷史地圖當然要尊重過,要尊重歷史。畫歷史地圖不可避免會與現時政治搭上界,但歷史就是歷史,不尊重歷史的歷史地圖是站不住腳的。畫中國歷史地圖必須把蒙古、西伯利亞等地區劃進去,這樣做並不表明我們在對上述地區宣示主權,而是為了忠實地記錄昨天的歷史。對於這個問題,譚其驤先生講得很精闢,他說:

有人主張拿今天的國土作為歷史上中國的範圍,我們認為那是不恰當,不應該的。要是那樣的話,豈不等於承認沙俄透過璦琿條約、北京條約割讓的烏蘇里江以東、黑龍江以北的地方,本來就不是我們的地方嗎·事實上在清朝以前,烏蘇里江以東、黑龍江以北已有幾百年是在中原王朝直接統治之下的。再如大漠以北的蒙古高原,現在屬於蒙古人民共和國。這個國家是不是歷史自然發展形成的呢·不是。1911 年、1921 年兩次蒙古獨立,都是後面有第三者插手的,要是沒有第三者插手的話,它不會脫離中國。歷史發展的自然趨勢是蒙古地區不論漠南漠北部應該和中原地區聯繫在一起的。到了 20 世紀,到了 1911 年、1921 年,由於第三者的插手,結果分裂出去了。

這不是自然發展的結果,這是帝國主義宰割中國的結果。所以我們不能說歷史上的中國只包括漠南的內蒙古而不包括漠北的外蒙古,儘管我們現在是承認蒙古人民共和國的。歷史上所有的北方民族,匈奴也好,鮮卑也好,柔然也好,突厥也好,回紇也好,全都是同時分佈在漠南和漠北的。要是我們以今國界為依據處理歷史上的民族,那該怎麼辦·同一個政權統治之下的一個民族,漠北的不算中國,漠南的才算中國,這就沒法辦了。但我們要是採用 1840 年以前的清朝版圖為歷史上中國範圍就好辦,出現在漠南漠北的蒙古以及歷史上所有的民族,都是中國的少數民族,不能因為今天在蒙古人民共和國之內就不算歷史上中國的民族。當然·我們講中國史的時候應當把這些民族作為中國史上的民族。但我們也不反對蒙古人民共和國在寫它的歷史的時候把這些古代民族寫成它的先民。

天下大勢,合久必分,分久必合。分分合合,是中國歷史上的常見現象。分裂時,對立的族群或集團總不免兵戎相見,但歷史事實是每一次由分而合,

一般說來是擴大一次。縱觀中國歷史，從嬴秦到清朝，每統一一次，版圖就擴大一次，一次一次統一，一次一次的擴大。我們之所以形成這麼大的一個中國，少數民族特別是蒙古族、滿族作出了特別巨大的貢獻。「我們中國是各族人民共同締造的」此話絕不是一句漂亮的口號，中國是中國56個民族人民共同的中國，而不是漢族一家的中國。很難設想如果沒有元朝，沒有清朝，今天的中國是什麼樣子？

前面由石器時代講到清朝，從民族形成說到國家疆域，內容較為複雜，茲將前文做如下總結：從太古到今天，中國自然形成三大特徵：

1. 歷史緬遠，綿延不絕。

2. 地大物博，人口眾多。

3. 種族複雜，和諧共生。

面對中國這份龐大的基業，梁漱溟先生感歎：「這自是祖宗的遺業，文化的成果，而後人食其福。」

我們還想再說的是，歷史就是歷史，並不是作為後來人誰想怎麼說就可以怎麼說，誰想怎麼辦就可以怎麼辦。尊重歷史就是尊重自己。每一個國家、每一個民族乃至每一個個人，都有自己發生發展的歷史。每個人都是父母生的，這是客觀存在的事實，無論誰都不能否認，並且也否定不了。

第三講 「古今中外派」說漢字

文化是什麼？人類文化學家說：「文化是歷史上所創造的生存式樣的系統。」依此而論，歷史與文化具有很大程度的重合性，要講述一個民族的文化，就不能不講述這個民族的歷史。然而，人類歷史就一般意義而言是由語言文字記錄下來的，語言文字與文化的關係可謂密不可分，文化是語言的底座，「語言也不脫離文化而存在。」（薩丕爾語）從這層意義上講，談文化從文字角度切入也許是一個不錯的選擇。所以，下面擬從探索漢字起源入手，由此蕩開去，談談如何認識歷史綿遠的中華文化。

▋一、關於漢字創制的傳說

關於漢字的創制，有許多各不相同的傳說，就中國現存載籍來看，歸納起來主要有三種：

1. 英雄造字說；

2. 結繩成字說；

3. 八卦成文說。

茲分述如下。

（一）關於倉頡等人造字說

(1)倉頡造字說關於倉頡造字的傳說影響最大。最初記載這一傳說的《荀子·解蔽篇》是這樣說的：「故好書者眾矣，而倉頡獨傳者，壹也；好稼者眾矣，而後稷獨傳者，壹也；好樂者眾矣，而夔獨傳者，壹也；好義者眾矣，而舜獨傳者，壹也。」注意，依荀子之意，倉頡是文字的傳承者，而非是文字的創造者。然同屬於戰國晚期文獻的《呂氏春秋·君守》則曰：「奚仲作車，倉頡作書。」這樣一來，倉頡成了創制文字的人了。這種說法在戰國及其以後頗為流行，《韓非子·五蠹》：「倉頡之作書也，自環者謂之私，背私者謂之公。」李斯《倉頡篇》：「倉頡作書」。《論衡·對作》：「倉頡之書，世以紀事」。《世本·作篇》則曰：「黃帝使倉頡作書。」又漢許慎《說文·序》：

「黃帝之史倉頡，見鳥獸蹄远之跡，知分理之相別異也，初造書契，百工以義，萬品以察。」倉頡何許人也？史稱倉頡，黃帝臣。

或說是古帝。蒼一作倉。《漢學堂叢書》輯《春秋緯·元命苞》又云：「倉帝史皇氏，名頡，姓侯岡，龍顏侈哆，四目靈光，實有睿德，生而能書。及受河圖錄字，於是窮天地之變，仰視奎星圜曲之勢，俯察魚文鳥羽，山川指掌，而創文字，天為雨粟，鬼為夜哭，龍乃潛藏。」此說與《淮南子·本經訓》略有異同：「蒼頡作書而天雨粟，鬼夜哭。」《淮南子·泰族篇》還說：「蒼頡之初作書，以辯治百官，領理萬事，愚者得以不忘，智者得以志遠。至其衰也，為奸，刻偽書，以解有罪，以殺不辜。」

蒼頡造字何以會引起「天雨粟，鬼夜哭」呢？高誘注曰：「蒼頡始視鳥跡之文造書契，則詐偽萌生。詐偽萌生，則去本趨末，棄耕作之業，而務錐刀之利。天知其將餓，故為雨粟，鬼恐為書文所劾，故夜哭也。」「鬼恐為書文所劾」是怎麼回事兒？此語今天讀起來會覺得怪怪的，若以現代思維去解讀它，頗類乎緣木求魚，要想真正讀懂古人必須瞭解上古先民的思維習慣。下面談談與此有關的上古先民的天地鬼神觀念。

《尚書·周書·呂刑》載：「上帝監民，罔有馨香德，刑發聞惟腥。皇帝哀矜庶戮之不辜，報虐以威，遏絕苗民，無世在下。乃命重、黎，絕地天通。」身為春秋五霸之一的楚昭王（前 515 －前 489 年在位）讀到這一段話時感到十分困惑，他就向觀射父請教：「《周書》所謂『重、黎寔使天地不通』者，何也？若無然，民將能登天乎·」對曰：「非此之謂也。古者民神不雜。民之精爽不攜貳者，而又能齊肅衷正，其智能上下比義，其聖能光遠宣朗，其明能光照之，其聰能聽徹之，如是，則明神降之，在男曰覡，在女曰巫。……於是乎，有天地神民類物之官，是謂五官，各司其序，不相亂也。民是以能有忠信，神是以能有明德，民神異業，敬而不瀆，故神降之嘉生，民以物享，禍災不至，求用不匱。及少昊之衰也，九黎亂德，民神雜糅，不可方物。夫人作享，家為巫史，無有要質。民匱於祀，而不知其福。……顓頊受之，乃命南正重司天以屬神，命火正黎司地以屬民，使復舊常，無相侵瀆，是謂絕地天通。」因為，重、黎絕地天通，下民要想上通天意，必須透過巫覡與鬼神交通，並透過鬼神來上達天庭。自從蒼頡創造文字之後，「文字本身便成

了溝通天地之工具的一個組成部分，」換言之，下民可以藉助文字將自己的想法直接呈現給上帝，鬼從此難得上下其手，故此「鬼為夜哭」也。

甲骨文中確有利用文字與上天交通之記載。《甲骨文合集》第 22675 版辭曰：

〔癸酉葡〕，□，貞：旬亡（無）禍。才四月。甲戌工典其進邶。

所謂「工典」，即貢典。甲骨學家董作賓說：「祭祀的開始，有一種禮節叫『工典』，意思是獻上先祖先妣的譜牒，這典上記載的是某日以某種祭祀祭祀某人。」

古代中國是不是確實發生過「天雨粟，鬼夜哭」的歷史故事倒也不必深究，需要強調的是文字的發明對於人類進步的確具有無法估量的作用。因為有了文字，人類走出了蒙昧階段；因為有了文字，人類逐漸認清了主宰自己命運的是自己而不是鬼神；因為有了文字，人類揭開了生物的諸多秘密。天雨不雨粟，已不要緊，而今的人類生活不必再乞靈於鬼神了，對於夜哭之鬼人們確乎應掬一把同情之淚啊！

歷史上有無倉頡其人，誰也無從得以確知。我們今天可以確知的是自戰國一直至今，關於倉頡的傳說不絕如縷，中國大地上至今還有很多關於倉頡的故跡。據說倉頡是河南南樂人，他生於斯，葬於斯，故南樂縣西 18 公里吳村的造書臺北有倉頡陵墓，還有倉頡廟，此外在河南開封、魯山、虞城、洛甯、新鄭等地也有倉頡廟祠遺跡。陝西白水城東北 35 公里處的史官鄉的武莊村，相傳倉頡生前曾在此村生活居住過，此地的倉頡廟的建造據說不晚於東漢時代，也就是說歷時已有 1800 餘載。

倉頡廟區占地 17 畝，基本形狀為長方形。廟牆內南北長 140 余米，東西寬約 48 米，北邊較南邊略寬之，占地約 10 畝。倉頡廟內建築，由南至北沿中軸線依次為照壁、山門、東西戲樓、前殿、鐘鼓樓、報廳、正殿、後殿及東西廂房，共計 70 間。其後為倉頡墓塚和墓園。廟內現存多為元、明、清時代的建築，裝飾華麗，有濃郁的地方色彩。倉頡廟內歷代碑石眾多，但多有散失。現保存的仍有倉聖鳥跡書碑。東漢延熹五年的《倉頡廟碑》，是

金石學上的珍品。中國有很多地方在爭「倉頡」的歸屬權，倉頡在中華文化中的影響於此可見一斑。

(2)關於沮誦作書除了倉頡之外，還有「沮誦」、「史皇」、「骰手」等人造字說。沮誦造字說見於《廣韻》，《廣韻》魚韻「沮」字下引《世本》：「沮誦、倉頡作書。」

(3)關於史皇作書《淮南子·修務篇》：「史皇產而能書。」《呂覽·勿躬篇》又說：「史皇作圖」。《文選注引》：「史皇作圖」。

(4)關於骰手作畫見於《太平御覽》九七：「骰手作畫。」《漢書古今人表》載有「骰手」其人：「骰手，舜妹」。說出於《烈女傳》。《說文·攴部》作「骰首」：「骰，研治也。從果攴聲。舜女弟名骰首。」段玉裁《說文解字注》：「手首古同音通用。」

丁山認為：「《漢書·人表》只有蒼頡、骰首，不見史皇、沮誦。」他認為所謂史皇、蒼頡實為一人。不一定是神名，更不必研究他曾否做黃帝的史官。馬敘倫讀書劄記中有與其相同的看法。

（二）關於結繩成字說

有的教科書把「結繩紀事」也與倉頡造字相提並論。「結繩紀事」最初見於《周易·繫辭》：「上古結繩而治，後世聖人易之以書契，百官以治，民以察。」這句話有兩處最為要緊，其一即「結繩而治」，其二是「易之以書契」。試分述如下。

何謂「結繩而治」？《欽定四庫全書·尚書孔氏序·夏氏尚書詳解》云：「伏羲三皇之最先所謂太皥是也。伏羲之時，仰觀俯察，近取遠取，始畫八卦，造書契，以代結繩之政，文籍自是而始著，安國作序，欲明文籍所起以見，是書之本始，故先言伏羲造書契，代結繩之事。結繩者，鄭云約事，事大大其繩，事小小其繩。

王肅亦云，識其政事也，書契者，鄭云書之於木，刻其側為契，各持其一，以相考合，若結繩之為治。陸德明又謂以書契約其事也，是伏羲之前，洪荒之世，結繩而治，雖有文字未見於用，至伏羲乃始代以書契，故三墳五典自

是而興，故曰『造書契，以代結繩之政，由是文籍生焉。』」謹按陸德明所謂「是伏羲之前，洪荒之世，結繩而治，雖有文字未見於用」，恐非。文字功效，強於結繩，豈有棄置創造的文字不用，卻用結繩為治的道理？結繩紀事的傳說還見於《莊子·胠篋篇》：「昔者容成氏、大庭氏、伯皇氏、中央氏、栗陸氏、驪畜氏、軒轅氏、赫胥氏、尊盧氏、祝融氏、伏戲氏、神農氏，當是時也，民結繩而用之。」《莊子注》：「足以紀略而已。此十二氏皆古帝王。」

《說文解字·敘》則將《繫辭》中的「結繩而治」改在晚於伏羲氏的神農氏名下：「神農氏結繩為治而統其事。」這是說神農之前，已經存在結繩紀事的方法了，到了神農氏又總結推廣這件事。在此許慎將「後世聖人」指實為「黃帝之史倉頡」。

伏羲氏、神農氏包括莊子所謂容成氏、大庭氏、伯皇氏等十二氏皆是傳說中的人物，具體年代不好斷定，但可以說明的是，結繩紀事在很早以前就出現了。

不惟漢民族結繩紀事，其他民族亦有此俗。林耀華《原始社會史》P.438、439 云：

古代埃及、波斯、秘魯以及近代的印第安人，非洲、澳洲和大洋洲等地的土著，都盛行結繩記事，以古秘魯印加印第安人最為發達。他們用一種打結的繩，叫做「魁普」，意思是「結子」。對於人口統計、土地疆界、部落標記以及命令、宣戰、刑法、墓誌等，都採用結繩的方法來表達。這種記事方法是用一條只有一種顏色的繩子作主繩，在主繩上每隔一定的距離繫上各種不同顏色的細繩。各種顏色代表各類事項，如紅色代表軍事、兵卒，黃色代表禾谷等。在細繩上打結表明數字，單結表示十、雙結表示二十，重結表示百，雙重結表示二百，離主繩最遠的代表個位，次一行是十位，然後是百位和千位。用這種方法可以計算到百萬以上的數字，而且準確無誤。各地有專門使用和講解「魁普」的人員，負責計算和報導各種統計材料。

中國少數民族在歷史上，有的甚至到解放前夕還用結繩記事的方法。宋代西南溪洞各族都採用這種方法。解放前廣西大瑤山瑤族地區，凡是居民發生糾紛事端，必須請瑤頭評理。如果瑤頭是遠村人，要用禾杆一節穿入銅錢

方孔，再行折回搓成小繩，托人帶到瑤頭家裡，表示請他評理的意思。評理時，瑤頭手執兩根長繩，甲方訴說成一理由就在甲繩上打一個結，一方訴說成一理由就在乙繩上打一個結；雙方訴說完畢，瑤頭就根據兩條繩子上結子的數目來判決，如甲繩的結子多就判甲方勝，乙繩的結子多，就判乙方為勝。獨龍族人外出走遠路時，在腰間系一根麻繩，走一天打一個結，用這個方法計算日子。親戚互相邀約時，用兩根細繩打上同樣數目的結子，各持一根，一天解一個結，在解完最後一個結子那一天相會。高山族用藤蔓草莖打結記事。

何謂「易之以書契」？「易之以書契」即以書契易之。此語不難懂，需要說明的是「書契」二字。「書契」渾言可不分，析言則有別。唐陸德明《經典釋文》曰：「書者，文字。契者，刻木而書其側。」「契」或指契約，《周禮·天官·小宰》：「六日聽取予以書契。」孫詒讓《周禮正義》：「凡以文書為要約，或書於符券，或載於簿書，並謂之書契。」《周易集注》云：「書，文字也。言有不能記者，書識之。契，合約也。事有不能信者，契驗之百官，以此書契而治，百官不敢欺萬民，以此書契而察，萬民不敢欺取。夬者，有書契則考核精詳，稽驗明白，亦猶君子之決小人，小人不得以欺矣。」周代設有「質人」之官，質人「掌稽市之書契。」「質人」是怎樣稽驗「書契」的呢？清人查慎行曾做過說明：「結繩者以繩結兩頭，中斷之，各持其一，以為他日對驗者也」。書契二字有別，《世本》云：『倉頡作書』，謂以刀筆畫簡為文字，所謂六書是也。契者，以木刻一二三四之畫，予者執左，取者操右，《曲禮》：『獻粟者，執右契』，注云：『兩書一劄，同而別之』是也，百官以此而可治萬民，以此而可察，蓋器用利便則巧偽漸生，故終之書契。取諸夬者，明決之義，夬乃君子決小人之卦，而造書契者亦所以決去小人之偽而防其欺也」查說不誣，「書」與「契」之所以連言，蓋因古代書寫文字的工具初或用刀，甲骨文字可為佐證。朱自清《經典常談〈說文解字〉》亦云：「『契』有『刀刻』的義；古代用刀筆刻字，文字有『書契』的名稱。」

總之，《周易·繫辭》將「結繩而治」與「書契」二者聯繫在一起，應是我們的祖先對於文字創制的記憶或認識的反映。雖然結繩客觀上有與文字相似的紀事功能，但「結繩」畢竟不是「文字」，二者的差別不可以以道裡計，

祖先造字是不是受過結繩的啟發也未可知，儘管如此，有一點必須強調，古人既要藉「結繩」為紀事手段，那麼，在使用此種方法紀事之時，必須將頭緒紛繁的事情加以歸納整理，這整齊化、系統化的工作實乃文字創制不可或缺之步驟。因此，將「結繩」「契刻」視為文字創制之前奏，或未為過。

（三）關於八卦「起一成文」說

鄭樵在《通志·六書略·第五》中有「起一成文圖」、「因文成象圖」、「古今殊文圖」、「一代殊文圖」、「諸國殊文圖」諸篇，他將文字的產生附會成八卦「起一成文」、「因文成象」說。

鄭樵《通志·六書略》中提出「一」字可作五種變化，用以概括漢字形體的各種結構。他說：

衡（橫）為一，從（縱），為｜。邪｜為丿，反丿為乀，至乀而窮。折一為鑯，反鑯為，轉為，反為，全一而窮。折一為鑯者，側也。有側有正，正折為人，轉人為∨，側∨為〈，反〈為〉，至〉而窮。一再折為冂，轉冂為凵，側凵為匚，反匚為，至而窮。引一而繞合之，方則為囗，圓則為〇，至〇則環轉無異勢，之道盡矣。與一偶，一能生，不能生，以不可屈曲，又不可引，引則成｜，然與一偶，一能生而不能生，天地之道，陰陽之理也。

鄭樵之說大概亦本於《周易繫辭》和《尚書》偽孔傳序。《周易繫辭》曰：「伏羲氏之王天下也，仰則觀象於天，俯則觀法於地，觀鳥獸之文與地之宜，近取諸身，遠取諸物，是始作八卦，以通神明之德，以類萬物之情。」《尚書》偽孔傳序曰：「古者伏羲氏之王天下也，始畫八卦，造書契，以代結繩之政，由是文籍生焉。」

鄭樵《六書略》穿鑿附會，後人多不從其說。元代舒天民氏撰有《六藝綱目》一書，不贊成鄭樵「不能生」之論，他說「古主字，愚謂乃聖人制字之始筆也，即主意未變之謂，比之太極，元氣所存，生生之道也。若引之則成｜，｜者，上下通也，天地既通，陰陽合矣。而橫之則為一，一者萬物始生之數也，變之則為丿，反丿為乀，折一為鑯，自此而依肯變文至於為〇，〇即太極混元周圓之象也，其間變化靈妙無窮，而豈得不能生乎？殊不知萬物正由之所主以生，亦猶果仁穀仁之謂也。而聖人制字與造化均可不敬歟

夫？，靜也，文之始也，體也。｜，動也，文之變也，用也。一｜之正，變也，數之始也，化也。故有體有用，動靜變化之理，而與萬物生生之道侔矣。」

明代汪珂玉在其《珊瑚網》中對鄭樵則推崇備至，一口一個鄭子，他對許慎的《說文》倒頗多微辭：「六書無傳，惟藉《說文》，然許氏惟得象形、諧聲二書，以成，牽於會意，複為假借所擾，故所得者亦不能守焉，所以顛沛淪於經籍之中，如泛一葦於溟海，靡所底止，皆為假借之所魅也。嗚呼！六書明，則六經如指諸掌，假借明則六書如指諸掌。若夫省文則有聲關於義者，有義關於聲者，六書之道備於此矣。」

由元之舒天民、明之汪珂玉輩為證，世人批評元明學問空疏，可謂得言。元明「學者」崇鄭猶可說也，被人尊為國學大師的劉師培也在《中國文學教科書》「象形釋例」一節中竟云：「八卦為文字之鼻祖，乾坤坎離之卦形即天地水火之字形。」他以「道生於一，一生二，二生三，三生萬物」的道家哲學思想解說漢字的起源，實在令人匪夷所思。

▋二、海客談「瀛洲」

上一節我們所講的內容主要圍繞著漢字起源問題，介紹了中國關於漢字起源的傳說以及歷史上一些學者對相關問題的看法，立足點是中國古代，這一節仍以漢字起源為中心，不過我們要把話題略加拓展，由文字說到文化。並把目光從古代轉向近代，從中國轉向外國。

歷史推進到 17、18 世紀以後，生活在大洋彼岸的人們對古老的中國文字及其所負載的文化漸漸產生了興趣，他們開始研究中國。我們不妨從他們的論著中，看一看西洋和東洋人眼裡的中國的文字和文化是什麼樣子。

（一）西洋人眼中的古代中國

處於世界東方的中國在西方人眼裡是神秘的。中國對於多數法國人來說，實在太迷茫了。法文中，中國一詞既指中國瓷器，也指難懂之事。法國人碰到問題太複雜，便開玩笑說「這是中國的。」

後啟蒙時代的赫爾德：中國為「一具木乃伊，周身塗有防腐香料、描畫有象形文字」，「中國人以及世界上受孔子思想教育的其他民族仿佛一直停留在幼兒期」。

黑格爾（Georg Wilm Friedrich Hegel,1770-1831）說：說歷史必須從中國談起。因為根據史書的記載，它是最古老的國家……很早我們就已經看到中國發展到今天的狀態。因為缺少客觀存在與主觀運動的對立，所以排除了每一種變化的可能性。那種不斷重複出現的、滯留的東西取代了我們稱之為歷史的東西。……中國還處在世界之外。

在黑格爾看來，中國的語言文字是導致科學落後和發展困難的重要原因：歐洲人透過靈活的字母組合便能掌握語言，而中國人必須學習成千上萬種繁瑣的字元。他還認為中國古代文化形態，即它的宗教、科學與哲學代表了人類精神歷程中的最原始和最不發達的階段。

德國古典主義哲學家伊曼努爾·康德（Immanuel Kant1724 — 1804）在一篇題為《中國》的口授記錄稿中談到：中國人的局限性，第一顯示在他們的繪畫上，都不喜歡暗影；第二顯示在他們的文字上，它需要 8 萬字來使人理解，而我們只需要 26 個。不過，後來他修正了自己的說法，他說：關於繪畫「他們從根本上將不著意於相似，它們的雕塑也一樣，在這一點上他們與東印度相同。」對中國文字，他則由衷讚美「那個首先發明字的人，一定是一個充滿智慧的人。」

另一個德國人祈爾歇 (Athanasius Kircher，1601 — 1680)（或譯作基爾徹、基爾什爾）在 1667 年出版的《中國圖說》或譯作《圖說中國誌》中圖文並茂地介紹了中國的風土人情，其中涉及中國文字的起源，他說《聖經》所載閃的子孫率埃及人來到中國，傳授了古埃及文字，中國人學得並不完全，自己又加上一些創造，結果成為另一種文字系統，就是漢字。此書在 17 世紀曾在歐洲廣泛流傳。祁爾歇首倡的埃及說，也受到不少批評。何炳松評論道：「其中國學問甚為淺陋，且亦博而不精，蓋一長於神思而拙於考訂之人也」

1716 年，法國阿大郎什主教胡愛 (Huet) 根據其研究古代商業的結果，在文字之外，又考察風俗異同，也主張中國民族起源於埃及。他說：「就吾

人所有之材料而論，埃及在東方之商業亦甚古而且盛，是吾人可以斷言印度人商業之繁盛亦與埃及相當，蓋印度人本埃及之重要商伴也……然印度與埃及商業之相當既有古代史為之證明，則當吾人讀史時不能不信中國與印度兩民族雖非全屬埃及之苗裔，至少其大部分必屬埃及人」。他又說：「在兩群入侵印度之埃及人中，中國人尤堪注意：。中國人對於本族之感覺極靈；其習慣與埃及人極其符合；其正體與便體之兩種文字；甚至語言，信輪回之說，養黃牛之習，亦複相似，而尤足以使人驚歎者，則中國人反對外國商人之入國，始終不變是也，此與斯特拉波 (Strabon) 所述古代埃及人之態度竟完全無異……」

另一位法國著名學者德經 (Josephde Guignes) 曾於 1758 年 11 月作過題為《中國人為埃及殖民說》的講演，他的結論是「中國文明同希臘文明一樣，是由古埃及人啟發的。」德經的這種說法，曾受到錢德明 (JeanJoseph Amiot) 等熟悉中華文化的傳教士的反對。

實際上，在德經的時候，古埃及的文字尚未得到解讀。直到 1822 年，法國學者商博良 (Jean Francois‧Cham － pollion) 才找到解讀的鑰匙。中國商代的甲骨文則是在 1898 年末發現，1899 年才鑒定的。

1834 年，在第伯斯 (Thebes) 的埃及古墓中發現中國瓷瓶，英國人威爾金森 (G. Wilkinson) 據此也支援中華文化源自於埃及說。這個所謂的「中國瓷瓶」曾引起許多爭議，但最後卻被證明並非出土於埃及古墓，而是出自「阿拉伯人的惡作劇」，何炳松譏諷道「夫以一阿拉伯商人之惡作劇，竟費卻西洋學者如許之腦汁與筆墨，誠可謂學術界罕有之笑話也」。

西方學者，並非全都這樣看，例如法國大思想家伏爾泰就說：「就吾人所知者而論，中國人似非埃及之苗裔，正如其非大不列顛之苗裔。……中國人容貌、習慣、語言、文字、風俗等，實無一來自古代之埃及。中國人決不知有所謂割勢之禮，亦不知埃及之神祇，更不知愛西斯之神秘。」不僅如此，西方學者也有力主中華文化本土起源說的，如 1862 年法國人羅梭密 (LeonRossony) 就宣導此說，後來的威爾斯 (Wells)、約翰‧洛斯 (John Ross) 也支持該說。尤其是洛斯，他批駁了所有依文字相似而建立的中華文化西源論的假說，試圖證明中華文化是土生土長的，不承認漢民族有所謂移

民時代。更有甚者，洛斯認為中華文化與其他文化的相似因素，可能正是由於中華文化施加影響的結果」

（二）東洋人眼中的古代中國

如果說，西洋人鼓吹中華文化西來說是地緣關係，是緣於他們對中華文化的隔膜，康德所謂中國人「需要八萬字來使人理解」就是明證，事實上，以收字豐富而聞名的《康熙字典》收字不過只有 47035 個，目前收字最多的《漢語大字典》所收字數也只有 56000 個左右，「8 萬字」之說純係誤會。

那麼，與我們一水之隔的日本學者又是如何看待上述問題的呢？

有個名叫白河次郎的日本人支持法國漢學家提出的「中國文字源於巴比倫」的假說，他在 1899 年出版的《中國文明史》一書中，分析了中國與巴比倫在文字及傳說，尤其是學術、文學、政治、信仰等方面的異同，以 70 多條類似點作證明。這種理論頗得民族學者的支持。牛津大學教授鮑爾 (C · J · Ball) 在 1913 年出版的《中國人與蘇美爾人》一書中，將中國文字與蘇美爾文字比較，也得出同樣的結論。

另一個日本人板津七三郎，1933 年也出版過一本書，名叫《埃漢文字同源考》，兩年後又出版其《重訂及補遺》，從書名可知，他與前揭德國人祈爾歇等人的說法竟如出一轍。他對兩種古文字作了大量的比附，甚至講中國傳說中的河出圖，洛出書，載負圖書的龍馬、靈龜都是船，是埃及文明由黃河登陸的證據。其實板津氏不但於古埃及文字所知有限，對中國古文字也沒有多少知識，著書時依靠的不過是高田忠周《古籀篇》和《朝陽閣字鑒》、《漢字詳解》這樣幾部書。看板津氏書的緒言，他在 1911 年初「偶得古銅瓶，朱紫碧綠可掬，而緣邊蝕損，鏽塊硬著。經辛苦剝除底部青鏽，見有如同繪畫的陰刻原始文字，右轉左回，猶難判讀。對照《積古齋鐘鼎彝器款識》，漸知為商代父辛尊彝銘。因如此動機，感覺考究原始文字的興味，遂馳思於探索其起源，想到世界文字的同祖一元說」。這件「古銅瓶」見書中圖版，其實是漢代的銅鈁 (方壺)，銘文是偽刻。圖版「河南發掘獸骨板」，也不是真的甲骨文。板津氏所據以論證的材料不是錯的就是假的，他缺乏研究文字起源問題的基本條件，他可以姑妄言之，我們也不妨姑妄聽之。

　　我們下面要介紹的這位斷非板津輩可比，而是大名鼎鼎的白鳥庫吉。他懷疑堯、舜、禹三王之歷史存在，提出一個很著名的論斷，即人們常說的「堯舜禹抹殺論」。他的這一觀點最初發佈於 1909 年的一次講演，其記錄在東洋協會發行的《東洋時報》第 131 號（1909 年 8 月）刊出，題為《支那古傳說的研究》。他說：「我不認為堯舜禹是實在的人物。因為這些就是以天地人三才為基礎而造的，來具體表現出君主的最高理想而已。」他作出這種判斷的主要依據是：首先載錄堯舜禹事蹟者，當為號稱中國最古史書之《書經》（即《尚書》）。而《尚書》中《堯典》、《舜典》、《大禹謨》等篇，皆非當時所記。其次，三王遺跡之大小輕重，有甚失權衡之處。再者，三王事蹟截然區劃，頗不自然，亦使人抱有疑團。

　　白鳥氏是東京帝國大學教授，被譽為日本東洋史學的創始人，在日本很具有影響力。他的這一論點發佈之後，立即引起日本學人的強烈迴響。後藤朝太郎的《論堯舜禹的抹殺》刊佈於《東洋時報》第 129 號上。1910 年 1 月，日本另一位漢學家林泰輔在《東洋哲學》第 17 編第 1 號上，就堯舜禹問題向白鳥庫吉質詢。1911 年 7 月 5 日發行的《漢學》第 2 編第 7 號、1911 年的《東亞研究》第 1 卷第 1 號、1912 年 1 月的《東亞研究》第 2 卷第 1 號，連載了林泰輔的《關於堯舜禹抹殺論》，林泰輔對記載堯舜禹的《尚書》中的《虞夏書》、《商書》的製作年代及在殷末周初有沒有存在文明的問題進行了考證，認為堯舜禹是實有的歷史人物，反駁了白鳥庫吉否定堯舜禹的理論。

　　1912 年 4 月白鳥庫吉在《東亞研究》第 2 卷第 4 號上發表了《尚書的高等批評——特關於堯舜禹》，這是他 1910 年在漢學研究會上的講演，他認為《堯典》、《禹貢》等篇為戰國時代五行概念、地理概念出現以後的作品，非太古時代所能有，號召對《尚書》作自由的研究。接著，林泰輔在同年 9 月的《東亞研究》第 2 卷第 9 號上又刊登了《再論堯舜禹抹殺論》，再次批駁白鳥庫吉說。1912 年的《東洋學報》2 卷 3 號，1913 年的《東洋學報》》3 卷 3 號，1914 年的《東洋學報》4 卷 1 號、3 號連載了白鳥庫吉的學生橋本增吉的長篇論文《書經的研究》，橋本對《尚書·虞書》所載的天象進行了詳細的考證，以支持其師的堯舜禹否定論，反駁林泰輔對白鳥庫吉的批評。

其後又有人對橋本予以反批評。白鳥氏抹殺堯舜禹以來，日本「於是對堯舜禹的懷疑，一時形成風尚」。

第四講 漢字尋根

▌一、顧頡剛的「層累地造成中國古史」觀之於古代文明研究

　　上一講介紹了古籍所載關於漢字創制的傳說和西洋、東洋學者關於漢字起源以及相關問題的種種看法，其中談到了白鳥庫吉的「堯舜禹抹殺論」，談到了「白鳥」「林泰輔」之爭，雖然此事已經過去了幾十年，然而問題並沒有解決，白鳥氏的觀點至今在日本的漢學界很有影響，有些日本學者不僅不相信中國歷史上有大禹其人，甚至也不相信中國歷史上有一個夏代。

　　大家知道，在白鳥氏抹殺堯舜禹的 1909 年，中國正值晚清覆亡前夕，民族災難深重，時局險象環生。其時中國的精英階層受西學潮流發展之影響，業已意識到歷史學之於中華民族之重要，1902 年梁啟超曾發表《新史學 中國之舊史》，倡言史界革命，他說：「今日欲提倡民族主義，使我四萬萬同胞強立於此優勝劣敗之世界乎，則本國史學一科，實為無老無幼無男無女無智無愚無賢無不肖所皆當從事，視之如渴飲饑食一刻不容緩者也。然遍覽乙庫中數十萬卷之著錄，其資格可以養吾所欲給吾所求者，殆無一焉。嗚呼！史界革命不起，則吾國遂不可救。悠悠萬事，惟此為大！」夏曾佑在其《中國歷史教科書》中亦云：「智莫大於知來。來，何以能知，據往事以為推而已矣。故史學者，人所不可無之學也。」一時「史界革命」與「文界革命」「詩界革命」「小說界革命」在晚清「三千年未有之大變局」之中匯成了波濤洶湧的學術潮流，之後又歷經五四新文化運動的激蕩，中國的新史學得以迅速發展，籠罩了中國社會兩千多年的孔子儒家思想被視為中國封建文化的象徵而痛遭批判。

　　一句話，20 世紀前期可謂是一個風雲突變，除舊佈新的時代。隨應著新時代云合風起，北京大學圖書館的編目員、時年 26 歲的顧頡剛先生在《努力週報》附刊《讀書雜誌》第 9 期上發表了一篇題為《與錢玄同先生論古史書》的文章，所謂「與某某書」就是給某某的信，就是這封看上去似乎不怎麼像

正式學術論文的通信，卻使中國學術界產生了地動山搖般的強烈震撼。一篇五千言的書信，怎麼會有如此巨大的魔力？這封信寫的究竟是什麼內容？

此信之所以觸動中國學術神經者歸納起來要有三端：

古書上所說的夏代始祖大禹是上帝派下來的神，不是人。（此與白鳥說頗為一致），「禹」和「夏」沒有關係，禹是有足蹂地、大約蜥蜴之類的蟲（此比白鳥說更具衝擊力）。黃帝之起於秦國，說不定黃帝即是「黃龍地螾」之類（此比白鳥說走得更遠），此其一、堯、舜、禹、稷的事蹟是編造的，都靠不住，此其二。晚清的疑古學者崔述所相信經書並非信史，古代的史靠得住的有幾？中國古史是層累地造成的，「從戰國到西漢，偽史充分的創造」，此其三。顧先生此信的核心觀點就是「層累地造成中國古史」，有人稱之為顧律。

顧律一腳踹翻了中國古史上的偶像，顛覆了傳統的經書權威，衝垮了「非聖不法」這一籠罩中國兩千多年的思想網羅，因此，此信一經刊佈，立即成了學術界熱議的中心話題。熱情稱讚者有之，激烈抨擊者亦有之。稱讚者不乏學術權威，如錢玄同、胡適之諸先生。顧文一發表，錢玄同就緊踵其後在該刊第 10 期上發表《答顧頡剛先生書》，他稱讚顧頡剛「先生所說『層累地造成中國古史』一個意見，真是精當絕倫。」他還進一步論定，「六經」固非姬旦底政典，亦非孔丘底「託古」的著作（但其中有後來底儒者「託古」的部分；《論語》中道及堯、舜、文王、周公，這才是孔丘底「託古」）；「六經」底大部分故無信史底價值，亦無哲理和政論底價值。錢玄同不僅否定了「六經」，甚至連東漢許慎《說文解字》中所收的「古文」也一併否定，認為許慎表彰的「壁中古文經」之出於劉歆「嚮壁（即孔壁）虛造」，此毫無疑義。許慎的《說文解字》是一部充斥著偽古字、偽古義、偽古說、偽古禮、偽古制的偽書。

胡適之先生說：「顧先生的『層累地造成中國古史』的見解真是今日史學界的一大貢獻，我們應該虛心地仔細研究它，虛心地試驗它，不應該叫我們的成見阻礙這個重要觀念的承受。」他還認為『層累地造成中國古史』一

個中心學說已替中國史學界開了一個新紀元了。中國的古史是逐漸地、層累地堆砌起來的——『譬如積薪，後來居上』——這是決無可諱的事實。」

抨擊者中也不乏宿儒，如劉掞藜、胡堇人、柳詒徵。劉掞藜在《讀顧頡剛君〈與錢玄同先生論古史書〉的疑問》一文中說：「顧君疑古的精神是我很表同情的；不過他所舉的證據和推想是很使人不能滿意的。」劉先生對顧先生所舉出的證據作了駁難。胡堇人在《讀顧頡剛先生論古史書以後》中指出：「我以為古史雖然龐雜，但只限在堯、舜以前。若堯、舜之後的史料，似乎比較稍近事實。」認為：「最奇妙的是先生因《說文》禹字訓蟲便以為禹不是人類，是九鼎上鑄的一種動物。又引伯祥云：或即是龍。……這般望文生義的解釋，如何叫人信服呢？若依這個例子，則舜字本義《說文》訓作蔓草，難道帝舜就是一種植物嗎？」

柳翼謀（詒徵）先生則以《論以說文證史必先知說文之誼例》為題，不客氣地批評道：「以《說文》證經考史必先明《說文》之誼例。不明《說文》之誼例，刺取一語，輒肆論斷，雖曰勇於疑古，實屬疏於讀書。何則？《說文》者，解字之書，非為後世作人名字典也，故於字之形誼可解者不引古人作證。」

稱讚也好，反駁也罷，總之，顧頡剛成了學術界聚焦之點。上海某書肆搶先一步把雙方辯論古史的文字編成了《古史討論集》出版了，雖然其中錯字很多，印刷也很粗略，這刺激了顧頡剛先生及其朴社同仁，顧頡剛先生便將之重新編印，這便是後來的《古史辨》。

客觀地說，顧頡剛先生《與錢玄同先生論古史書》的發表在中國近代學術史上具有標誌性意義，如果說是里程碑亦不為過。正如錢穆所說：「《古史辨》不脛而走，疑禹為蟲，信與不信，交相傳述。三君（胡適、錢玄同、顧頡剛）者或仰之如日星之懸中天，或畏之如洪水之氾濫縱橫於四野。要之，凡識字之人幾無不知三君名。」顧頡剛之於中國學術界的影響無法估量，由此而後，史學界掀起了一場轟轟烈烈的清算古史運動，疑古成為時尚。

歷史教科書在言及上古歷史時莫知所措，不得不在五帝和夏的欄目裡寫上「傳說」二字，夏商年代後面劃上（？），另有學者更因「三皇之事，若存

若亡，五帝之事，若明若暗，經傳所傳，宋人尚有翻案者，求證於金石甲骨，所得既渺」，在著述中國通史時，置「乖異傳疑」的原始社會和夏商周於不顧，徑從秦漢落筆，名之曰《中華二千年史》。疑古思潮影響了近代中國的學術走向，其歷史意義之巨大在近世罕有可與其匹者，但不可否認的是，在古書的辨偽問題上，確有學者疑古過勇，「攻其一點，不及其餘」，正如有些學者所指出的那樣：「他們對古代的否定常常有些過頭，對一些本來不應該懷疑、不應該否定的內容也加以懷疑和否定，結果在辨偽上造成了不少，甚至是很多冤假錯案。」

疑古思潮對中國近代學術史影響深遠，但它把懷疑對象擴大化，以至於認為漢以前古書無不可疑，甚至得出「東周以前無史」的荒唐結論，這對於古史研究所帶來的負面影響也是顯而易見的，國外至今仍有一些學者置大量的考古學證據於不顧，繼續否定夏王朝的存在。茲事體大，事關如何認識古代中國，如何對待悠久、輝煌的古代文明，如何看待歷史綿遠的中國古代文化，如果歷史沒有了源頭，如果中國歷史上根本就沒有一個夏代，那麼，後文所要討論的夏代有沒有文字的問題也就成了無本之木了。近年來，學術界十分關心如何認識中國古史問題，正如李學勤先生所說：「中國人對古代的認識問題，是一個牽涉到對整個人生、世界的看法的最根本的問題。對全體中國人來說，對古代的認識實際上是與一個中國人的人生觀、世界觀密切相關的問題，它是關係到中國人對於自身價值標準的基本準則的認同的大問題。」因此，中國古史的源頭問題也是每一個關心中華文化的學人不容迴避的問題。

▎二、夏代有文字嗎

在疑古思潮風起云湧之際，一些清醒的歷史學家不相信我們的祖先全是居心叵測的謊言家，不相信「古代真相不過如此」，也有學者與疑古派商榷辯難，還有學者默不作聲，另闢蹊徑地從田野考古中尋找上古文化的證據。隨著考古鐵鏟的翻動，代表著夏文化的偃師二里頭、鞏縣稍柴、登封告城、臨汝煤山、山西東下馮等上百處二里頭文化遺址終於露出了真面目，一向被視為「若存若亡」的夏王朝終於得到了堅實的物證。

近幾十年來，經過考古工作者和歷史工作者的努力，重建上古史工作已經取得了一定的實績。殷商早已被證實為信史，由於考古資料的日益豐富，夏作為一個王朝存在已被證明是無可爭辯的事實。河南登封王城崗、偃師二里頭，山西東下馮、陶寺和臨汝煤山諸遺址的發掘，使夏文化的探索進入實質性的縱深地帶。然而，由於夏代文字的直接實物發現不多，夏代究竟有無文字成了夏文化討論的熱點之一。早在 20 世紀 50 年代初，範文瀾先生就說：「按照殷墟文字已經達到的程度，上推夏朝已有原始的文字，似乎也是有一些理由的。」但有的學者認為「中國象形文字出於商代後期 (盤庚、武丁以後) 的蜀人集團」，斷定「夏代沒有文字」。目前，學術界多不贊成這種論點，認為「這未免把漢字形成的時間估計得過晚了」。 「音標字母的使用和文字記錄的產生」是文明時代開始的標幟。夏代有無文字產生，關係到夏王朝社會性質的確定，關係到對漢字起源的認識，是華夏文明和夏文化研究中不容迴避的問題。

有學者不同意「中國象形文字出於商代後期 (盤庚、武丁以後) 的蜀人集團」的結論，而主張中國至遲在夏代就已經有文字產生，甚至更早。

持「夏代沒有文字」論者的主要證據大概有二。其一就是「二里頭文化中並無這類 (即商代後期甲骨文) 文字出現」。其二可能就是在古代文獻中找不到關於夏代文字的直接材料。我們認為，第一個證據不足徵信。事實上，二里頭文化中確有夏代文字材料發現，並且早於此時的龍山文化時代文字亦有出土。只是這些文字發現得還比較少，有的尚不能解讀而已。第二個證據也缺乏說服力。誠然，古籍中難以找到關於夏代文字的直接材料，但並不能據此斷定「夏代沒有文字」，非有必無的推論在邏輯上是不嚴密的。

在文獻裡找不到夏有文字的直接證據，並不意味著沒有證據。我們還可以利用間接的文獻材料、考古材料和其它材料來分析問題、解決問題。

其實，可以找到的間接材料很多。

首先，範文瀾先生所指出的殷墟甲骨文就是一個很好的例證。大家熟知，「商代後期 (盤庚、武丁以後) 的蜀人集團」所使用的甲骨文字，僅據出土的統計已達 4000(不計重出)。目前我們常用的漢字字數也不過四千左右，

因此說，就數量而言，它已形成完整的體系。就造字方法而論，甲骨文字，六書悉備，並且形聲字的比例已經接近或達到甲骨文總數的20%。也就是說，此時文字已經注入了表音的成分，已經走出了「意義不一，沒有音讀，多方喻解」的幼稚的原始文字階段，開始向意音文字方向大踏步地挺進。從甲骨文字與當時語言的適應性上看，甲骨文中已經產生了一大批表示抽象意義的虛字（或叫詞）。

如專門表示語氣的副詞「惠」和「唯」，並在語句裡起一定的語法作用。有學者研究認為「惠」或「唯」是句子「焦點的標記」，」除「惠」、「唯」外，還有一批意義虛化的介詞，如「於」、「自」、「在」、「從」、「由」、「自…至（於）…」、「自…於…」。這些詞的產生一方面說明了漢語語言發展到殷代晚期已相當發達、完善，另一方面說明記錄這種語言的文字此時已經臻於成熟。亦有研究者認為，甲骨文裡已有散文的雛形。總之，甲骨文已經能夠出色地勝任語言的傳播和交流任務。人們毫無理由把「原始文字」的定義強加給它。

論者認為「甲骨文一期卜詞屬於武丁蔔人所作，形體似尚未穩定，一字多形之例較多，文字尚缺乏約定俗成化，即通行未久」。「殷虛甲骨文字的書法與結構，一方面體現出它的成熟性，距離原始的圖像符號已有相當距離；另一方面也體現了它的省型與變型的分化過程，仍有一定的原始性，從這裡亦可以反證夏代尚無文字」。我們認為，以甲骨文形體尚未穩定、一字多形之例較多來說明文字通行未久是不合適的，由此而進一步推出「夏代尚無文字」更不能令人折服。

對文字發展歷程通盤考察之後不難發現，文字異體、一字多形是相當長的一段歷史時期存在的普遍現象，上至大汶口文化的圖畫文字（也有的叫符號），甚至更早，下至春秋戰國末期，文字一直處於自然發育的狀態，言語異聲、文字異形的現象並不因進入階級社會而消亡，甚至大有愈演愈烈之趨勢，這是社會向前推進次生文化逐漸發展的必然結果。

文字的發生發展有其自身的規律。從原始圖畫文字到表詞文字（或叫表意文字），其間大致歷經了「共有——壟斷——共有」三個階段。圖畫文字階段（包括此時產生的約定符號、巫祝符號），文字的圖像很不穩定，往往由

書寫人「發明」。這種文字因其圖示性強，不需要學，大家都懂，從嚴格的文字定義上看，它還不完善，不規則。這段時間應該是有階級以前的氏族——部落公社時期，社會對書寫人還缺少約束力，因而此時的文字形體多不穩定。又因書寫者有表達主體意識的強烈願望，在書寫時要考慮別人能不能體會自己的寓意，所以，就會自覺地考慮社會成員的共約性。規定性和創造性的矛盾，一直貫穿於文字發生發展的始終。原始文字的初期，文字少而形體多，抽象的少而具象的多，書寫複雜而認識簡單。這個時期的文字是全民共有的。

隨著社會、語言和思維的進一步發展，每一個圖畫符號逐漸被固定下來而表示一意的意義，它與該語言中的詞的對應關係逐漸地確定下來。這時的文字的書寫相對簡單了，形體相對減少了，規定性增強了，而認識和掌握的難度卻加大了，文字變成了一門要求長期學習的複雜技術，社會的全體成員不可能也沒有必要都花費大量時間來學習這門技術。因此，在長時間內文字並不為全民服務，而只為社會的個別特權集團（如祭司、職業書吏、國家官吏，即後來知識份子）服務。此時進入了文字的壟斷階段。社會發展領域的進一步擴大，需要言語傳至更遙遠更廣闊的地方，政治的、科學的、文化的因素使文字必須大眾化，必須變成全民的普遍交際工具，這是較晚時期的事情，此時文字和社會都已發達到一定的程度，這次文字的共有化，與前有本質的不同，具有革命性的意義。

文字發展到壟斷期，並不是說文字形體就已經規定成一字一形，只是相對地穩定下來。文字異形並不妨礙閱讀和交流，雖然一字多形會給閱讀帶來不便，成為不必要的負擔，但此時並沒有達到非改變不可的地步。易言之，文字革命的條件尚未成熟，只有在一定的社會條件下，譬如中國歷史上的周秦之交，統一文字才變得非常必要和可能。甲骨文時代形體文字尚未穩定，一字多形之例比較普遍，這是與其社會條件相適應的。此時的社會條件下，文字革命的準備還不充分，時機尚未成熟，但已趨於成熟。在甲骨文字之前，漢字的發展還有一段相當長的歷史，我們不能不考慮漢字的原始圖畫階段，而將其發展環節盲目地提前。

從文字自身的發展規律看，甲骨文之前的夏代應該有文字是毋庸置疑的。

古代文獻中雖無夏代文字的直接材料，但可以印證夏文字的間接材料並不算少。

《尚書‧多士》：「惟爾知，惟殷先人，有冊有典，殷革夏命。」這是西周初年周公對商朝遺民的訓話，特別強調了殷的先人有冊有典，記載著「殷革夏命」的歷史史實。據此分析，商初肯定就有了文字，並且不是零星的，此時的文字業已完備，能夠負荷起記錄語言的重任，起到識古垂後的歷史作用。從中還可以看出商代已經有意識地利用文字記載重大的歷史事件。

商有典冊，古書言之鑿鑿，但迄今尚無實物出土。現在所能看到的最早的簡策實物屬戰國前期，1978 年在湖北隨縣擂鼓墩 1 號墓發現的楚簡，年代為前 433 年。版牘最早的是戰國中期，1980 年在四川青川郝家坪 50 號墓發現的秦牘，年代是前 309 年。這大概是由於書寫材料竹木容易朽蠹腐爛的緣故。

商有典冊，說明文字已成系統。商踵夏後，夏代有文字，應該說是毫無疑問的。文獻記載，夏商民族，交錯於河濟之間，歷數百載，其關係十分密切，其文化交流十分頻繁。王國維曾經指出：「故夏商二代文化略同，洪範九疇，帝之所以錫禹者，而箕子傳之矣。」「夏之季世，若胤甲，若孔甲，若履癸，始以日為名，而殷人承之矣。文化既爾，政治亦然。」夏亡而商興，商是夏文化的承傳者。有的學者不同意夏商同源說，但無論如何，兩個民族長期共同生活在河濟之間總是事實，其間經過多少次摩擦爭鬥、媾和交融，亦未可知，其文化交叉補益必然是少不了的。先商民族有文字，由此推斷夏族有文字，也應該是有理由的。

夏王朝時代，夏族文化最為發達，在同時代的諸文化中處於領袖的地位。由考古資料可知，代表夏族文化的二里頭文化已經進入或者說屬於城邑文化，而不是處於聚落文化階段。二里頭三期的宮殿遺址，東西 108 米，南北 100 米，略呈正方形，有殿堂廊廡和大門，已經具有宮殿規模。同時周圍像這樣大的夯土台基還有 40 餘處，這些情況表明，此時已經進入文明時代。

二里頭文化不僅出現了城邑，還出土有青銅器，二里頭三期已經發現了坩堝片、銅渣、陶範、銅鑿、銅鏃、銅魚鉤、銅刀、銅條、銅戚、銅戈、圓

泡形銅器、鑲嵌綠松石的圓形和牌形銅器，還有銅鼎、銅爵和銅斝。有的銅器是複合范鑄成的，工藝精美，青銅器的品類也相當齊全。尤其是銅鏃的發現，最應引起充分注意。柴爾德教授（Gordon Childe）在論歐洲銅器文化時曾說：「金屬料只有到了最便宜的時候才用著箭頭；實際上說，在青銅文化時代，作箭頭最普遍的材料仍是骨與燧岩。」（The Bronze Age，P．94）李濟先生解釋說：「這就是說用銅的時代並不一定用銅作箭頭。這原因是很容易說明的。箭頭不像別的武器可以長久的用；多半只用一次就算消耗了。且實際的效用，銅矢並不特別超過骨矢或石矢。要是銅料的價不到很低廉的程度，社會經濟決不允許這種資料如此消耗。所以在歐洲青銅文化時代，大部分的箭頭仍舊用骨與石製造。這種經濟的原則在中國早期的文化中當然也不會例外。」

各類銅器的大量出土，尤其是銅鏃的發現，說明夏代已步入青銅時代，從製作精細上看可以說夏代已是青銅鑄造的成熟期。

二里頭文化不僅發現有青銅器，還有製作精美的玉器大量出上，「它的製作水準跟現代差不多」。

文字的發生和發展，總是與社會生產力的發展相聯繫的。「社會都市化和城市生活的發展是成系統的文字產生的原因。由於從原始公社制向奴隸制過渡，國家的形成和貿易的發展，也促使城市的出現、國家的出現」，「特別需要規則而準確的文字記錄來進行管理，在國家和寺廟的產業中進行計算和統計，滿足宗教祭祀的需要，記載法典等等」。

二里頭文化遺址諸器物和城邑的發現表明，夏代國家已經形成，已經進入文明時代，已經需要和具備了產生文字的社會條件，因此說，夏代有文字是可能的，也是可信的。

與夏族不同，商族在虞夏時代並不十分發達。李學勤先生曾經根據殷代的親族制度推論商族的社會發展。他指出：「商族在示壬以前曾經過普那路亞制，從示壬以後才進到專一婚制。王亥和上甲時代的商族是一個很弱小的部族，附屬於河伯，而遠不及有易的強大。很明顯地，由王亥、上甲以至於示壬的時代，一躍而為鄭州古城所顯示的商初社會，大乙時代的力量足以滅

夏而咸有九州，這裡面有著跳躍的發展。我們認為這只能是接受了另一族的更高文化影響的結果，由文獻考證，這個影響商族的族應即夏族。」

在西元前第三千紀後期，夏族的文化遠遠高於商族文化。因此，有理由認為，商有文字，夏亦應該有文字，很難設想，在一個共時平面上，代表著先進文化的夏族不具有文字，而落後於它的商族會有文字。

此外，古書中關於夏代學校的記載，也為夏有文字作以輔證。《禮記·明堂位》：「米廩，有虞氏之庠也。序，夏後氏之序也。瞽宗，殷學也。膠宮，周學也。」《孟子·滕文公上》：「設為庠序學校以教之。庠者，養也。校者，教也。序者，射也。夏曰校，殷曰序，周曰庠。學則三代共之，皆所以明人倫也。」《史記·儒林列傳第六十一》：「聞三代之道，鄉里有教，夏曰校，殷曰序，周曰序。其勸善也，顯之朝廷；其懲惡也，加之刑罰。」

古文獻中還有關於保存和傳留書契典籍的記載。《左傳》昭公十二年說左史倚相：「王曰：是良史也，子善視之，是能讀《三墳》、《五典》、《八索》、《九丘》。」唐人孔穎達《尚書序》云：「伏羲、神農、黃帝之書，謂之三墳，言大道也。少皡、顓頊、高辛、唐虞之書，謂之五典，言常道也。」從古書夏有校序、上古有《三墳》、《五典》的記載中，夏代的文字的資訊亦能得到曲折的傳示。

殷商甲骨、古代文獻為我們提供了夏有文字的有利依據，但要確證夏有文字，還須從夏代文化地層中尋找考古學證據。論者認為「二里頭文化中並無這類（即甲骨文）文字出現，也是夏代沒有文字的默證」。「誠然，夏代現在還沒有發現甲骨文，將來也未必能發現甲骨文。但是夏代的文字的直接物證，並非沒有。

物證之一就是河南登封告成西側王城崗城址內出土的陶文。該遺址年代為河南龍山文化晚期。陶文出自 H473 號灰坑，陶片是一塊泥質黑陶平底器的器底殘片，底徑 12 釐米，壁很薄，僅 2 毫米，表面磨光，其底外面有燒制前刻劃在陶胎上的文字「共」一字。」從其形體結構來看，絕非符號，而是文字；它恰恰處於已發現的大汶口文化陶器上的文字與商周甲骨文、金文

之間，此字的寫法在甲骨文 (《乙》3443、《京人》459A) 和金文 (師晨鼎、禹鼎) 中有相同或相近者。

物證之二是商縣紫荊遺址中出土的五個陶文。據發掘者說，除第一次發現的一個屬於陝西龍山文化的陶文外，後來發現的這四個陶刻符則屬於二里頭文化，它們上與仰韶文化陶刻符，下與商周甲骨文是一脈相承的。它們與河南偃師二里頭遺址所出土的陶刻符相比，則顯得更接近商代甲骨文。例如紫荊陶符中的「交」，與商代甲骨文中的「交」基本相似。而刻在同件陶觚另一側的陶文則與甲骨文的「迺」相似。特別有意思的是，三個不同的陶文分別被刻劃在一件磨光的灰陶觚的下部兩側及器底。這在以往的其他原始社會遺址的發現中是不多見的。多字劃於一物之上，一定記有一定的內容，其文字性質是不容否定的。「對於和紫荊陶文出土地層相同的窖穴 H91 中的木炭標本，中國國家文物局保護科學技術研究所實驗室，曾作了放射性碳素的絕對年代測定，其結果是，H91 中的堆積時代，為距今大約四千年左右。正在夏代紀年之內。」

20 世紀 60 年代初，在二里頭曾發現 24 種陶文，其後又有多種陶文出土。這些陶文的筆劃形態和筆劃順序與商代甲骨文多有相類之處，其文字性質亦應該肯定。有人認為，這些刻劃比較零碎，「可供比較研究用的材料還不夠，加上它們的形態不固定和他們不能確切代表語言，只能給人們以一定的形象的感知，所以它們僅僅停留在符號階段，並非文字」，而是記事符號。符號論者的依據往往是民族學資料，將納西人或普米族的刻劃符號與 4000 年前的陶文比附。二者或有相似之處，便由此得出二者的性質相同、出土陶器上的刻劃亦是記事符號的結論。

我們對這樣的比較方法的科學性表示懷疑。陶器刻劃與納西族的刻劃記事符號產生的背景和時空不同，二者究竟有多少可比性？一者在前，一者在後，以後例前，這種比較又有多少實際意義呢？

▋三、地不愛寶——層出不窮的新石器時代文字刻符

論者不相信夏有文字，更不可能想到比夏更早的龍山文化遺址會有文字出土。1991 年秋至 1992 年夏，山東大學歷史系考古實習隊在山東鄒平丁公遺址發現了一件刻有文字的龍山文化陶片。「刻字陶片 (H1235：2) 泥質磨光灰陶。為近直壁大平底盆的底部殘片，陶片寬3—3.4，長 7 · 7—4.6，厚 0 · 35 釐米，於內面刻有 5 行 (豎行)11 字，右起第一行為 3 個字，其餘 4 行每行 2 個字。另外，在左上角有一刻劃短線伸出陶片之外。」

據簡報稱，「文字是燒後刻寫，並且最大可能是刻在陶片之上」，「發現的文字中，有的字豎劃較細，橫劃較寬，這種現象與運刀和器具尖刀有直接關係」，「刻寫文字字體的顯著特徵是多為連筆，與後代的行草相類，和通常見到的甲骨文差別較大，兩者書體有別」。

丁公陶文的發現震動了學術界，引起了大家的廣泛關注。有關部門組織專家筆談丁公遺址出土陶文。參加筆談的專家共有 16 位，他們一致認為丁公陶片上的刻劃是文字。這一發現非常重要。丁公陶文是何種性質的文字·專家對此存在著不同的看法。

張學海、陳公柔、邵望平三位看法相近，認為鄒平所出陶片乃是龍山文化中期偏晚的遺存，其上的刻字，實際上是上承大汶口文化，下接二里頭、二里崗、槁城陶文，具有仲介性質的文字。張學海說：「丁公龍山城發現『辭章』式的龍山陶書，說明城內已有了腦力勞動階層。」

李學勤先生指出：「細看文字的筆順和商代甲骨文一樣，多與後世的書寫習慣不合。陶片上的文字，有幾個可看出是象形的，例如二 1 似為有尾的猿猱形，二 2 似為有角的走獸形，三 1 則似顧首短尾的動物。這些象形均為側視，三足只顯一足，四足只作兩足，同於甲骨文。二 2 的獸形首向上，尾朝下，也為甲骨文常見，……由這些可以看出，陶片文字已比較進步。鄒平丁公的陶片文字，或者就是當時的俗體。」

俞偉超、高明、王恩田三位先生認為，丁公陶文與商周甲骨文等象形文字非為一系，也不同於如西安半坡、薑寨仰韶文化，甘肅、青海馬家窯文化，江浙地區良渚文化等新石器時代遺址出土的陶器符號；而且與城子崖龍山文

化遺址出土的陶片上的花葉和數字形陶文、莒梁陵陽河大汶口文化遺址出土陶器上的圖形陶文，也無共同之處。

高明先生肯定「它是為了表達某種意願而刻，反映了當時人的意念和語言，它是已被人們淘汰了的古文字」。俞偉超先生認為「龍山文化的文字儘管可能曾經影響到夏、商文字的發生，但其自身後來卻消失了」。王恩田提出：「丁公陶文使用連筆，字的寫法、結構與甲骨文、金文有很大差距，似應屬東夷文化系統的文字。」

裘錫圭先生的看法是「這些都有可能是走入歧途的原始文字」。「在這次發表的丁公『文字』中，除了簡報上已經指出的第二行第一字，確實有些像甲骨义『夔』字外，其餘都不像甲骨文，第二行第一字跟『夔』的相似，可能是一種巧合。從目前已有的資料來看，無法斷定丁公『文字』跟包括甲骨文在內的早期古漢字有關」。丁公陶文「不可能是成熟的文字。所以它們大概是一種原始文字。不過我認為這並不是一種處於向成熟的文字發展的正常過程中的原始文字，而是一種走入歧途的原始文字」。

儘管專家們對丁公陶文屬何種性質的文字及其是否成熟上看法還不一致，但最重要的一點是，他們眾口一詞都說是文字。

丁公陶文的年代相當於龍山文化晚期偏早時期，其絕對年代估計在距今4100—4200 年之間，比夏代為早。

丁公陶文的出土為追溯中國文字的上水之源投射出一縷曙光，一時學界頗為興奮。然而，就在各路專家筆談之後，資深考古學專家曹定云先生卻對丁公陶文的真實性提出了質疑。此可謂一波未平，一波又起。曹先生質疑的主要理由可以概括為如下兩點：1. 出土此陶片的灰坑（H12345）其上是耕土層，此陶片有可能系上層耕土層混入；2. 丁公陶文的筆調流暢，其雕刻必定是用的鐵器。曹先生的質疑曾經得到一些考古學、文字學頂尖專家的支持。

有意思的是，就在曹文發表不久，南京博物院考古研究所在對高郵龍虯莊遺址發掘時，在河邊又採集到一片帶有 8 個刻劃符號的黑陶殘片。龍虯莊遺址考古隊在其編著的《龍虯莊——江淮東部新石器時代遺址發掘報告》中這樣描述：

另外在探方 T45129 的東邊即 T4229 範圍的河邊剖面上，採集到一片泥質磨光黑陶盆口沿殘片，表面烏黑發亮，胎亦呈黑色，燒成火候較高，陶片的內壁有 8 個刻劃符號，縱向兩行。每行 4 個，左行 4 個刻劃符號類似甲骨文，右行 4 個類似動物圖形。在南北兩個不同地點先後發現類似的帶有刻劃符號的陶片，若說有人刻意作偽，恐須拿出更加充分的證據才能服人。

龍虯莊南蕩文化陶文的發現可謂繼山東省鄒平縣丁公陶文之後又一次極為重要的考古發現。龍虯莊遺址的發現曾被評為「九三年中國十大考古新發現」，《中國文物報》在公佈評選結果時，曾對龍虯莊遺址的刻劃陶文作了如下介紹：「在遺址上採集的陶盆口沿殘片上，有類似文字的刻劃符號，對探究中國文字的起源亦十分重要。」1996 年 3 月 1 日，日本東京大學名譽教授松丸道雄先生在《朝日新聞》上發表《中國四千年前的文字？》一文，稱龍虯莊陶文是中國尚未公開的至寶。

丁公陶文、龍虯莊陶文具有很高的學術價值，這在今天幾乎已經是定論，但遺憾的是，這些刻劃符號至今還未能釋讀。

類似的刻劃符號在中國很多地方都有出土，比較重要的有大溪文化刻劃符號、石家河文化刻劃符號、蚌埠雙墩新石器時代刻劃符號、崧澤文化刻劃符號、良渚文化刻劃符號、小河沿文化刻劃符號、西樵山文化刻劃符號、安徽凌家灘墓葬出土的玉版符號、汝州洪山廟仰韶文化陶符、澄湖黑陶魚簍刻文、馬橋文化的陶器刻劃符號等等。

若要列舉最具說服力、震撼力的新石器時代的出土文字資料首當其衝的恐怕要數近年公佈的山西陶寺所出的扁壺朱書陶文了。「這件扁壺是 1984 年春季在陶寺遺址居住址第III第三發掘區的一座陶寺文化晚期（約西元前 2200 年－前 2000 年）灰坑裡出土的。」1992 年《考古》雜誌曾經披露了這一消息，但有關資料遲至 2001 年才由李鍵民先生以《陶寺遺址出土的朱書「文」字扁壺》為題正式公佈出來。據李文交代：「朱書『文』字扁壺出土於陶寺遺址灰坑 H3403，為殘器，存留口沿及部分腹片。泥質灰陶，侈口，斜頸，頸、腹間分界明顯，腹一面略平，另側明顯鼓凸，鋬作橋形，雙鋬相連在口部鼓凸一側。器表飾豎條細籃紋，雙鋬面各有凹槽兩道。

口長徑 20.8、短徑 9.2、腹最寬 4.8、殘高 27.4 釐米。朱書「文」字偏於扁壺鼓凸面一側，有筆鋒，似為毛筆類工具所書。另在扁平的一面尚有二個朱書符號，不識。又沿扁壺殘器斷茬邊緣塗朱一周，當為扁壺殘破後所描繪。」所謂「偏於扁壺鼓凸面一側」的那個是「文」字，這一點學界至今未見異議，而另在扁平的一面的朱書符號究竟是一個個體，還是兩個個體目前還很難定論。有學者認為是一個字，釋為「易」，與另一側的「文」字合讀作「易文」，並將之與《尚書·堯典》聯繫起來，說「『易文』亦即『明文』。因為『易』的涵義是天氣晴霽，陽光照臨四方，其上從旦，與『明』同訓。不僅如此，兩字之外，沿殘邊塗朱一周的界劃，可以表示四極以至上下，正有『光被四表，格於上下』的寓意。」也有學者釋為「堯」，說「朱書扁壺上「文」、「堯」二字，大約可作為陶寺遺址歸屬的文字自證。因此，陶寺遺址很有可能是「堯都平陽」。

對於陶寺朱書陶文究竟應該作何解釋，相信學術界還會有不同的看法，但這絲毫不影響扁壺朱書的科學價值，扁壺朱書出土的最為重大的意義在於它的的確確是文字，是比殷墟甲骨文還早千年的文字。陶寺遺址還出土有小件銅器、陶龍盤、鼉鼓、特磬、玉鉞、彩繪木器等精美文物。「從1999年開始，陶寺的考古工作團緊繞尋找城牆為中心，在 2000 年終於發現了陶寺文化中期城址的北牆，2001 年確定了東牆和南牆，陶寺文化中心城址得以確定。陶寺中期城址呈圓角長方形，東西長 1800 米、南北寬 1500 米，中期城址總面積為 280 萬平方米。」2003 － 2005 年還發掘了陶寺中期小城內的觀象臺，即祭天建築基址。這可謂是 4000 多年前的「天壇」。陶寺陶文與陶寺城址及其所出土的青銅器以及其它遺物一道，把中國古代文明的起源至少向前推進了 1000 年。有人認為還說：「陶寺考古發掘的巨大意義就在於，它透過對堯及堯的時代的都邑和墓葬遺址的發掘，尋獲了當時的大量文物遺存，從而使堯、舜、禹的時代不再是傳說，而是成為了確鑿的歷史。」

近些年來，新石器時代考古遺址層出不窮，讓人目不暇接。現在，可以自信地說，過去由於種種原因，人們對於中國文明起源的估計總是偏晚，現在看來，郭沫若先生在《古代文字之辯證的發展》中關於西安半坡刻劃符號的看法是具有遠見卓識的：「半坡彩陶上每每有一些類似文字的簡單刻劃和

器上花紋判然不同，黑陶上也有這種刻劃，但為數不多，刻劃意義至今雖未闡明，但無疑是具有文字性質的符號，如花押或者族徽之類。彩陶上的那些刻劃記號，可以肯定地說就是中國文字的起源，或者中國原始文字的孑遺。」李孝定先生稱「半坡陶文是已知最早的陶文」，認為中國的文字在半坡以前就已經歷了象形、指事、會意三個發展階段；在各文化遺址中所發現的陶文，並不能代表各期文字的全貌。這些意見，無疑具有一定的啟發意義。

於省吾、唐蘭、李學勤諸先生將大汶口文化的陶器刻劃看成是文字都是很有道理的。從最近考古材料看，中國文字的起源還有提前之可能。至少在 7000 多年以前的裴李崗文化時期就有原始文字性質的刻劃了。1984 年至 1987 年，河南省文物研究所在河南舞陽賈湖新石器時代遺址發現了刻符龜甲。「龜甲往往成組出現，龜甲內往往裝有數量不等、大小不均、顏色不一、形狀各異的小石子，有的龜甲、骨器或石器上有契刻符號。」

據發掘簡報稱：「以前在大汶口文化和下王崗早期文化的墓葬中，經常發現以龜隨葬的現象，龜腹內還裝有小石子。這次在賈湖中又有發現，為這種葬俗找到了更早的例證。在這些龜甲和隨葬品的骨器、石器上發現的契刻符號，很可能具有原始文字性質，其中一個符號，與安陽殷墟甲骨文卜辭中的目字極為相似。我們認為這些龜甲及契刻符號可能也與占卜有關。中原地區一向被認為是中華民族的主要發祥地，並最早進入有文字記載時期，安陽殷墟的甲骨文已是較為成熟的文字，在它之前應有一個相當長的發生、發展過程。這些契刻符號的發現，為研究漢字的起源，提供了新的重要資料。」

發掘簡報的推度是慎重而有道理的。田昌五先生認為賈湖遺址所出土的龜甲刻符與「甲骨文的聯繫是一目了然的」，這些龜甲刻符與殷墟甲骨的刻劃相差無幾。如果沒有地層關係做證，誰也不敢相信，這些龜甲竟是 7000 多年前的遺物。更令人驚異的是，該遺址還出土 16 支骨笛。經中國藝術研究院音樂研究所黃翔鵬等專家對 H282：20 骨笛進行鑒定測試，知其已經具備音階結構，可以吹奏旋律，而且發音較準，音質較好，這或可以說明在七八千年前，我們的祖先已經發明了七聲音階。

七八千年前我們的祖先不僅創造了光輝燦爛的物質文化，在精神文化上也具有如此驚人的創造。這說明，此時的語言和思維已經發展到相當高級的

階段，已經具備了創造文字的基本條件。這些發現更進一步證實了中國古代文明是原生性文明，有著獨立的起源和發展。中國文字是土生土長出來的，並非像一些西方學者所說的：「《聖經》所載閃的子孫率埃及人來到中國，傳授了古埃及文字，中國人學的並不完全，自己又加上一些創造，結果成為另一種文字系統，就是漢字」。事實上，漢字的產生與古埃及文幾乎同時，傳播論者的觀點是站不住腳的。

▋四、最早駛入文明世界的三掛馬車

任何一種文明的形成，都脫離不了人類發展的普遍法則。任何一種文字的產生，必須具備一定的物質和文化基礎，文字只有在語言和思維發達到一定程度時才有可能萌生，沒有語言就不可能有思維，沒有思維也不可能有文字，因此說，語言不僅是思維產生的前提，同時也是文字產生的前提。

文字是記錄語言的書寫符號系統，是有聲的言語的最重要的輔助交際工具。人類學資料告訴我們「音節分明的言語，顯然是到舊石器時代晚期結束時最終形成」。既然音節分明的言語最終形成於舊石器時代晚期，那麼，文字產生的時間無論如何不會早於此時。

前蘇聯著名學者 B·A·伊斯特林從考古學資料、人種誌資料、一般社會學即生產力發展狀況和語言特點等幾個方面，考察過文字產生的時間。他的結論是「圖畫文字的最終形成大概在新石器時代（大部分民族在西元前8000——前6000年起就開始進入新石器時代）或者甚至在銅石並用的時代」。「確實，幾乎所有流傳至今的古代蘇美爾文物（西元前4000年代中期）、古埃及文物（西元前4000年代末期）、原始印度文物（西元前3000年代）和古代中國文物（西元前2000年代中期），都屬於這一時期，這些國家的民族正經歷著銅石並用時代和青銅時代」。

伊斯特林所依據的有關中國的考古資料主要是殷代甲骨文。最新的考古資料把他所定的中國文字產生時間大大提前，和古代蘇美爾、古埃及的文字產生的時間大體持平。古老的中國文字與古蘇美爾文和古埃及文字，實際上是並駕齊驅的三掛馬車，它們為創造世界文明作出了重大的貢獻。

中國文明是原生性文明，中國文字形成與另幾個古文明的文字形成既有相同之處，又有所區別。從發生時間看，大體都在新石器時代，但中國文字的生長期似乎特別漫長，從西元前5000年起直至龍山文化晚期的前2000年，歷時三四千年。才逐漸成熟起來，而古蘇美爾和古埃及的象形文字發育時間沒有那麼長，似乎是在很短一段時間內迅速崛起的。

所以，英國學者 Diringer 在《字母。人類歷史鑰匙》一書中寫道：「現在，某些學者開始懷疑埃及聖書字逐漸進化的假說的正確性。他們認為，在第一王朝埃及統一時期聖書字體系就已經產生，而且它是被一位元熟悉文字的人當作一個統一整體一下子人為地創立的。」這種說法類似於中國流傳的倉頡造字的舊說，自然沒有多大的可信度。但無論如何，古埃及文字的形成期較短，肯定是事實。與之相比，中國從舞陽賈湖的裴裡崗文化遺址（七八千年前）到龍山晚期丁公陶文時代（或夏代），才逐漸完成文字的蘊創過程。

中國文字雖然素以象形表意著稱於世，但從最早的考古資料看，中國原始文字的圖畫性遠遜於古蘇美爾和古埃及的象形文字，由約定符號演變而來的中國文字似乎特別的多，在原始文字中所占的比例比一般的大。中國原始的圖畫文字的數量就目前的資料看，並不算多，除山東大汶口文化所見的幾個符號比較特殊外，其餘的圖示性似乎並不很強。並且這種圖示性較強的符號又以山東、安徽、江蘇、浙江、上海、江西等地的出土材料比較明顯。而河南、河北、陝西、甘肅、青海等中西部地區似形成一個相對獨立的文化圈，這些地區所出的刻劃符號（權且稱為符號）筆劃以方折為多，少有曲筆和連筆。從裴李崗文化的賈湖遺址，到仰韶文化的半坡類型，還有秦安大地灣仰韶文化層、臨汝煤山龍山文化遺址、二里頭文化、二里崗、河北槁城等遺存所出的有關文字材料看，似乎有一定的共約性，可以構成一個發展序列。

湖北大溪文化及屈家嶺文化陶符又自成一系。以山東為代表的東南部地區的陶文多有曲線和連筆。其中江蘇湖澄與崧澤文化陶文關係尤近。從陶文構造特點看，傅斯年先生「夷夏東西說」似乎不是沒有一點參考價值。俞偉超先生關於龍山、良渚文化的衰變的推測，也是值得我們重視的。他說：「四千多年前發生一次延續了若干年的特大洪水，摧垮了龍山、良渚文化，才使黃河中游的夏、商、周文化得以先後強大起來並征服其他民族，建立了中國最

早的幾個王朝。」「也許還是因為這個原因,龍山文化的文字儘管可能曾經影響到夏、商文字的發生,但其自身後來卻消失了。」總的來說,夏、商文字似乎可與裴李崗文化的賈湖遺址的陶符對接,也可以說,夏、商文化與中原及陝西、河北等地區的古文化有較密切的淵源關係。

從漢字整個發生發展流變的全過程來看,裴李崗文化的賈湖遺址、西安半坡的仰韶文化遺址、山東大汶口文化遺址、良諸文化遺址、鄒平丁公龍山文化遺址、偃師二里頭文化遺址、鄭州二里崗文化遺址所出土的文字資料,是很值得充分注意的幾個座標點,它們可能在中國文字的形成中起著不可估量的作用。

總而言之,漢字體系本身就是一個耗散系統,它從七八千年前起就一直不斷地在生長和消亡著。它不斷地改善著自己的結構,以適應古老的中國社會和漢語的需要。它的發生和發展與華夏民族的發生、發展是密切相關的。許許多多的小部族經過爭鬥、妥協、撞擊、混合、交叉而生成新的博大的華夏民族,經過數千年的甚至更長的時間,最後逐漸匯合成一種獨特的民族文化。漢字也由分居在各地的先民們不斷地創造著、積累著,最終形成了世界上獨一無二的意音文字系統。漢字是華夏民族全體成員數千年智慧的共同結晶。

第五講 神話、傳說與歷史

▌一、關於神話

上古史跡，年代渺遠，考索至難，太史公修《史記》，略去三皇，不談開闢，是嚴肅的史學家不得已而為之也。生於春秋博學多才如孔子，尚且慨歎：「故於夏殷之禮日吾能言之，杞宋不足征也，文獻不足故也。」「君子於其不知，蓋闕如也。」對於太史公這一謹慎做法，有人則不以為然，唐代司馬貞在《補史記序》中批評道：「太史公作《史記》，古今君臣，宜應上自開闢，下迄當代，以為一家之首尾。今闕三皇而以五帝為首者，正以《大戴禮》有《五帝德篇》，又《帝系》皆自敘黃帝以下，故因《五帝本紀》為首。其實三皇以還，載籍罕備，然君臣之始，教化之先，既論古史，不合全闕。近代皇甫謐作《帝王世紀》，徐整作《三五曆》，皆論三皇以來事，斯亦近古之一證。」

太史公「闕三皇而以五帝為首」，儘管謹慎若此，但一部50餘萬言的《史記》之中，仍有不少可疑的史料，尤其開篇的《五帝本紀》中的主角黃帝、顓頊、帝嚳、唐堯、虞舜，每被指為若存若亡，若明若暗，且求證於它書，多所乖異，因此有人把「五帝」列為傳說時代，漫說黃帝、顓頊、帝嚳，即便後於他們的堯舜禹也被一併抹殺，將之統統列為神話傳說人物。

何謂神話？神話學家對於神話曾有各種各樣的定義。

玄珠（茅盾）「據最近的神話研究的結論」，將神話定義為「各民族的神話是各民族在上古時代（或原始時代）的生活和思想的產物。神話所述者，是『神們的行事，』但是這些『神們』不是憑空跳出來的，而是原始人民的生活狀況和心理狀況之必然產物」。

謝六逸認為施彭斯（Lewis Spence）的《神話學概論》一書最能說明神話學的性質，施彭斯說：「神話（Myth）是神或『超自然的存在』的行為說明，常在原始思想的界限裡表現，神話企圖說明人類與宇宙的關係。在敘述

神話的人們，有重大的宗教價值。神話又是因為說明社會組織、習慣、環境等特性而出現的。」

　　有人概括得更為精煉：神話是「『關於宇宙起源，神靈英雄等的故事。』（A. Lang）或再詳釋為『關於自然界的歷程或宇宙起源宗教風俗的史談。』(H.Hopkins, R.H. Lowie)」定義總不免籠統，林惠祥根據神話的性質將神話分為八大類：

　　（一）開闢神話（Myths of Creation）──這一種包括天地自然物人類的起源等神話。

　　（二）自然神話（Myths of Nature）──這一種包含各種自然物及自然現象的神話。

　　（三）神怪神話──這一類包含神祇與妖怪二種，因為他們同是超自然的東西，性質相近，無確切的界限。

　　（四）死亡靈魂及冥界神話──這一類所包括的三者是一串的。

　　（五）植動物神話（Myths of Animals and P Larnts）──植動物全體的起源常在開闢神話中述及。

　　（六）風俗神話（Myths of Customs)──這一類包括社會制度與生活技術二種，前者是精神方面的風俗，後者是物實方面的風俗。

　　（七）歷史神話（Myshs of Historical Events）。

　　（八）英雄或傳奇神話 (Myths of Romances and Heroes) ──屬這一類的是比較有傳奇性的一篇故事，敘述某個英雄的行為，這種英雄大都無歷史的根據，但在民眾中也常被信為實有的人物。

　　根據上述定義以及林氏的分類，與古史研究能夠掛上鉤的就是（七）歷史神話（Myths of Historical Events）；關於這類神話，有的神話學家認為「歷史和神話的界限常不很分明，有些神話，實是根於歷史的事實，不過加上神話的色彩，以倘恍迷離疑真疑假。」有的神話學家的看法則與此相反，認為所謂「歷史神話」不過是古代詩人們使得神話歷史化或哲學化的結果。

▍二、神話與歷史

　　神話與歷史的關係究竟如何呢？這是一個相當複雜的問題。就中國的歷史神話資料來看，應該說的確有不少是古代詩人們使得神話歷史化或哲學化的結果。如司馬貞所稱讚的皇甫謐的《帝王世紀》彌補了太史公首闕的開闢和三皇的記載： 天地未分，謂之太易。元氣始萌，謂之太初。氣形之始，謂之太始。形變有質，謂之太素。太素之前，幽清寂寞，不可為象。惟虛惟無，蓋道之根。道根既建，由無生有。太素質始萌，萌而未兆，謂之龐洪，蓋道之幹。既育萬物成體，於是剛柔始分，清濁始位。天成於外而體陽，故圓以動，蓋道之實。質形已具，謂之太極。 天皇大帝，曜魄寶。地皇為天一，人皇為太一。 天子，至尊之定名也。應神受命，為天所子，故謂之天子。故孔子曰：「天子之德，感天地、洞八方。是以功合神者稱皇。德合天地稱帝。義合者稱王。」 功合神者稱皇。德合地者稱帝。德合人者稱王。 太昊帝庖犧氏，風姓也。蛇首人身，有聖德，都陳。作瑟三十六弦。

　　如此的「開闢」，如此「三皇」，漫說當代，即使是 2000 年前的讀者怕也不會篤信。與此相似的還有《文子·道原》： 古者三皇，得道之統，立於中央，神與化遊，以撫四方。

　　再看三國徐整的《三五曆紀》（又名《帝王五運歷年記》），其書已佚，茲將《藝文類聚》、《太平御覽》諸類書之引文輯錄於後，《四庫全書·子部·類書類·太平御覽·卷二》：

　　天地渾沌如雞子，盤古生其中，萬八千歲，天地開闢，陽清為天，陰濁為地，盤古在其中，一日九變，神於天，聖於地，天日高一丈，地日厚一丈，盤古日長一丈，如此萬八千歲，天數極高，地數極深，盤古極長，後乃有三皇。數起於一，立於三，成於五，盛於七，處於九，故天去地九萬里。 《四庫全書·子部·類書類·藝文類聚·卷十一》：歲起攝提，元氣肇啟，有神靈一人，有十三頭，號天皇。 《四庫全書·子部·類書類·事物紀原·卷一》： 歲起攝提，元氣肇始，有神人號天皇。 又曰： 帝王五運歷年記曰：盤古之君，龍首蛇身，噓為風。 又曰： 盤古吹為雷電。 又曰： 人皇之後有五姓、四姓、七姓、十二姓紀，則姓之始疑起於此。 《四庫全書·史部·紀事本末類·繹史·卷一》：

元氣蒙鴻，萌芽茲始，遂分天地，肇立乾坤，啟陰感陽，分佈元氣，乃孕中和，是為人也，首生盤古，垂死化身，氣成風云，聲為雷霆，左眼為日，右眼為月，四肢五體為四極五嶽，血液為江河，筋脈為地裡，肌肉為田土，髮髭為星辰，皮毛為草木，齒骨為金石，精髓為珠玉，汗流為雨澤，身之諸蟲，因風所感化為黎甿。《四庫全書·子部·類書類·海錄碎事·卷七上》：盤古之君，龍首蚺身，噓為風雨，吹為電雷，閉目為夜。又曰：盤古左目為日，右目為月，開目為晝，閉目為夜。

像這樣的「帝王世紀」只能視為神話材料或哲學史料。下面一段與其說是歷史，毋寧說是哲學或神話：

黃帝即位十有五年，喜天下戴己，養正命，娛耳目，供鼻口，焦然肌色黣，昏然五情爽惑。又十有五年，憂天下之不治，竭聰明，進智力，營百姓，焦然肌色黣，昏然五情爽惑。黃帝乃喟然贊曰：「朕之過淫矣。養一己其患如此，治萬物其患如此。」於是放萬機，舍宮寢，去直侍，徹鐘懸，減廚膳，退而間居大庭之館，齋心服形，三月不親政事。晝寢而夢，游於華胥氏之國。華胥氏之國在州之西，台州之北，不知斯齊國幾千萬裡；蓋非舟車足力之所及，神遊而已。其國無師長，自然而已；其民無嗜欲，自然而已。不知樂生，不知惡死，故無夭殤；不知親己，不知疏物，故無愛憎；不知背逆，不知向順，故無利害，都無所愛惜，都無所畏忌。

入水不溺，入火不熱。斫撻無傷痛，指無痟癢。乘空如履實，寢虛若處床。云霧不其視，雷霆不亂其聽，美惡不滑其心，山谷不躓其步，神行而已。黃帝既寤，怡然自得。召天老、力牧、太山稽，告之曰：「朕間居三月，齋心服形，思有以養身治物之道，弗獲其術。疲而睡，所夢若此。今知至道，不可以情求矣。朕知之矣！朕得之矣！而不能以告若矣。」又二十有八年，天下大治，幾若華胥氏之國，而帝登假。百姓號之，二百餘年不輟。

相比之下，同是敘述黃帝之事《史記》則平實多了：

黃帝者，少典之子，姓公孫，名曰軒轅。生而神靈，弱而能言，幼而徇齊，長而敦敏，成而聰明。

軒轅之時，神農氏世衰。諸侯相侵伐，暴虐百姓，而神農氏弗能征。於是軒轅乃慣用干戈，以征不享，諸侯咸來賓從。而蚩尤最為暴，莫能伐。炎帝欲侵陵諸侯，諸侯咸歸軒轅。軒轅乃修德振兵，治五氣，藝五種，撫萬民，度四方，教熊羆貔貅，貙虎。以與炎帝戰於阪泉之野。三戰，然後得其志。蚩尤作亂，不用帝命。於是黃帝乃征師諸侯，與蚩尤戰於涿鹿之野，遂擒殺蚩尤。而諸侯咸尊軒轅為天子，代神農氏，是為黃帝。天下有不順者，黃帝從而征之，平者去之，披山通道，未嘗寧居。

儘管太史公努力網羅天下放失舊聞，從天下遺文古事中揀選出五帝之史實，但班彪、班固父子仍指責其「是非頗謬於聖人」，更有學者認為是神話轉化的歷史：

稍後一點，可以見到黃帝的神話也在仙話化。前面所舉黃帝服食玉膏即是一例。《史記·封禪書》又記有黃帝在鼎湖（當作「鼎胡」，意即寶鼎上的龍鬍鬚）乘龍登天的神話，其實也是一段仙話，我們權當它是神話來予以考察。再後一點，在黃帝與蚩尤戰爭神話中，從漢代的緯書《龍魚河圖》開始，便增添了「天遣玄女下授黃帝兵信神符，制服蚩尤」這樣的情節；其後大約是魏晉六朝成書的《黃帝問玄女戰法》中，對玄女更作了具體的描寫：「有一婦人，人首鳥形。」看得出來，玄女身上已經有了顯明的仙氣，她被後世道士們奉為「九天玄女娘娘」，不是沒有緣故的。黃帝神話仙話化得最厲害的，乃是在同時期的著作如《博物志》、《古今注》、《列異傳》等書中，簡直說「黃帝登仙」，「皇（黃）帝乘龍上天」，或者說「黃帝葬橋山，山崩無屍，惟劍焉存」，等等，都徑把黃帝當作是一個由凡登仙的仙人了。

神話學者把黃帝故事看作是神話，黃帝之後的其他古帝如顓頊、帝嚳、唐堯、虞舜乃至夏禹也都統統視為神話傳說中的人物。經學者考證夏禹非但不是古帝，而是蜥蜴之類的大爬蟲。還有學者對夏禹如何由神話向仙話演變的軌跡進行了梳理：

禹神話仙話化，早在《山海經大荒南經》中，就已經露出了一點苗頭。《大荒南經》說：「有云雨之山，有木名曰欒。禹攻云雨。有赤石焉生欒，黃木，赤枝，青葉，群帝焉取藥。」這段記敘記得很疏略，粗粗一看，不但仙話的意味看不出，就連整個故事的情節也比較模糊。賴有郭璞的注釋，才使我們

人略知道禹因治水，攻伐之雲雨山的林木，忽有精靈在一座紅色山崖上化生出一棵欒木樹來，黃色的根，紅色的枝條，青色的葉子，各方天帝就來採取樹上的花葉去制煉神藥。「藥」，郭璞注釋曰：「神藥。」即神仙不死藥，雖是臆想，其實給他臆想對了。

《山海經》凡說到藥處，都不是普通一般的藥，而是不死藥之類。禹治水而聯繫上了神仙不死藥，足見禹神話仙話化的苗頭。其後漢代趙曄的《吳越春秋》，竟稱禹在治水前曾按《黃帝中經》所記，登上會稽東南的宛委山，發金簡玉字書，才「得通水之理」，禹的身上就帶有相當的仙氣了，同時代的讖緯書《河圖絳象》更說禹曾在太湖的洞庭山藏下「真文」，吳王闔閭曾經派去人取其書一卷去詢問孔子。晉代葛洪《抱樸子》同記此事，居然借孔子對答吳王的話說：「此乃《靈寶》之方，長生之法，禹之所服，隱在水邦，年齊天地，朝於紫庭者也。禹將仙化，封之名山石函中，乃令赤雀銜之，殆天授也。」作為一個修仙慕道而登仙的仙人形象的禹，到這裡算是最後完成了。

應該說神話學者所揭舉的與禹有關的以上材料的確是神話仙話，用今天的眼光看可以說是小說家言。若信此言，連孔子和吳王闔閭也都有了神性、仙性，那麼我們是否可以據此斷定孔子、闔閭也是神話人物呢？

歷史與神話不可等而視之，面對人神雜糅的歷史神話材料，神話學家的首先考慮的是，主張「將一部分古代史還原為神話」：

如果欲系統地再建起中國神話來，必須先使古代史還原。否則，神話的系統便無從建立。然而要解決這個問題，困難不少。古代史雖然即是神話的化身，可是已經被屢次修改得完全不像神話。並且古代史自身的系統亦不明了，也已經不是全部神話而只是一小部分神話被歷史化了而保存為現在的形式。所以即使將古史還原為神話，也只是不完全的神話。如果一定要求其相當的完整，那麼，一些推想和假定是必要的了。用了極縝密的考證和推論，也許我們可以創造一個不至於十分荒謬武斷的中國神話的系統。

在神話學家看來「我們的古代史，至少在禹以前的，實在都是神話。」有趣的是歷史學家竟也與之同調：「須知現在沒有神話意味的古史卻是從神

話的古史中篩濾出來的。」神話學家與歷史學界的疑古思潮相互激蕩，似乎夏禹之前的史料真的無從稽考了。

近些年來，隨著越來越多的地下材料的出土，在拷問著諸如大禹「不能認為是真正的歷史人物」之類結論的正確性。如前所述，不惟夏禹，就連唐堯虞舜的史影仿佛也依稀可辨了。

古書中確有將神話歷史化、哲學化的傾向，這一點不容否認，但是不是還可以反過來考慮，古書中也同樣存在將「歷史神話化」的傾向，此類材料在歷史文獻中並不鮮見。請看《史記·高祖本紀》關於漢高祖劉邦來歷的記述：

其先，劉媼（即劉邦之母）嘗息大澤之陂（堤防；堤岸），夢與神遇。是時雷電晦冥，太公往視，則見蛟龍於其上。已而有身，遂產高祖。班固《漢書·高帝紀上》的記載與《史記》基本相同：母媼，嘗息大澤之陂，夢與神遇。是時雷電晦冥，父太公往視，則見蛟龍於上，已而有娠，遂產高祖。若從以上文字來看，漢高祖劉邦與其說是人，不如說是神。劉邦的長相也有特異之處．高祖為人，隆准而龍顏，美須髯，左股有七十二黑子。——《史記高祖本紀》，《漢書》同此。

關於漢高祖斬蛇之事更是神乎其神：高祖以亭長，為縣送徒驪山，徒多道亡，自度比至皆亡之。到豐凱撒中，止飲，夜乃解縱所送徒。曰：「公等皆去！吾亦從此逝矣。」徒中壯士願從者十餘人。高祖被酒夜徑澤中。令一人行前。行前者還報曰：「前有大蛇當徑，願還。」高祖醉，曰：「壯士行，何畏！」乃前，拔劍擊斬蛇，蛇遂分為兩，徑開。行數裡，醉，因臥。後人來至蛇所，有一老嫗夜哭。人問何哭？嫗曰：「人殺吾子，故哭之。」人曰：「嫗子何為見殺？」嫗曰：「吾子，白帝子也，化為蛇，當道，今為赤帝子斬之，故哭。」人乃以嫗為不誠，欲笞之，嫗因忽不見。後人至，高祖覺，後人告高祖。高祖乃心獨喜，自負。諸從者日益畏之。秦始皇帝嘗曰：「東南有天子氣。」於是因東遊以厭之。高祖即自疑，亡匿，隱於芒、碭山澤岩石之間。呂後與人俱求，常得之。高祖怪問之。呂後曰：「季所居上，常有云氣，故從往常得季。」高祖心喜。沛中子弟或聞之，多欲附者矣。

以上文字見於《史記·高祖本紀》，《漢書》與《史記》文字幾乎全同。班馬二人是可謂最為嚴肅的史學家，但他們筆下的關於「赤帝子」斬「白帝子」的描述與《淮南子》所載的夏啟的出身又有多少區別呢？人們若懷疑大禹和塗山氏的人格，那麼，劉太公及劉媼的人格是不是也同樣可以質疑呢？再如：

仁公生高祖於長安，體有三乳，性寬仁，(七歲)襲封唐公。……太宗文武大聖大廣孝皇帝諱世民……隋開皇十八年十二月戊午，生於武功之別館。時有二龍戲於館門之外，三日而去。——《新唐書高祖本紀》 (明)太祖(朱元璋)……母陳氏，方娠，夢神授藥一丸，置掌中有光，吞之，寤，口餘香氣。及產，紅光滿室。自是夜數有光起，鄰里望見，驚以為火，輒奔救，至則無有。比長，姿貌雄傑，奇骨貫頂。——《明史·太祖本紀》 (清世祖順治)……「母孝莊文皇后方娠，紅光繞身，盤旋如龍形。誕之前夕，夢神人抱子納後懷曰：「此統一天下之主也。」寤，以語太宗。太宗喜甚，曰：「奇祥也，生子必建大業。」翌日上生，紅光燭宮中，香氣經日不散。上生有異稟，頂發聳起，龍章鳳姿，神智天授。——《清史稿·世祖本紀》

類似的例子正史中還可以舉出許多，以上所言是人是神相信不會有爭議。若因一些材料甚至很多材料中混有一些甚至很多神話因素就決然地將之歸為神話，這樣做雖說省力，豈不是太草率了麼？當然，如果從成分多少比重大小權衡，將之歸為神話也許不錯，然無論如何不能因其史素含量小而略而不論。倘若如此，一部《山海經》可以稱得上是地地道道的神話聖經了，我們中國確也將「山海經」當作」荒誕不經」的代名詞。但是，如果王國維也把《山海經》作如是觀，那麼我們可能至今也認識不到甲骨文的史學價值，也許甲骨文到今天仍然是一堆斷爛朝報，也許殷商王朝是不是存在至今也還在雲遮霧罩之中。

關於歷史與神話傳說的關係，人類學家林惠祥先生所言最能中的，他說「歷史和神話的界限常不很分明，有些神話，實是根於歷史的事實，不過加上神話的色彩，以倘恍迷離疑真疑假。」下面徵引英國著名博物學家湯瑪斯·赫胥黎（Thomas Henry Huxley，1825 － 1895）的一段話來結束本講：

　　古代的傳說，如用現代嚴密的科學方法去檢驗，大都是像夢一樣平凡地消逝了。但是奇怪的是，這種像夢一樣的傳說，往往是一個半醒半睡的夢，預示著真實。

第六講 溯回從之，道阻且長

▌一、姓氏文化探源

　　姓氏是一個看似簡單實際上卻很複雜的大問題。一說到姓便連帶到氏，一說到氏又連帶到族。如果深究姓氏的來歷，就會牽涉到中國古代社會組織、婚姻制度、宗廟祭祀、社交禮俗、語言稱謂以及人口遷徙等諸多問題。限於篇幅，本講僅就姓氏的含義、姓氏的制度原則以及姓氏流變中的幾個重要問題予以簡單的介紹。

一、姓氏的含義及起源

　　何謂姓？古文獻說，姓就是生。《白虎通義姓名》云：「姓者，生也。」《說文》亦云：「姓，人所生也。古之神聖，母感天而生子，故稱天子。從女，從生，生亦聲。《春秋傳》曰：『天子因生以賜姓。』」「天子因生以賜姓」語出《左傳·隱公八年》，原文是：「無駭卒，羽父請謚與族。公問族於眾仲。眾仲對曰：『天子建德，因生以賜姓，胙之土而命之氏。諸侯以字為謚，因以為族；官有世功，則有官族；邑亦如之。』公以字為展氏。」

　　這段話意思是說，無駭（公子展的孫子）死了，羽父替他向魯隱公請求謚號。魯隱公就其族姓問題向眾仲諮詢。眾仲回答說：「天子建立有德之人為諸侯，根據他的出生賜姓，分封土地，而又根據封地命名氏。諸侯對於卿大夫，以其字作為謚號，後人便當作族號；世代擔任某一官職而有功者，就以官名為族號；也有以封邑作為族號的。」於是魯隱公就以公子展的「展」字封其為展氏。

　　上文中的「天子建德」中的「建德」，杜預注：「立有德以為諸侯。」此語古來沒有異議。但下句「因生以賜姓」一語則迄今未有確詁。楊伯峻先生《春秋左傳注》云：「因生以賜姓，前人異說頗多。依王充《論衡詰術篇》，譬如夏禹祖先因其母吞薏苡而生，故夏姓姒（《史記》作姒）；商朝祖先契，其母簡狄，吞燕子（卵）而生契，故商姓子；周朝祖先棄，其母曰姜原，踐踏大人腳跡，懷孕以生棄，故周姓姬。此謂祖先所由孕而得姓。依杜注、孔

疏及鄭樵《通志·氏族略序》，譬如舜生於媯汭，其後胡公滿有德，周朝故賜姓曰媯；姜之得姓，居於姜水故也。此謂因其祖先所生之地而得姓。此又一說。於邑《香草校書》則以生讀作性，性即德也。因生以賜姓，即以其德行而賜之姓。此又一說。上古姓氏起源具體情況已難推斷，不但以上各種解釋皆屬臆測，即眾仲天子賜姓之說亦是據當時傳說與典禮而為之辭，恐亦未必合於太古情況。」

關於「因生以賜姓」，有學者將之與圖騰說聯繫起來，認為「圖騰」就是氏族族徽，也就是氏族的名稱，而它的來源，則是該氏族所想像的氏族祖先，通常是某種動物，也可能是植物或其他非生物。中國古代沒有「圖騰」之稱，相當於這個意義的詞，便是原始的「姓」。原始的姓，表面上是氏族（或部落或民族）的名稱，而本質上也是氏族所由生的動植物或其他非生物。《說文解字》：「姓，人所生也。古之神聖人，母感天而生子，故稱天子。因生以為姓。」所謂「感天而生」乃是先秦時的說法，實際上應是「感物而生」。它反映了原始母系氏族起源的神話。

學者還進一步把感生與傳說相聯繫：姒姓得名於薏苡，子姓得名於燕卵。那麼，周姓的「姬」與「大人跡」有什麼關係呢？原來，「大人」是熊的俗稱，「大人跡」就是熊跡，而「姬」的古文字作或正象熊跡之形，「姬」的讀音也有「跡」的意義。除夏商周三代，傳說的上古民族祖先也都以動植物為圖騰。如黃帝號「有熊氏」，即以熊為圖騰；炎帝薑姓，字從女從羊，即以羊為圖騰；伏羲和共工都傳說人首龍身或蛇身，即以龍蛇為圖騰；少皞（帝摯）以鳥名官，即以鳥為圖騰；顓頊又稱為「瑞玉」，即以玉石為圖騰；黃帝、炎帝的母親氏族叫「有蟜氏」，「蟜」即蜜蜂，是以蜜蜂為圖騰等等。由此，我們進一步得出，作為氏族（或部落或民族）稱號的原始姓氏，實際上就是感生神話的反映，也就是圖騰。

原始姓氏即圖騰說，頗為新穎，可備一說。依原始姓氏即圖騰說，動物、植物、礦物皆可為上古氏族部落之圖騰，然春秋所傳的上古姓氏卻只有 22 個，其數目何以如此之少？且這 22 個古姓，字從女者只有媯、姒、姬、薑、嬴、姞、妘 7 姓，不足總數的三分之一，其餘的子、風、己、任、祁、芊、曹、董、偃、歸、曼、熊、隗、漆、允等 15 姓皆不從女。且媯、姒、姬、薑、嬴、

妵、妘 7 個古姓的上水之源究竟有多遠尚難判定，甲骨學界一般認為，能夠確切地作為古「姓」解釋的甲骨辭例尚未之見，也就是說在商代的出土文獻中還找不到商人稱「姓」的確切證據。金文中也罕見女姓。

甲骨文中有從女從生之「姓」字，有人說該字象女子向生之神作禱告之形，並認為此與古人的生殖崇拜的禮俗有關。然此說並未獲得大家的一致認可，古文字學家指出，「姓」字在甲骨文中是專有名詞，與後來訓為「人所生」的「姓」很難說就是同字，故文字學家推斷「姓之為姓氏字其事當屬後起矣。」至於後起於何時？由載籍知，不會晚於春秋。時下的姓氏學者對於「姓氏」二字的解釋多宗南宋鄭樵之說，鄭樵在其《通志·氏族略序》中云：「三代之前，姓氏分而為二，男子稱氏，婦女稱姓。氏所以別貴賤，貴者有氏，賤者有名無氏。今南方諸蠻，此道猶存。」鄭樵所謂「三代之前」云云，不知何據？不過，他所說的「姓氏分而為二，男子稱氏，婦女稱姓」，就有周一代來講應是事實。王國維先生也認為女子稱姓，自周人始，他說：「男女之別，周亦較前代為嚴。男子稱氏，女子稱姓，此周之通制也。上古女無稱姓者，有之惟一姜嫄，薑嫄者，周之妣，而其名出於周人之口者也。傳言黃帝之子為十二姓，祝融之後為八姓，又言虞為姚姓，夏以姒姓，商為子姓，凡此紀錄，皆出周世。據殷人文字，則帝王之妣與母皆以日名，與先王同，諸侯以下之妣亦然。雖不敢謂殷以前無女姓之制，然女子不以姓稱，固事實也。而周則大姜大任大姒邑薑皆以姓著，自是迄於春秋之末，無不稱姓之女子。」

姓與古代的婚姻制度有密切的關係而今學術界業已形成共識。正如《白虎通義》所云：「人所以有姓者何？所以崇恩愛，厚親親，遠禽獸，別婚姻也。故紀世別類，使生相愛，死相哀，同姓不得相娶者，皆為重人倫也。姓者生也，人稟天氣所以生者也。」也就是說，姓的最重要的作用是「別婚姻」、「紀世別類」。古代文獻中不乏以姓別婚姻的例證。如《左傳》中曾有這樣的記載，齊大夫棠公的妻子棠姜有一個弟弟叫東郭偃，東郭偃是齊將崔杼的家臣。棠公死的時候，崔杼前去弔唁，東郭偃為其駕車。崔杼看到東郭偃的姐姐棠姜非常美麗，就令東郭偃把姐姐嫁給她。東郭偃不同意，他說：「男女辨姓（即男女結婚要區別是否同姓），您是齊丁公的子孫，而我是齊桓公的子孫，我們是同姓同宗，不能通婚。」崔杼卻不甘心，於是命人筮蔔，對於筮占結果，

史官都說「吉」，將筮占的卦象拿給陳文子看，陳文子說，此卦從風，風隕妻，不可娶，若娶棠姜必有災禍。崔杼說，有什麼災禍，她的前夫已經抵擋了。於是娶了棠姜為妻。

　　東郭偃拒絕崔杼的理由是「男女辨姓」，他引徵的是古禮，此禮在西周時代執行得是很嚴格的，故有姬、姜世代通婚之俗。此處所講的崔杼為了滿足自己的色欲，竟置古禮於不顧，這是因為到了春秋時代，人心不古，禮崩樂壞，藐視古禮乃是常有之事。再舉一個齊國的例子，與崔杼強娶棠姜之事相隔三年，齊國的慶封喜歡田獵並且嗜酒無度，他把政權交給慶舍，就帶著妻妾財物遷移到盧蒲嫳家裡，交換妻妾喝酒數日，於是官員們就改到盧蒲嫳家裡來朝見。慶封讓逃亡在外而知道崔氏餘黨的人，如果前來報告就允許他們回來，這回來的人中就有盧蒲癸，盧蒲癸做了慶舍的家臣，受到了寵信，慶舍把女兒嫁給了盧蒲癸。慶舍的家臣問盧蒲癸：「男女辨姓，您卻不避同宗，為什麼？」盧蒲癸說：「同宗不避我，我怎麼能避開同宗？比如賦詩的斷章取義，我取得所需要的就是了，哪裡知道什麼同宗？」盧蒲癸因此而更受寵信，做了慶舍的貼身警衛。

　　西周時代結婚之所以「男女辨姓」，就是要辨別婚姻，此時，人們已經懂得血親不宜結婚，因此制定禮制，規定同姓不婚。《左傳》云：「男女同姓，其生不蕃。」《國語·晉語四》云：「同姓不婚，惡不殖也。」《國語》又云：「娶妻避其同姓，畏災亂也。」《白虎通義》亦云：「不娶同姓，娶同姓者一國同血脈，遂至無子孫。」上古之所以「同姓不婚」除避免造成「其生不蕃」、「則相生疾」的現象之外，還有一個作用就是為了避免族內爭鬥，「附遠厚別」，《禮記·郊特牲》：「天地合而後萬物興焉，夫婚禮，萬世之始也。娶於異姓，所以附遠厚別也。」

　　到了東周，同姓不婚的原則每被王侯貴族所打破，固然有如崔杼之流滿足私欲之原因，但並不儘然，有些則是基於政治考量，也就是後代所謂政治聯姻，「秦晉之好」即有此層含義。並且，西周姬姓封國很多，在數國王侯同姓的情況下，很難完全做到「同姓不婚」，有些不辨同姓，實屬不得已而為之。

《無禮通考》還說「姓所以別婚姻，故有同姓、庶姓、異姓之別，氏同姓不同者婚姻可通，姓同氏不同者婚姻不可通。」為什麼說「氏同姓不同者婚姻可通，姓同氏不同者婚姻不可通」？「氏」和「姓」有什麼異同呢？

先說相同之處。「姓」與「氏」就起源和性質來講，有相互重合交叉者。大家都知道氏的主要作用是「別貴賤」，《白虎通義姓名》：「所以有氏者何？所以貴功德，賤伎力」。鄭樵《通志·氏族略序》亦云：「貴者有氏，賤者有名無氏」。也就是說有身份的統治階級成員才有氏，廣大的窮苦大眾本身就不貴，也就沒有與人「別貴賤」的必要，因此，普通庶民一般沒有氏。「姓」在這一方面具有與「氏」完全相同的功能，由「天子建德，因生以賜姓」可知，凡有「姓」者一定與天子有某種瓜葛，但並非凡是與天子有瓜葛就能得姓，據史書記載，黃帝之子傳共二十五人，「其得姓者十四人，為十二姓：姬、酉、祁、己、滕、葴、任、荀、僖、姞、儇、依是也。」

姓一開始便具有標示身份地位的作用，姓實際上也是少數統治階級氏族成員的標誌，奴隸是沒有姓的，即便是有姓的貴族，　且「湮替隸圉」，便失去了姓。《國語·周語下》云：「有夏雖衰，杞、鄶猶在。申、呂雖哀，齊、許猶在。唯有嘉功，以命姓受祀，迄於天下，及其失之也，必有慆淫之心間之。故亡其氏姓，踣斃不振；絕後無主，湮替隸圉。夫亡者豈繄無寵？皆黃、炎之後也。

唯不帥天地之度，不順四時之序，不度民神之義，不儀生物之則，以殄滅無胤，至於今不祀。及其得之也，必有忠信之心間之。度於天地而順於時動，和於民神而儀於物則，故高朗令終，顯融昭明，命姓受氏，而附之以令名。」《左傳·昭西元年》（西元前541年）子產引「志曰：買妾不知其姓，則卜之」。正是因為妾與隸圉身份卑賤，本沒有姓，是否能和異姓一樣可與之通婚，需要占卜。

次說相異之處。氏與姓的最重要的區別就在於一個「變」字。由《白虎通義》知，姓具有紀世別類、別婚姻、崇恩愛、厚親親、重人倫的功能。顧炎武在《日知錄》中指出：「男子稱氏，女子稱姓。氏一再傳而可變，姓千萬年而不變。」「姓千萬年而不變」是「姓」的最大特色，而氏雖也有不同程度的「紀世」的功能，但因為「氏一再傳而可變」，這就意味著「氏」「紀

世」紀得不徹底,因此不能指望「氏」來「別類」。由於「姓千萬年而不變。」故可以認定姓的起源比較古老,且形成以後只要維持一定的身份,姓就將流傳下去,直到該姓滅絕為止。

氏則不然,氏是後起的。段玉裁《說文解字注·氏》:「姓者,統於上者也;氏者,別於下者也。」宋代史學家劉恕《通鑑外紀》:「姓者,統其祖考之所自出;氏者,別其子孫之所自分。」清人朱大韶《實事求是齋經義·以字為諡辨》的說法與其相似:「族者,氏之別名;姓者,所以統系百世使不別也;氏者,所以別子孫之所出。然則姓統於上,若大宗然;氏別於下,若小宗然。」

氏是姓的分支。一個姓每被分成數目不等的氏。這在史籍都能夠找到確切的證據。如據《史記·夏本紀》記載,夏代的統治族為姒姓,可在同一個姒姓之下,又分為夏後氏、有扈氏、有男氏、斟尋氏、彤城氏、褒氏、費氏、杞氏、繒氏、辛氏、冥氏、斟戈氏。殷代的統治族商族為子姓,「其登名氏三百六十夫」。《左傳·定公四年》中也有「殷民六族」、「殷民七族」之說。「殷民六族」:條氏、徐氏、蕭氏、索氏、長勺氏、尾勺氏;「殷民七族」:陶氏、施氏、繁氏、錡氏、樊氏、饑氏、終葵氏。也就是說,春秋時代的人還能夠清楚地指出商族子姓中的 13 個氏。

由「姓」而「氏」,其裂變情況非常複雜。顧炎武《日知錄》曰:《禮記·大傳》正義:諸侯賜卿大夫以氏,若同姓,公之子曰公子;公子之子曰公孫;公孫之子,其親已遠,不得上連於公,故以王父字為氏。若適夫人之子,則以五十字伯仲為氏,若魯之仲孫、季孫是也。若庶子妾子,則以二十字為氏,則展氏、臧氏是也。若異姓,則以父祖官及所食之邑為氏。以官為氏者,則司馬、司城是也;以邑為氏者,若韓、趙、魏是也。凡賜氏族者,比為卿,乃賜有大功德者,生賜以族,若叔孫得臣是也。是公子之孫,若有大功德,則以公子之字賜以為族,若仲遂是也。其無功德,死後乃賜族,若無駭是也。其子孫若為卿,其君不賜族,子孫自以王父字為族也。氏、族對文為別,散則通也。故《左傳》云:「問族於眾仲」,下云:「公命以字為展氏」是也。其姓與氏,散亦得通,故《春秋》有薑氏、子氏,薑、子皆姓,而云氏是也。

鄭樵《通志·氏族略》將氏的來源分為 32 類,《風俗通義·姓氏》與《潛夫論·志氏姓》分為 9 類,如《風俗通義》所載:「或氏於號,或氏於諡,或

氏於爵，或氏於國，或氏於官，或氏於字，或氏於居，或氏於事，或氏於職。」
這些可與顧炎武說以及前引《左傳》的「胙之土而命之氏」相表裡。

總之，得氏與得姓相比要容易得多，古代有一定身份的人都可有氏。《晉
語九》載，晉卿智宣子將立智瑤為嗣，同族大夫智果勸諫，不聽，「智果別
族於太史，為輔氏。及智氏之亡也，惟輔果在。」所謂「別族於太史」即到
太史處別族，也就是分家，取得新氏還可以透過分家的形式獲得。

需要強調的是，因為「姓」「氏」本身就是族的稱號和標誌，所以氏與
族、姓與族在上古文獻中每被連言或對稱。連言者如《書·呂刑》：

官伯族姓，朕言多懼。

又如《左傳·襄公三十一年》： 公孫揮能知四國之為，而辨於其大夫之
族姓、班位、貴賤、能否，而又善為辭令。

對稱者如《詩·麟之趾》：

麟之趾，振振公子……麟之定，振振公姓……麟之角，振振公族……

《毛傳》：「公姓，公同姓。公族，公同祖也。」《左傳·昭公三年》有
這樣的話： 薑族弱矣，而媯將始昌。

《左傳·莊公二十三年》又云：

若在異國，必薑姓也。

也許是姓、氏、族等詞常常牽混，所以學問淹博如司馬遷、劉知幾也弄
不清它們的分別。司馬遷在《史記》中，劉知幾在《史通》中曾以姬昌稱周
文王，以姬旦稱周公，鄭樵在《氏族略序》中曾很中肯地指出：「三代之時
無此語也」。鄭樵由此而慨歎：「雖子長、知幾二良史猶昧於此！」後來顧炎
武在《原姓》中也曾明確指出：「男子稱氏，女子稱姓，氏一再傳而可變，
姓千萬年而不變。最貴者國君，國君無氏，不稱氏，稱國。」他在舉出《左傳》
中若干實例之後指出：「考之於《傳》，二百五十五年之間有男子而稱姓者乎，
無有也。」錢大昕在《十駕齋養新錄》卷12《姓氏》中進一步指出：「三代
以上，男子未有系姓於名者，漢武帝元鼎四年，封姬嘉為周子南君，此為男
子冠姓於名之始。」

顧炎武說，姓氏之稱，自太史公始混而為一。漢代以後的文獻中屢見「男子稱姓」一類錯誤，如稱周公為姬公或姬旦，稱文王為姬文或姬昌，稱武王為姬發。或將周之族姓與呂尚之氏「呂」並稱，以至於薑子牙之名比呂尚之名更為民眾所熟知。遺憾的是《漢語大詞典》中竟也稱周公為姬旦。《中國歷史人物辭典》甚至還有「姬昌」、「姬發」、「姜小白」等詞條。這裡強調一下，孔子，絕不能說是「姓孔名丘」，「孔」只是他的氏。孔子是宋國貴族之後，宋國是殷遺民所建，所以孔子應姓「子」，他的先祖本以「公孫」為氏，到孔父嘉時，「五世親盡，別為公族，故後以孔為氏焉」（《孔子家語》卷 39《本姓解》）。屈原，絕不能說是「姓屈名原」。屈原是楚國公族，姓羋，其祖先「受屈（地名）為卿，因以為氏」（《史記屈賈列傳》《正義》引王逸說）。秦始皇，不能稱他為「嬴政」。他的確是嬴姓，但他氏趙，這在《史記·秦始皇本紀》中寫得很明白：「名為政，姓趙氏。」《索隱》解釋說：「生於趙，故曰趙政。」正因為如此，《淮南子·人間訓》才會說「秦王趙政，兼吞天下而亡」。

前面一再強調男子稱氏、女子稱姓的問題，那麼女子為何不稱氏？之所以如此不外乎兩方面的原因，一方面是男尊女卑，另一方面是婚姻制度使然。正如恩格斯所指出：「母權制的被推翻，乃是女性的具有世界歷史意義的失敗。丈夫在家中也掌握了權柄，而妻子則被貶低，被奴役，變成丈夫淫欲的奴隸，變成生孩子的簡單工具了。」從母系制過渡到父系制，終究是「人類所經歷過的最激進的革命之一。」在父權制社會裡，在中國古代尤其是宗法制度形成之後，女子無權參加社會活動，女子成了丈夫發洩淫欲的物件和生孩子的簡單工具了。女子來到這個世界上好像就是為了出嫁。要出嫁，要與其它女子相區別就必須有姓，依此來「別婚姻」，避免出現同姓通婚。為了「別婚姻」，女子的姓就顯得十分的重要，一個女子可以沒有名，但不能沒有姓。

女子未出嫁時，一般都在姓之前加上排行，如孟姬、仲姜、叔婉、季姒之類。或在姓前加上自己所自出的國名，如秦嬴、齊薑、褒姒之類。既嫁之後，則在姓前加上丈夫的國名或氏，如孔姬、棠薑、息媯之類。西周王室長期是姬、薑二姓通婚，周王的王后在世時多稱王薑，死後則在薑之前加上諡號，如文姜、哀姜、穆姜、齊薑之類。民間傳說「孟姜女哭長城」的孟薑實際上

是先秦時期婦女的常見稱呼。所謂「孟姜」，就是薑姓家族中排行老大的姑娘。

由於「姓」是母系氏族時期形成的，「統系百世而不變」，所以先秦時期「姓」的數目很少。「氏」的數目不知比「姓」多多少倍。

二、中國姓氏知多少

中國的姓氏究竟有多少，這是一個饒有興味的話題。中國古姓，前引顧炎武《日知錄·姓》曰：言姓者，本於五帝。見於《春秋》者，得二十有二。

近人吳其昌先生著《金文世族譜》，列金文姓 24，氏 364(包括 17 個職官名)。由於吳著只見圖譜，不見考證，故不知所論確否。不過就其所列而言，若依陳槃《春秋大事列國爵姓及存滅表譔異》的意見，尚有可以合併者。

商代的姓氏，丁山《甲骨文所見氏族及其制度》一書中認為「確知商代的氏族至少在兩百個以上」，不過，有人認為丁氏考證形同射覆，多不可信。商周金文中有一些很圖形化的文字，前人稱為「文字畫」或「族徽」，就其性質而論學界一般認為類於「氏」，這些文字為商周姓氏的考察投下一線曙光。

有學者稱春秋戰國時期，見於文獻的常見的氏已有 600 多個，除普通的窮苦百姓，過去的大夫、士這一階層以及若干新興的土地所有者與工商業者都有了氏，也都以氏相稱。戰國時期是一個動盪、變革的時期，姓氏制度在此時也出現了很大變化。由於嚴格的等級制度受到不斷的衝擊，傳統的貴賤區分已無法維持，「氏」也就逐漸失去其「別貴賤」的作用，成為以男子為中心的家族的標識，而且愈來愈多。數量很少的「姓」則被大量的「氏」所淹沒。這樣，氏就取代了過去姓的地位，氏姓不分，或說氏姓合一。戰國以後，就人人有姓 (即人人有氏)，都稱姓了。在這個變動時期 (戰國至漢初)，也就必然出現「姓」和「氏」混而不別的現象。秦漢以後，中國的姓氏制度基本穩定，人人都有姓，姓的主要來源就是先秦的氏，但數目日益增多。

中國到底有多少姓·目前尚無一個權威而確切的資料。北宋編撰、流傳最廣的《百家姓》，僅收錄 504 個姓。明代編纂的《千家姓》，共收錄 1968

個姓。古今姓氏表共收錄姓氏 5093 個，其中單姓 3370，複姓 1723 個。《中華姓氏大辭典》收錄古今姓氏 11969 個。竇學田《中華古今姓氏大辭典》收錄的古今姓氏更多達 12000 個。也有還有一些「約多少」、「近多少」、「超過多少」之類的數字。這些數字可靠性究竟有多大，尚難論定。從理論上講，要得出一個確切的姓氏資料似不困難，但問題是中國從未進行過詳細的姓名普查工作，上述各種數字沒有一種是有詳細統計資料的數位，都來自古代各種姓氏書籍如《元和姓纂》、《通志‧氏族略》、《古今姓氏書辨證》、《萬姓統譜》、《姓氏五書》等，而這些書的資料可靠性本身就值得研究。

中國搞了幾次人口普查，這是最可靠的姓名資料，可是因為原始材料數量過大，所以迄今為止，並未利用這些材料作過姓氏專項統計，只作過小量的抽樣調查。例如中國科學院遺傳研究所根據 1982 年人口普查資料，按千分之零點五抽樣，共 57 萬餘人，所見漢字姓氏 (即用漢字來書寫姓名的各族的姓，如漢族、回族、滿族、壯族、朝鮮族等) 只有 1066 個，研究所人員「估計漢族目前使用的姓氏大概有三千個左右」。當然，古代使用過的姓氏比今天要多，古今使用過的漢字姓氏估計在 8000 個左右。不過，無論古今，在眾多的姓氏之中，常用者總是很少的。從今天的情況看，上面提到過的遺傳研究所的抽樣調查表明，100 個常見姓就占了漢族總人口的 87%，其中 19 個超過 1% 的大姓占了漢族總人口的 55‧6%，李、王、張三大姓所占比例分別為 7‧9%、7‧4%、7‧1%。民間流傳的「張王李趙遍地劉」的俗諺，是完全符合實際的。

以上談了中國古代姓氏的含義、起源、數量，並對姓氏變化的情況作了大致敘述，但絕不能說每一個姓氏的由來是清楚的。雖然，秦漢以前，人們對世族譜牒的修撰頗為重視。《世本》有《帝系譜》7 卷，《王侯大夫譜》2 卷。《漢書‧藝文志‧曆譜》屬有《帝王諸侯世譜》20 卷。《隋書‧經籍志》有《春秋左氏諸大夫世譜》13 卷，並不題著撰人。王應麟《玉海》引李淑書目有《春秋公子血脈譜》，偽題荀卿撰。但不幸的是《世本》、《帝王諸侯世譜》等書在傳世文獻中僅存書目。後人欲彌此遺憾，東漢的應劭有《氏族》一篇，東漢的王符《潛夫論》亦有《姓氏》一篇，西晉杜預雜采春秋經傳材料，作《春

秋釋例》別撰《公子譜》一編，唐林寶修撰《元和姓纂》10卷，是為中國唐代譜牒姓氏之學的專著。

不過，一般認為在一些古籍中記載了若干姓氏的來源附會的成分很大，所謂某某人「某某之後」，其可靠程度很低。且顧炎武指出有氏族相傳之訛者，「漢時碑文所述氏族之始多不可據。如魏蔣濟《郊議》稱曹騰碑文云：『曹氏，族出自邾。』王沈《魏書》云：『其先出於黃帝。』而魏武作《家傳》自云：『曹，叔振鐸之後。』陳思王作《武帝誄》曰：『於穆武王冑稷允周。』則又姬姓之後，以國為氏者矣。及至景初中，明帝從高堂隆議，謂魏為舜後，詔曰：『曹氏，世系出自有虞氏，今祀圜丘，以始祖帝舜配。』後少帝《禪晉文》亦稱『我皇祖有虞氏』，則又不知其何所據。夫以一代之君而三易其祖，豈不可笑？況於士大夫乎！」

「世俗之人，多尊古而賤今，故為道者必托之於神農、黃帝而後能入說。」言八卦必託名於伏羲，言《本草》必託名於神農，言《內經》必託名於黃帝，修譜、續譜者更是如此，言必稱堯舜，上溯遠古極其力而不已。對於上古之神話傳說材料，不予充分處理，輒加徵引。正如宋代洪邁所說：「姓氏所出，後世茫不可考，不過證以史傳，然要為難曉。」「千載之下，遙遙世祚，安所質究乎！」「姓氏之書，大抵多謬誤，如唐止（即「貞」之諱字）觀《氏族志》，今已亡其本《元和姓纂》，誕妄最多；國朝所修《姓源韻譜》，尤為可笑。」顧炎武所揭舉的唐代大詩人白居易謬稱自己為楚太子建之子白公勝之後，就可以為洪邁之說提供一有力佐證。白居易自序《家狀》曰：「出於楚太子建之子白公勝。楚殺白公，其子奔秦，代為名將，乙丙已降是也。裔孫白起，有大功於秦，封武安君。」顧炎武譏諷白居易：「白乙丙見於僖之三十三年。白公之死，則哀之十六年，後白乙丙一百四十八年。曾謂樂天而不考古一至此哉！」

越千年而續譜，其可靠性很低。「氏族之書所指秦漢以上者大抵不可盡信。」秦漢以上有沒有真正可信的家譜？此事尚是疑案。殷墟甲骨文中有兒（倪）氏家譜刻辭，或以為真，或以為偽。若果為真，那麼此則為中國譜牒之祖。但即便如此，也並不能將倪萍家的「倪」氏上溯至三千多年前。因為，此「倪」與彼「倪」能不能勾連得上，尚是疑問。超越千年而續譜雖不能說

絕不可行，但要慎之又慎。正如顧其蘊先生所言：「人各有所自，必自其所自而後即安。苟忽其所自而妄萌一焜燿之思，指前之一二顯人曰：『吾所自者某某也。』則世之人亦因其所自而自之矣。然反之心究有所不安。以己之不安而知祖先之必不安，且念子孫之亦未必安也，何可以焜燿之思累先後之不安乎！」

　　總之，要在大量而深入研究的基礎之上追溯譜牒源頭方才可信。遺憾的是，時下盛行的姓氏學專書、辭典，多是將古人「大抵多謬誤」的「姓氏之書」雜抄在一起，諸如「程，顓頊重黎之後」，「狄，炎帝參盧後有狄氏」，「葛，古葛天氏之裔」之類的材料，讀之令人噴飯，這種以訛傳訛的態度是不可取的。

▌三、有趣的中國姓氏

　　中國姓氏數以萬計，形形色色，頗為有趣。有一人而有兩姓者。如《漢書·百官表》：「建昭三年七月戊辰，衛尉李延壽為御史大夫。一姓繁。」有二字改姓一字者。據顧炎武《日知錄》載：

　　馬宮本姓馬矢，改為馬。唐憲宗名純，詔姓淳於者改姓於。《唐宰相世系表》鐘離味二子，次曰按，居潁州；長社，為鐘氏。見之史冊，不過一二。自洪武元年，詔胡服、胡語、胡姓一切禁止。如今有呼姓本呼延，乞姓本乞伏，皆明初改。而並中國所自有之複姓皆去其一字，氏族之紊莫甚於此。且如孫氏有二：衛之良夫，楚之叔敖，並見於《春秋》，而公孫、叔孫、長孫、士孫、王孫之類，今皆去而為「孫」，與二國之孫合而為一，而其本姓遂亡。公羊、公沙、公乘之類，則去而為「公」；毋丘、毋將之類則去而為「毋」，而其本姓遂亡。司徒、司空之類，則去而為「司」，司馬氏則去而或為「司」，或為「馬」，而司馬之僅存於後代者惟溫公之後。所以然者，蓋因儒臣無學，不能如魏孝文改代北之姓，一一為之條理，而聽其人之所自為也，然胡姓之改不始於是時。

　　《唐書》：「阿史那忠以擒頡利功，拜左屯衛將軍，妻以宗女定襄縣主，賜名為忠，單稱史氏。韓文公《集賢院校理石君墓誌》云：「其先姓烏石蘭，

從拓跋魏氏入夏，居河南，遂去『烏』與『蘭』，獨姓石氏。」劉靜修《古裡氏名字序》云：「吳景初，本姓古裡氏，以女真諸姓今各就其近似者易從中國姓，故古裡氏例稱吳。」則固已先之矣。

由是知，如今姓馬者、姓呼者、姓乞者、姓毋者、姓石者、姓公者，有一部分源於複姓。雖然同是姓馬，有的源自馬矢，有的源自司馬，有的則為回族所改。孫姓是大姓，其來源也最為複雜。有源於衛國者，有源於楚國者，所謂公孫、叔孫、長孫、士孫、王孫皆略為孫是也。

姓氏是個人所生家族的專用符號，一般不得隨意更改，然出於某種特殊原因古人每有主動或被動改姓者。如戰國時代著名的變法人物商鞅，他本是衛國人，因以衛為氏，人稱衛鞅；又因為他是公室子孫，人又稱公孫鞅，此乃以公孫為氏，後因在秦國變法有功而受封於商，所以又稱為商鞅，此乃以采邑為氏。這裡所說的氏相對於今天的姓，今天絕大多數的姓都來自過去的氏。

古代改姓以少數民族改稱漢姓為常。如前揭呼姓，還有一些姓劉、姓卜、姓藍、姓喬者，其源乃是漢代一些匈奴貴族。在北魏孝文帝改制時，有大量的鮮卑族改為漢姓。南北朝、隋、唐時期，原住祁連山北昭武城的粟特人，被匈奴擊走，西遷中亞的粟特地區，枝庶分王，其後裔來到中原，改稱康、安、曹、石、米、何、火尋、戊地、史等九姓，因皆氏昭武，故稱「昭武九姓」（《新唐書》）。遼、金、元、清幾朝，大量少數民族入居中原，改漢姓者幾乎無時不有，清代的滿族後來幾乎全部改成了漢姓。

少數民族改稱漢姓多是本無類似漢族之姓而因漢族之俗，但也有一些人原本有姓而後來改成他姓者。此類改姓者情況又各有不同。有受帝王詔賜而改姓者，此又可分為恩賜和懲罰兩種。恩賜者一般是帝王詔賜有功之臣或有身份者，使之改為與皇族同姓。如劉邦曾賜婁敬和項羽的後代姓劉，曹操賜秦真姓曹，唐初賜徐勣等一批功臣姓李，金代將一大批臣下賜姓完顏，南明隆武帝賜鄭成功姓朱等等。懲罰者一般是因為某種原因獲罪而受罰，被強迫改為惡姓，這又稱為「貶姓」，例如武則天就曾迫使她的政敵改姓蝮、虺、蟒、梟等。不過貶姓在風波之後，大多又恢復了原姓。

　　另一種情況就是為避禍而改姓。西漢末年疏廣之後人為避王莽之害而改姓束，三國時聶遼因避仇而改姓張等。著名學者聞一多先生本是文天祥之後，是元代初年文天祥後人潛逃至蘄水永福，改姓為聞的。據陝西韓城世代相傳的傳說，司馬遷下獄受辱之後，家鄉韓城同族主人不敢再姓司馬，有的改司而姓同，有的改馬而姓馮，如今韓城姓同、姓馮者，即漢代司馬氏之後。

　　現代華人婚姻中：「子女可以隨父姓，可以隨母姓。」然中國古代子女姓皆從父，偶有從母乃至從外祖母者，古人稱曰「冒姓」。據顧炎武《日知錄》載。顧炎武說，冒姓始於漢代。《漢書·外戚恩澤侯表》：「扶柳侯呂平，以皇太后姊長姁子侯。」師古曰：「平既呂氏所生，不當姓呂，蓋史家唯記母族也。」按是時太后方封呂氏，故平以姊子冒呂姓而封耳。《唐書·天后紀》：「聖曆二年臘月，賜皇太子姓武氏。」然則有天子而令之冒母姓者與！……呂平以太后姊長姁子侯，此冒母姓之始。古代還有奴僕冒主人之姓者。《史記·灌夫傳》：「父張孟，為潁陰侯嬰舍人，得幸，因進之至二千石，故蒙灌氏姓，為灌孟。」《大宛傳》：「堂邑氏，故胡奴甘父。」《漢書注》：「服虔曰：『堂邑，姓也，漢人。其奴名甘父。』」師古曰：「堂邑氏之奴，本胡人，名甘父。下云堂邑父者，蓋取主之姓以為氏，而單稱其名曰父。」此冒主姓之始。

　　關於古代姓氏的用字也很有意思，例如東、南、西、北，是姓；前、後、左、右，是姓；春、夏、秋、冬，是姓；金、木、水、火、土，是姓；天、地、日、月、星，是姓；父、母、兄、弟、伯、叔，公、婆，是姓；赤、橙、黃、綠、青、藍、紫，是姓；筆、墨、紙、硯、琴、棋、書、畫，是姓；天干地支是姓，從一到十的數字也是姓。神、仙、鬼、怪是姓，虎、豹、熊、狼是姓。

　　最有意思的是連「姓」和「氏」字本身就是姓。《漢書·貨殖傳》「臨淄姓偉，資五千萬」，顏師古注：「姓姓，名偉。」《三國志·吳書·是儀傳》：「是儀字子羽，儀海營陵人也。本姓『氏』，初為縣吏，後仕郡，郡相孔融嘲儀，言『氏』字『民』無上，可改為『是』。乃遂改焉。」

第七講 中國家族制度與中國古代的社會結構

▎一、家族──中國社會結構的總骨架

　　社會學、文化學的研究從現代觀念出發，將家庭、家族、宗族三者的概念予以區分，所謂家庭就是由婚姻、血緣或收養關係所組成的社會生活的基本單位；所謂家族指以血統關係為基礎而形成的社會組織，包括同一血統的幾輩人；所謂宗族是指擁有共同祖先的人群集合。表現形式為同宗族的親屬成員可以參與同一宗廟祭祖，通常聚居於一地，形成大的聚落，與現代意義上模糊的族群概念頗為仿佛。就我們中國古代社會的情形加以考察，可以發現，家庭與家族在很多情況下是牽混難分的，而宗族的勢力又首先是透過家庭來施行的。從歷史的發展言，當古代的宗族以及家族逐漸走向衰弱時，其影響也依然存留在家庭之中。考慮到一般情況下不會產生誤解，因此，為講述的方便，如無特別需要，就不再將三者加以細緻的區分。

　　古代中國社會是一個以血緣家族的社會組織為本位的宗法社會。宗法社會的組織核心是家族，我們中國的社會結構不同於別國的特出之處就是其家族性，學術界對此問題看法頗為一致，茲將幾位學術大家的相關論述揭舉如下：

　　梁任公：「吾國社會之組織，以家族為單位，不以個人為單位；所謂家齊而後國治也。」他以旅美華僑為證：「吾游美洲觀於華僑而益信。彼既脫離其鄉井，以個人資格來居最自由之大都市，顧其所齎來所建設者，仍舍家族制度無他物，且其得以維持社會秩序之一部分者，僅賴此焉。」

　　嚴複：「異哉！吾中國之社會也。夫天下之群，眾矣，夷考進化之階級，莫不始於圖騰，繼以宗法，而成於國家。……乃還觀吾中國之歷史，本諸可信之載籍，由唐、虞以訖於周，中間二千餘年，皆封建之時代，而所謂宗法，亦於此時最備。其聖人，宗法社會之聖人也；其制度典籍，宗法社會之制度典籍也。」

錢穆：「『家族』是中華文化的基石，我們幾乎可以說，中華文化，全部都從家族觀念上築起。」

梁漱溟：中國的家族制度在其全部文化中所處的地位之重要，及其根深柢固，亦是世界聞名的。中國老話有「國之本在家」及「積家而成國」之說。在法制上，家就是社會組織的一個基本單位。

陳顧遠：「從來中國社會組織，輕個人而重家族，先家族而後國家。⋯⋯是以家族本位為中國社會特色之一。」

莊澤宣：「中國與西方有一根本不同點：西方認個人與社會為兩對立之本體，而在中國則以家族為社會生活的重心，消納了這兩方對立的形勢。」

宗法社會的組織核心的是家族。當然也可以反過來說家族的延伸和拓展就成了中國古代社會的乃至國家的基本形態。

據文獻知，至遲從夏朝開始，中國就進入到以血緣家族為組織系統的宗法社會，這種宗法社會組織形式在中國延續了幾千年，在人類社會中形成一種獨特的文化現象。之所以說獨特，主要表現在兩個方面：其一，古代的中國是「不國之國。」古代的中國與其說是「國」毋寧說是「家」，正如梁漱溟先生所云「中國之不像國家」。「國家」在古代中國其實就是指朝廷或皇室。許倬云先生也有此見：中國從漢到清的國家常常是指皇室，與西方近代「主權國家」的概念不同，而有文化（天下）的意識。其二，「家國同構」。古代中國，社會與國家實際上是一個連續體，國家與社會之間很難作出一個清晰的區劃。所謂社會組織實際上是以「家」為核心，漸次擴大到「國」、「天下」的同心圓結構。具體結構形式就是以父家長制家庭為基礎而形成的一套完整宗法組織與政治系統。

為什麼會變成「不國之國」？梁漱溟先生認為問題在於中國趨向職業分途，缺乏階級對立：

中國之不像國家，第一可從其缺少國家應有之功能見之。此即從來中國政治上所表見之消極無為。歷代相傳，「不擾民」是其最大信條；「政簡刑清」是其最高理想。富有實際從政經驗，且卓著政績如明代之呂新吾先生（坤），在其所著《治道篇》上說：「為政之道，以不擾為安，以不取為與，以不害

為利，以行所無事為興廢除弊。」這是心得，不是空話。雖出於一人之筆，卻代表一般意見；不過消極精神，在他筆下表出的格外透徹而已。所以有一副楹聯常見於縣衙門，說「為士為農有暇各勤爾業，或工或商無事休進此門」，知縣號為「親民之官」，猶且以勿相往來詔告民眾，就可想見一切了。

事實上，老百姓與官府之間的交涉，亦只有納糧、涉訟兩端。河北省民間諺語，說「交了糧、自在王」，意思是：完過錢糧，官府就再管不到我（亦更無其它管制）。至於訟事，你不訴於官，官是不來問你的。不論民刑事件，通常多半是民間自了。近代以前的西洋社會，多數人沒有自由；而昔日之中國人卻可說是自由太多──孫中山先生有此語。古傳「日出而作，日入而息；耕田而食，鑿井而飲；帝力何有於我哉！」或出文想像，未必實有此謠。然而太平有道之世，國與民更仿佛兩想忘，則是中國真情。

這種無為而治，如其不是更早，說它始於西漢總是信而有徵的。當時相傳曹參為相而飲酒不治事，汲黯為太守而號曰「臥治」，如此一類有名故事可見。但我們不可就信他們只是受黃老思想的影響。主要是因為中國倫理本位職業分途的社會構造，於此時慢慢展開，其需要無為而治的形勢，就被明眼人發見了。……

中國之不像國家，又可於其缺乏國際對抗性見之。國家功能，一面是對內，一面是對外。中國對內鬆弛，對外亦不緊張。照常例說，國際對抗性之強弱似與其國力大小不無相關。然在中國，國力未嘗不大，而其國際對抗性卻總是淡的，國際對抗性盡缺乏，而仍可無害於其國力之增大。此缺乏國際對抗性，有許多事實可見。──

第一就是疏於國防。例如沿海港口，為國際重要秘密，引水權絕無委諸外人者。內河航行，允准外人充當嚮導，尤為世界所未聞。清光緒十年 (1884) 中法之役，法軍航深入閩江，即係由中國海關頒給執照之美國人引水。事載慕爾氏之國際公法，各國學者引為奇談。據說在中國海關註冊為輪船引水者，外國人約占半數。然這不過是其一端；類此不講國防之事例，大約要數出十件八件亦不難。

第二就是戶籍地籍一切國勢調查，中國自己通通說不清。這原是國際對抗的本錢家當，時時要算計檢討，時時要策劃擴充的。自家竟然一切不加清理，足見其無心於此。不知者或以為中國人頭腦知識尚不及此，那便錯了。史稱「蕭何入關，收秦圖籍」，那正是此物。其實早在先秦戰國，便已有之。不過在二千年後，倒不加講究罷了。

第三就是重文輕武，民不習兵，幾於為「無兵之國」。所以我們在第一章中，曾據雷海宗教授《中華文化與中國的兵》一書，所指出之「中國自東漢以降為無兵的文化」，列以為中華文化特徵之一（第十二特徵）。蓋立國不能無兵；兵在一國之中，例皆有其明確而正當之地位。封建之世，兵與民分，兵為社會上級專業；中國春秋以前，合於此例。近代國家則兵民合一，中國徵兵；戰國七雄率趨於此，而秦首為其代表，用是以統一中國。但其後兩千年間，不能一秉此例，而時見變態。所謂變態者：即好人不當兵；當兵的只有流氓匪棍或且以罪犯充數，演成兵匪不分，軍民相仇之惡劣局面。此其一。由此而馴至中國之大，無兵可用。有事之時，只得借重異族外兵，雖以漢唐之盛，屢見不鮮，習為常事。此其二。所謂無兵者，不是沒有兵，是指在此社會中無其確當安排之謂。以中國之地大人多，文化且高於四鄰，而歷史上竟每受異族憑陵，或且被統治，詎非咄咄怪事。無論其積弱之因何在，總不出乎它的文化。看它的文化非不高，而偏於此一大問題，少有確當安排，則謂之「無兵的文化」，謂其積弱正坐此，抑有何不可·頗有學者不同意雷說（對於雷氏中國無兵之說，論者多不同意，《思想與時代》月刊有張其昀教授《二千年來中國之兵役與兵制》一文，即其一。）從歷史引出許多證據，以明其不然。其實至多不過證明常態變態相間互見，固不能把變態否認掉。中國歷史原多往復之象，儘管未曾一變到底，而變態之發見不亦盡夠嚴重了嗎即此已盡足顯示其文化之特殊，有大可注意論究者在。在這裡則至少見出國際對抗性之特弱，與其大有可觀之國力（地大、人多、文化高），絕不相稱。

最後，則從中國人傳統觀念中極度缺乏國家觀念，而總愛說「天下」，更見出其缺乏國際對抗性，見出其完全不像國家。於此，梁任公先生言之甚早。

夫國家也者，對待之名辭也。標名某國，是必對於他國然後可得見；猶對他人，始見有我也。……非有國而不愛，不名為國，故無所用其愛。……外族入主而受之者，等是以天下人治天下事而已。既無他國相對峙，則固當如是。

其向外對抗之觀念甚微薄，故向內之特別固結亦不甚感其必要。就此點而論，謂中國人不好組織國家也可，謂中國人不能組織國家也可。無論為不好或不能，要之國家主義與吾人夙不相習，則彰彰甚也。此種反國家主義，或超國家主義，深入人心；以二千年來歷史校之，得失蓋參半。常被異族蹂躪，是其失也；蹂躪我者不久便同化，是其得也。最後總結算，所得猶足償所失而有餘。蓋其結果，常增加「中國人」之組成分子，而其所謂「天下」之內容，乃日益擴大也。歐洲迄今大小數十國，而我則久成一體，蓋此之由。

像今天我們常說的「國家」、「社會」等等，原非傳統觀念中所有，而是海通以後新輸入的觀念。舊用「國家」兩字，並不代表今天這涵義，大致是指朝廷或皇室而說。……

有人說：「歷史上中國的發展，是作為一個世界以發展的，而不是作為一個國家。這話大體是不錯的。

對照歷史，此語雖不無鑿枘之處，但其仔細思量，又不能不說「這話大體是不錯的」。就國家功能而言，中國從商周時代就有「殷八師」、「西六師」、「成周八師」之說，且不說傳世文獻，在出土材料中關於古代軍制的材料也有不少，例如周金文的禹鼎、啟鼎、小克鼎等。然正如雷海宗先生說：「所謂無兵者，不是沒有兵，是指在此社會中無其確當安排之謂」，統治者「缺乏國際對抗」的意思。原因是自帝王到庶民都缺乏明確的國家觀念。自帝王到庶民所關心的是自己的家庭、家族或宗族。庶民大多不能心系天下，一是沒可能，二是沒必要。帝王關心家庭、家族、宗族就等於關心國家、關心天下。因為，古代中國社會是「家國同構」，帝王以「天下為家」。帝王自家既沒有一個明確的國家概念，也沒有一個明確的國家疆域，只是說：「溥天之下，莫非王土，率土之濱，莫非王臣。」事實上這個「天下「頗具有伸縮性，所以林語堂先生說「歷史上中國的發展，是作為一個世界以發展的」。

如有可能，每一個天子帝王未嘗不願意囊括四海，併吞八荒。說中華文化具有封閉性特徵也好，說中華文化具有開放性特徵也罷，怎樣說都有道理。以一隅為「天下」，類乎坐井觀天，庶不免「河伯」之譏，可謂封閉。以「天下為家」，又孕育出「四海之內皆兄弟」，「協和萬邦」的文化理念，又具有無窮的包容性、融合性，可謂開放。古以君權為神所授，故稱帝王為「天子」。周代毛公鼎銘亦曰「丕顯文、武，皇天引厭厥德，配我有周，膺受大命。」《詩大雅江漢》：「明明天子，令聞不已。」《史記五帝本紀》：「於是，帝堯老，命舜攝行天子之政，以觀天命。」《禮記·曲禮下》曰：「君天下曰天子。」既然是「天子」，自當以「天下為家」。故此，中國古代帝王便把「天下」（國家）作為自己一家的私產去經營，並希望世代相傳，萬年永保。據說中國歷史上第一個「家天下」的是大禹。南宋學者王應麟的《三字經》即有「夏傳子，家天下」之語，此說本於《禮記·禮運》：「今大道既隱，天下為家。」鄭玄注：「傳位於子。」《漢書·蓋寬饒傳》：「五帝官天下，三王家天下，家以傳子，官以傳賢。」「天子」是天子家之家長，又，天下是天子家之天下，這樣一來，天子自然也就是天下人之家長了。

所以，治理天下首先是天子家的家事，然後才是「天下人」之「天下事」。《書·禹貢》：「錫土姓，祗台德先，不距朕行，五百里甸服。」周襄王謂晉文公曰：「昔我先王之有天下也，規方千里，以為甸服，以供上帝、山川、百神之祀，以備百姓兆民之用，以待不庭不虞之患；其餘以均分公侯伯子男，使各有寧宇，以順及天地，無逢其災害。」古代中國小到一個核心家庭，大到整個國家社會，其表現形式，組織結構，無不與「家族」有關。由核心小家庭到「天下大家族」，漸進發展成為系統嚴密的宗法社會，此乃中國社會之於人類社會的一大發明。

與宗法社會組織相適應的就是宗法制度以及與此相關的一系列倫理政治。下面就此問題略作陳述。

▌二、宗法制度——家族制度的擴張和延展

先說說宗法社會這個「宗」字。宗，本指祭祀祖先之廟，後引申為宗族、同族，所謂宗法亦即宗族之法。是參與同一宗廟祭祖的親屬成員用以維繫親

情、並在宗族內部區分尊卑長幼、並規定繼承秩序以及不同地位的宗族成員各自不同的權力和義務的法則。這套法則的核心意義就是借助於這種確認宗族成員身分的方法，調節統治階級內部關係，從而達到維護貴族世襲統治的目的。

前以述及，中國社會實際上是一個個不同的家族的集合體。宗法制度實際上就是中國社會的具體組織法則。要想進一步瞭解古代中國的社會組織形態就有必要對其組織法則——宗法制度加以剖析。 宗法制度的最重要特徵可從以下三方面來認識。

（一）嫡長子繼承制

宗法制度確立於什麼時代，目前還不易得出十分確切的結論。傳世文獻告訴我們，至遲到兩周時代，細緻縝密的宗法制度就已確立。由出土材料觀察，宗法制度大概在殷商時代就有了雛形。

宗法制度的核心是嫡長子繼承制。在過去相當長的一段時期內，學術界占主導地位的觀點是「殷以前無嫡庶之制」，認為立子立嫡之制，始於西周，創制於周公。王國維在《殷周制度論》中說：「欲觀周之所以定天下，必自其制度始矣。周人制度之大異於商者，一曰立子立嫡之制，由是而生宗法及喪服之制，並由是而有封建子弟之制，君天子臣諸侯之制。二曰廟數之制。三曰同姓不婚之制。

此數者，皆周之所綱紀天下，其旨則在納上下於道德，而合天子諸侯卿大夫士庶民以成一道德之團體。周公制作本意實在於此。」宗法制度的特點，不只是要傳子，在諸子之間還要區分「嫡庶」，所謂區分「嫡庶」就是區分嫡子與庶子。嫡子即正妻所生之子，一般稱嫡子多指嫡長子，《左傳·僖公二十四年》：「以盾為才，固請於公，以為嫡子，而使其三子下之。」《孔子家語》：「公儀仲子嫡子死而立其弟。」之所以要確立宗法制度，就是要在多妻的情況下，對法定配偶的正妻和眾妾在身份上作以明確地區分，正妻位尊，眾妾位卑。也就是要從制度層面上保證正妻所生的嫡長子的優先繼承權。恰如《春秋·公羊傳》所說：「立子以貴不以長，立嫡以長不以賢。」這樣一來，諸子之間在出生時就已經排好了繼承順序，從而可以避免在王位繼

承問題上的兄弟鬩牆，正可謂：「蓋天下之利莫如定，其大害莫如爭。任天者定，任人者爭，定之於天，爭乃不生。」

隨著越來越多的甲骨卜辭的出土，王國維的這一結論的可靠性越來越受到人們的質疑。最近的研究成果表明，王位繼承的傳子之制在殷高宗武丁的時代業已確立，從甲骨卜辭來看，商王祭祀先祖就已存在重直系輕旁系的事實，這證明立長立嫡之法在商代已有它的根蒂。不僅如此，甲骨文中還有「介祖」、「多介祖」、「介母」、「多介母」、「介父」、「多介父」、「介兄」、「多介兄」、「介子」、「多介子」之稱，例如：

於多介祖戊。《甲骨文合集》2096

貞不隹多介父。《甲骨文合集》2339

貞侑於多介兄。《甲骨文合集》2926

貞侑於多介母。《甲骨文合集》140

侑犬於父辛多介子。《甲骨文合集》816

與「介」相對的是表示直系的「帝」。文字學家認為介子、介兄、介父、介母、介祖等親屬稱謂中的「介」有「副」的意思，如使者之副稱「介」，次卿稱「介卿」，古書習見。《禮記‧曾子問》即稱庶子為「介子」。《禮記‧內則》稱塚子以外諸子之婦為「介婦」。裘錫圭先生指出：卜辭親屬稱謂中所見「介」字應與此同例，與「嫡庶」的「庶」意義十分相近。由卜辭為證，商代應該就有嫡長子繼承制的可能，文獻中關於商紂王如何取得王位的故事也能證明這一點。《史記‧殷本紀》記載：「帝乙長子曰微子啟，啟母賤，不得嗣。少子辛，辛母正後，辛為嗣。帝乙崩，子辛立，是為帝辛，天子謂之紂」。《呂氏春秋‧當務》則說：「紂之同母三人，其長曰微子啟，其次曰中衍，其次曰受德。受德乃紂也，甚少矣。紂母之生微子啟與中衍也，尚為妾，已而為妻而生紂。紂之父、紂之母欲置微子啟以為太子，太史據法而爭之曰：『有妻之子，而不可置妾之子。』紂故為後。用法若此，不若無法。」二書說法略有不同，但強調商代末年立嗣已經優先考慮嫡子這一點則是一致的。

以後周代立嫡立長之制，實際上是承襲商制而更為嚴格。商代嫡子繼承王位，庶子則被分封。微子啟即被封於微。《史記·殷本紀》說商代王子受封，以國為姓，有殷氏、來氏、宋氏、空桐氏、稚氏、北殷氏、目夷氏等。周代封建子弟，君天子，臣諸侯，也是承襲商制而更加擴大。周人與商人相比，是個後進部族，但也很早就產生了宗法制度。《詩·大雅·公劉》提到公劉率領周人遷居豳地，周人「宗之君之」。雖然那時周族還處於氏族社會末期，但氏族首長的職位已父子相傳，而且出現了宗統和君統合為一體的趨勢。周人傳子，特別注重嫡長。

一些先秦古籍和《史記·周本紀》記載，文王的祖父古公亶父想把才能卓異的少子季曆立為繼承人，但因為季曆上有太伯、仲雍二兄而感到為難，太伯、仲雍於是亡奔荊蠻，季曆這才得立。季曆得立，並非正常現象，而是太伯讓位的結果。這一事件反過來正說明，在正常的情況下，立長子為嗣是理所當然的事。武王伐紂滅商，建立了西周王朝，同時又承襲了包括宗法制度在內的商人文化。為了維護統治秩序，西周統治集團結合本民族原有的習慣，在新的條件下對商代原有的宗法制度又作了進一步的充實和發展，使之更加系統。可以說在西周以及緊接其後的春秋時期，宗法制度已臻於完善，這一階段的宗法制度最為典型，最為嚴密。

（二）分別大宗、小宗

與立嫡相隨而來的就是分別大宗、小宗。由甲骨文知，早在商王武丁時代，就存在著區別大宗小宗的事實，只不過是到了西周時代這種區分更為嚴格。所謂大宗即嫡系長子為「大宗」，餘子為「小宗」。天子之王位由嫡長子世襲，稱大宗；余子對天子為小宗。《儀禮·喪服》：「為人後者孰後？後大宗也。曷為後大宗？大宗者，尊之統也。」《儀禮喪服》：「持重於大宗者，降其小宗也。」《禮記·大傳》又云：「別子為祖，繼別為宗，繼禰者為小宗。有百世不遷之宗，有五世則遷之宗。百世不遷者，別子之後也。宗其繼別子所自出者，百世不遷者也。

宗其繼高祖者，五世則遷者也。尊祖故敬宗；敬宗，尊祖之義也。」「別子」即庶子，嫡長子以外之子皆曰「別子」。孔穎達疏：「別子謂諸侯

之庶子也。諸侯之適子適孫繼世為君，而第二子以下悉不得禰先君，故云別子。……繼別為宗，謂別子之嫡子世繼別子為大宗也……繼禰者為小宗，謂父之嫡子上繼於禰，諸兄弟宗之，謂之小宗。」在宗族內部無論大宗、小宗都以正嫡為宗子，宗子具有特殊的權力，宗族成員必須尊奉宗子。《詩·大雅·板》：「懷德維甯，宗子維城。無俾城壞，無獨斯畏。」鄭玄箋：「宗子，謂王之適（適通嫡）子。」

諸侯和天子一樣，世代由嫡長子繼位為君，在本國為大宗，只有嗣位之君才能世守祖廟。余子對諸侯為小宗，地位卑於嫡長子，因而「自卑別於尊」（《儀禮·喪服》），稱為別子。別子不敢祖諸侯，只能分出另立一系。這種別子往往受封為卿大夫，領有封邑采地，他的後世即奉之為始祖。這就是「別子為祖」，鄭玄注為：「別子謂公子若始來在此國者，後世以為祖也。」這個分出去的別子又會有嫡子、庶子，同樣也是世世代代以嫡長子為繼承人，這一支就是直系大宗。「繼別為宗」，這個「宗」就指大宗，鄭玄注為：「別子之世適也，族人尊之，謂之大宗，是宗子也。」《白虎通·宗族》也說：「宗者，尊也。為先祖主者，為宗人之所尊。」別子的其餘諸子，不能繼別，應尊奉繼別者為宗，相對而言，就是小宗。他們也是以嫡長子為嗣，這個嫡長子無權繼別，但可繼禰，稱繼禰小宗。禰，是已故父親在宗廟中的神主。

繼禰者有權祭祀父親，是父親的合法繼承人。庶子除了宗奉直系大宗外，還得宗奉這個繼禰小宗。鄭玄注為：「父之適也，兄弟尊之，謂之小宗。」再往下，由於繼禰小宗又是世代以嫡長子為嗣，於是又會有繼祖小宗、繼曾祖小宗，繼高祖小宗。繼禰小宗受親弟的宗奉，繼祖小宗受同祖昆弟的宗奉，繼曾祖小宗受同曾祖昆弟的宗奉，繼高祖小宗受同高祖昆弟的宗奉。而所有小宗又一起宗奉大宗，「大宗能率小宗，小宗能率群弟」（《白虎通宗族》）。但是，族中子孫不斷增多，許多代以後互相之間血緣和感情上的聯繫會越來越疏遠，一個人不可能宗奉許許多多小宗，於是根據五世親盡的原則，規定連同本身，只向上推到第五世高祖，也就是一個人只要宗奉繼禰、繼祖、繼曾祖、繼高祖四個小宗，高祖以上可以不管。

（三）藉宗廟祭典收族

　　確立嫡長子繼承制，分別大宗、小宗的目的前已有述，小家庭而宗法制，宗法制而大家庭，大家庭成員眾多，就有必要釐清親屬關係，確立尊卑秩序，這樣宗法禮制就應運而生了。最能體現尊卑秩序的宗法禮制就是宗廟祭祀制度。宗法制度規定，宗子作為本宗始祖的嫡系繼承人，是全體宗族成員宗奉的物件，在銅器銘文中有時被尊稱為「宗君」。《禮記·大傳》說：「尊祖故敬宗。」《白虎通·宗族》也說：「宗，尊也，為先祖主也，宗人之所尊也。」這裡所稱的「宗」，就是指宗子而言。擁有宗廟祭祀權就意味著具有家族代表權，從一定意義上說嫡長子和庶子的最顯著的區別就在於此。宗子才有資格主持祭祀宗廟列祖列宗。祭祀祖先是一種神聖的儀式，在宗法系統中並不是所有的子孫都有主祭權的，只有身為長適的宗子才能主祭，繼別者祭別，繼禰者祭禰，繼祖者祭祖，繼曾祖者祭曾祖，繼高祖者祭高祖，這些大宗、小宗的宗子各有所繼，各有所祭，其餘諸子非所當繼者皆不得祭。《禮記·喪服小記》：「庶子不祭祖者，明其宗也」。《禮記·曲禮下》則稱「支子不祭，祭必告於宗子」。

　　支子沒有祭祀資格，這一點規定得相當嚴格，絕對不允許僭越。那些沒有權力主祭的大小宗宗子之弟，在祭祀中只能敬侍各自宗子的左右，同父的兄弟敬侍繼禰小宗的宗子祭父，同祖的堂兄弟敬侍繼祖小宗的宗子祭祖，同曾祖的再從兄弟敬侍繼曾祖小宗的宗子祭曾祖，同一始祖的所有子孫則敬侍大宗宗子祭始祖，這也就是《白虎通·宗族》講的「宗人將有事，族人皆侍」。

　　主祭權象徵著一種身份，在宗法社會中備受重視。由大小宗宗子主持的不同範圍的祭祀起著按血緣的親疏團結族人的作用。宗子不僅掌握著祭祀權，還掌握著本宗的財產的處置權。宗法制度要求在本家之內財產相通，同宗兄弟「異居而同財，有餘則歸之宗，不足則資之宗」（《儀禮·喪服》）。《管子·小匡》提到「公修公族，家修家族，使相連以事，相及以祿，則民相親矣」，相及以祿，就是同財的意思。《白虎通·宗族》說：「大宗能率小宗，小宗能率群弟，通其有無，所以紀理族人者也。」顯然，負責收其有餘，資其不足，以通有無的，正是大小宗的宗子。

事實上，在宗族內部不可能實行完全的財產共有，平均分配，難免會有富貴貧窮的差別。《禮記·內則》說：支子「雖貴富，不敢以貴富入宗子之家。雖眾車徒，舍於外，以寡約入。子弟猶歸器，衣服、裘衾、車馬則必獻其上，而後敢服用其次也。若非所獻，則不敢以入於宗子之門，不敢以貴富加於父兄宗族。」可見宗族成員中有的人可能實際上比宗子更為富貴，但他們仍必須尊重宗子，並且要把一部分財產獻給宗子。而一些較為貧窮的宗族成員，遇到天災人禍，生活上發生了困難，宗子也有義務予以「收恤」，這叫做「收族」《儀禮·喪服》：「大宗者，收族者也。不可以絕。」鄭玄注：「收族者，謂別親疏，序昭穆。」《禮記·大傳》：「尊祖故敬宗，敬宗故收族，收族故宗廟嚴。」陳澔集說：「收，不離散也。宗道既尊，故族無離散。」

▌三、由宗法制度到倫理政治

「嫡庶者，尊尊之統也，由是而有宗法，有服術，其效及政治者，則為天位之前定。」由嫡庶之制而及宗法制度形成，由宗法制度而推及倫理政治，一切似乎都水到渠成，自然而然。周初完善了宗法制度，完善了封建制度，「由是天子之尊，非複諸侯之長而為諸侯之君。其在喪服，則諸侯為天子斬衰三年，與子為父臣為君同，蓋天子諸侯君臣之分始定於此。此周初大一統之規模，實則與其大居正之制度相待而成者也。」自周之後，以宗法制度為核心的倫理政治成了中華文化的主軸，中國社會的被倫理經緯著，每一個中國人都浸泡在倫理之中。

（一）倫理本位的中國社會

梁漱溟先生指出：「中國是倫理本位的社會。」

何謂倫理？倫理本義指事物的條理。《禮記·樂記》：「凡音者，生於人心者也；樂者，通倫理者也。」鄭玄注：「倫，猶類也。理，分也。」後引申為人倫道德之理，亦即人與人相處的各種道德準則。「倫理」又與「倫常」比侔。漢語中還有一個特定的詞「禮」，意義亦與之相當。

在古代中國的宗法社會中，倫理道德的核心是三綱五常。《論語·為政》：「周因於夏禮」何晏《集解》引漢馬融曰：「所因謂三綱五常也。」

何謂「三綱」？漢代的班固和唐代的孔穎達對此曾有專門解釋。班固《白虎通·三綱六紀》：「三綱者，何謂也？君臣、父子、夫婦也。」《禮記·樂記》「然後聖人作，為父子君臣，以為紀綱」唐孔穎達疏：「《禮緯·含文嘉》云：三綱謂君為臣綱，父為子綱，夫為妻綱。」唐陸德明《經典釋文》：「三綱：謂父子、夫婦、君臣是也。」

何謂「五常？」即五種倫常道德，具體就是父義、母慈、兄友、弟恭、子孝。《書·泰誓下》：「今商王受，狎侮五常。」孔穎達疏：「五常即五典，謂父義、母慈、兄友、弟恭、子孝，五者人之常行。」唐陸德明《經典釋文》：「五常：謂仁、義、禮、智、信。」

一般認為「三綱五常」源自孔子提出的君君臣臣、父父子子及其仁義禮智等倫理主張。孟子在《滕文公上》中明確提到五種「人倫」：「後稷教民稼穡，樹藝五穀。五穀熟而民人育。人之有道也，飽食、暖衣、逸居而無教，則近於禽獸。聖人有憂之，使契為司徒，教以人倫：父子有親，君臣有義，夫婦有別，長幼有敘，朋友有信。」西漢董仲舒按照他的大道「貴陽而賤陰」的陽尊陰卑理論，對五倫觀念作了進一步的發揮，於是就有了後來的「三綱」、「五常」。

「三綱五常」是兩千多年來的古代中國社會的根本大法。南宋朱熹曰：「三綱五常，禮之大體。二代相繼皆因之而不能變，其所損益，不過文章制度，小過不及之間而已。」南宋文天祥《正氣歌》亦曰：「三綱實系命，道義為之根。」以紹述儒家道統自居的唐韓愈在《與孟尚書書》中曾大罵楊朱、墨翟：「楊墨交亂，而聖賢之道不明，則三綱淪而九法斁，禮樂崩而夷狄橫，幾何其不為禽獸也！」

提起「三綱五常」，今天的人們是批判的多，褒揚的少。在人們的印象中「三綱五常」就是吃人的禮教，毫無溫情可言。其實，所以如此，完全是由專制統治階級主導的結果，而這種倫理綱常形成之初則應如梁漱溟先生所言，是建築於人類樸素的真善美情感之上的。

中國人的神情，總是從容不迫。這自然是農業社會與工商業社會不同處。然而一個人在家裡較之在團體組織中，亦是不同的。就在這寬鬆自然不甚經

意的家人父子生活中，讓人的情感發露流行。同時又以其為職業社會之故，在實際生活上使得這一家人相依為命，於是其情感更深相纏結。擴演之結果，倫理的社會就是重情誼的社會。反之，在中國社會處處見彼此相與之情者，在西洋社會卻處處見出人與人相對之勢。非唯人民與其政府相對，勞工與其業主相對，甚至夫婦兩性亦且相對，然此自是兩方文化成熟後之情形；溯其來源，皆甚遠。西方且另談。中國之所以走上此路，蓋不免有古聖人之一種安排在內，非是由宗法社會自然演成。

這即是說：中國之以倫理組織社會，最初是有眼光的人看出人類真切美善的感情，發端在家庭，培養在家庭。他一面特為提萃出來，時時點醒給人——此即「孝弟」、「慈愛」、「友恭」等。一面則取義於家庭之結構，以製作社會之結構——此即所謂倫理。於此，我們必須指出：人在情感中，恒只見對方而忘了自己；反之，人在欲望中，卻只知為我而顧不到對方。前者如：慈母每為兒女而忘身；孝子亦每為其親而忘身。夫婦間、兄弟間、朋友間，凡感情厚的必處處為對方設想，念念以對方為重，而把自己放得很輕，所謂「因情而有義」之義，正從對方關係演來，不從自己立場出發。

後者之例，則如人為口腹之欲，不免置魚肉於刀俎；狎妓者不復顧及婦女人格，皆是。人間一切問題，莫不起自後者——為我而不顧人；而前者——因情而有義——實為人類社會凝聚和合之所托。

古人看到此點，知道孝弟等肫厚的情感要提倡。更要者，就是把社會中的人各就其關係，排定其彼此之名分地位，而指明相互間應有之情與義，要他們時時顧名思義，主持風教者，則提挈其情，即所以督責其義。如古書所云：「為人君止於仁；為人臣止於敬；為人子止於孝；為人父止於慈；與國人交止於信。」如是，社會自然鞏固，一切事可循軌而行。此種安排提倡，似不出一人之手，亦非一時之功。舉其代表人物，自是周公孔子。

倫理社會所貴者，一言以蔽之曰：尊重對方。何謂好父親？常以兒子為重的，就是好父親。何謂好兒子？常以父親為重的，就是好兒子。何謂好哥哥？常以弟弟為重的，就是好哥哥。何謂好弟弟？常以哥哥為重的，就是好

弟弟。客人來了，能以客人為重的，就是好主人。客人又能顧念到主人，不為自己打算而為主人打算，就是好客人。一切都是這樣。所謂倫理者無他義，就是要人認清楚人生相關係之理，而於彼此相關係中，互以對方為重而已。

我舊著於此，曾說「倫理關係即表示一種義務關係；一個人似不為其自己而存在，乃仿佛互為他人而存在者。」

張東蓀先生亦曾指出：

我嘗說，中國的社會組織是一個大家庭而套著多層的無數小家庭。可以說是一個「家庭的層系」（A Hierarchica1 System of families）。所謂君就是一國之父，臣就是國君之子。在這樣層系組織之社會中，沒有「個人」觀念。所有的人，不是父，即是子。不是君，就是臣。不是夫，就是婦。不是兄，就是弟。中國的五倫就是中國社會組織；離了五倫別無組織，把個人編入這樣層系組織中，使其居於一定之地位，而課以那個地位所應盡的責任。如為父則有父職，為子則有子職。為臣則應盡臣職，為君亦然。（中略）在一個家庭中，不僅男女有別是出於生理，即長幼之分亦成於天然。用這種天然的區別來反映在社會的組織上，則社會便變由各種不同的人們配合而成的了。

應該說，最初中國倫理制度之中並不缺少溫馨，並且這種溫馨恰恰每每體現在每個人的第一重的家庭生活之中：

家庭生活是中國人第一重的社會生活；親戚鄰里朋友等關係是中國人第二重的社會生活。這兩重社會生活，集中了中國人的要求，範圍了中國人的活動，規定了其社會的道德條件和政治上的法律制度。人每責備中國人只知有家庭，不知有社會；實則中國人除了家庭，沒有社會。就農業言，一個農業經營是一個家庭。就商業言，外面是商店，裡面就是家庭。就工業言，一個家庭安了幾部織機，便是工廠。就教育言，舊時教散館是在自己家庭裡，教專館是在人家家庭裡。就政治言，一個衙門往往就是一個家庭；一個官吏來了，就是一個家長來了。人從降生到老死的時候，脫離不了家庭生活，尤其脫離不了家庭的相互依賴。你可以沒有職業，然而不可以沒有家庭。你的衣食住都供給於家庭當中。你病了，家庭便是醫院，家人便是看護。你是家

庭培育大的，你老了，只有家庭養你，你死了，只有家庭替你辦喪事。家庭亦許倚賴你成功，家庭卻亦幫助你成功。你須用盡力量去維持經營你的家庭。你須為它增加財富，你須為它提高地位。不但你的家庭這樣仰望於你，社會眾人亦是以你的家庭興敗為獎懲。最好是你能興家，其次是你能管家，最歎息的是不幸而敗家。家庭是這樣整個包圍了你，你萬萬不能擺脫。家庭生活的依賴關係這樣強有力，有了它常常可以破壞其它社會關係，至少是中間一層障壁。

這種溫馨讓西方人人豔羨，英國著名人類學家馬林諾夫斯基曾說：「中國的舊式家庭，對於一切見解正確的人類學者一定是可以羨慕的物件——幾乎是可以崇拜的物件，因為它在許多方面，曾是那般優美。」

勿庸置疑的是，在歷史的發展進程中，這一倫理制度最終變成了專制統治者束縛甚至欺壓被統治者的工具，所以如此，大應該是這種倫理制度的本質所決定的。這種倫理制度的本質就是為了強調「尊卑有等，上下有序」。這種關於「等」和「序」的劃分不可否認有合理的一面，但也有不合理的一面；既有順乎自然的一面，也有逆於自然的一面。這「順」和「逆」就體現在「忠」和「孝」「主」和「從」上。《禮記·祭統》：「忠臣以事其君，孝子以事其親，其本一也。」而到了董仲舒那裡就進一步衍變成君為主，臣為從，父為主，子為從，夫為主，妻為從。

亦即所謂的「君為臣綱，父為子綱，夫為妻綱」三綱。這三綱既是社會政治之綱，也是社會人倫之綱。貫徹「三綱五常」的具體線路就是宣導「忠」、「孝」二字。因為孝親與忠君相通，長幼之序與尊卑之等同列，在家行孝，就決無在外為逆之理。《論語·學而》：「有子曰：其為人也孝弟，而好犯上者，鮮矣；不好犯上，而好作亂者，未之有也。君子務本，本立而道生。孝弟也者，其為仁之本與？」子曰：「夫孝，天之經也，地之義也，民之行也。」（《孝經·三才章第七》）子曰：「教民親愛，莫善於孝。」

「忠」和「孝」不僅將「三綱五常」作了進一步熔冶，而且將「國」和「家」巧妙而且自然地聯結於此。

「忠」「孝」的基本前提就是絕對服從：臣服從於君，子服從於父。由此生發開去，又有女服從於男，幼服從於長。臣服從於君，君令臣死臣不能不死，忠君、死君的例子在中國歷史上舉不勝舉。子服從於父，父教子亡子不能不亡。

關於古代中國之倫常，曾有學者作過精彩的分析：

人倫是講人與人的相處之道，本是對每一組關係的雙方都有具體的道德要求。古人論家庭關係的理想模式為：父慈，子孝，兄良，弟弟（悌），夫義，婦聽（見《禮記·禮運》）。在這每一組對應關係中，雖然也有父慈、兄良、夫義的規定，但實際上行為要求的重點卻是落實於後者，即子孝、弟悌、婦聽。

所謂父慈子孝，在現實中，做父親的只要把子女養大，不管用什麼樣的方法，也不管其待遇是否冷酷、惡劣，就算是盡到了職責，做到了「慈」。而子女之孝，卻有著無數的細則規定，概括而言，叫做「居則致其敬，養則致其樂，病則致其憂，喪則致其哀，祭則致其嚴，五者備矣，然後能事親」（《孝經·紀孝行》）。

於是，子女的一切活動均要圍繞父母而進行，唯父母的意志是從；父母生前是這樣，父母死後也不能改易。非唯如此，即使父母錯待了子女，子女也不得有怨。所謂「孝子之於親，縱受其虐，不敢疾怨」，父兄「若以理屈之，子弟尤當順受」，否則就是不孝。俗話說「天下無不是的父母」，就反映了古代社會中這種被扭曲的孝親之情。孝者，順也，「從命不違曰孝」（見《一切經音義》）。一方面是「天地之性，人為貴；人之行，莫大於孝」，孝為百行之本；另一方面則「五刑之屬三千，罪莫大於不孝」（見《孝經》）。

歷代專制統治者無不將孝視作立政治民的綱領，立出孝順的楷模加以表彰，物質獎賞之外，還可載入史冊，流名後世。從《晉書》始立「孝友傳」，此後歷代王朝修史都以「孝行」或「孝義」等名建立專傳，以資顯揚。而在歷代刑法中「十惡不赦」的條目下，「不孝」就是不可赦免的十惡之一。後唐明宗時，滑州掌書記孟升因隱匿母親之喪，被認為是「大不孝」，經大理寺判為流刑，而明宗認為「將其投荒，無如去世」。《二十四孝》中的郭巨為養老母而活埋幼兒，老萊子年過七旬而穿上彩衣扮作嬰幼以娛樂雙親，兩

人都因此被譽為大孝，被載入圖冊，被作為楷范而教育後人。但是，如此矯情以表現孝順之德，人也就喪失了其為人的愛之天性。

所謂兄良弟悌，或曰兄友弟恭，實際上也只是一個「悌」字，即做弟弟的必須時刻意識到自己的身分，尊敬兄長，服從兄長。故在同一輩分的人們中，以年齡長幼論尊卑，表現出道德要求的重點依然是幼輩。金華《鄭氏家範》聲稱：「子孫須恂恂孝友，見兄長，坐必起，行必以序。」北魏時，楊播家中「昆弟相事，有如父子」(《魏書》卷 58)，因而受到官方輿論的讚揚。

所謂夫義婦聽，道德的責難更是只在後者。儒家學者以夫婦為五倫之首，且兼有五倫之道。具體來說，即妻子事丈夫，平日相處，服飾嚴整，有如君臣；飲食侍奉，態度恭敬，有如父子；遇事請示，遵旨而行，有如兄弟；見過能諫，助成其德，有如朋友；唯寢席之交，然後有夫妻之情。可見夫婦之道雖為根本，但夫婦之根本的情卻置於最末，而且微不足道，重要的只是妻子必須像臣事君、子事父、弟事兄一樣地全面服從自己的丈夫。封建社會中的婦女，是處在父權、夫權之下的雙重奴隸。古代的已婚婦女有「七去」之條：「不順父母，去；無子，去；淫，去；妒，去；有惡疾，去；多言，去；竊盜，去。」(《大戴禮記·本命》) 這七條規定不僅從感情到行為，從言語到舉止，都將婦女嚴厲地看管起來，而且，如果夫妻之間感情不好，或者丈夫有了新歡，丈夫就可以堂而皇之地從中隨意挑出一條為理由，休掉妻子，而妻子對這一切都只能忍耐接受，她無處申訴，也無法申訴。

離婚從來都只是男人一方的權利。雖然字義解釋說「妻者，齊也，與夫齊禮」(見《白虎通嫁娶》)，但這只是就妻子是丈夫的附屬而言，既然是附屬，妻子與丈夫就決不會有平等。丈夫生前可以擁有三妻四妾，而妻子必須有「不妒之德」；丈夫死後，妻子則受到「貞女不事二夫」的觀念的約束。《禮記·內則》明明白白地寫道：「子甚宜其妻，父母不說 (悅)，出。」

在「孝」字的要求下，不管父母作為有無道理，做兒子的只有服從的義務。在此律條下，在古代中國大舞臺上不知上演了多少出「棒打鴛鴦」的感天動地的悲劇，從焦仲卿到陸游。

（二）社會經濟之倫理化

如前所述，家庭對於每一個中國人來說幾乎等同於他的生活的全部，中國人之所以如此仰賴家庭，是中國社會結構及其倫理關係使然，由此不難看出，倫理在中國社會中佔據著何等重要的位置。獨特的倫理觀念不僅編織著中國人的感情，更編織著中國的社會經濟。

如前所述，在宗法社會裡，一個宗族的財產是由宗子掌管著的，宗法制度要求在本家之內財產相通。這與西方社會制度有著本質的不同。正如梁漱溟先生所說，西洋近代社會之所以為個人本位者，即因其財產為個人私有，恩如父子而異財；親如夫婦而異財；偶爾通融，仍出以借貸方式；兒子對父母，初無奉養責任；——社會無此觀念，法律無此規定。父母年老而寓居其子之家，應付房租飯費。其子或予以免費，或減收若干者，非恒例。如同各人有其身體自由一樣，「財產自由」是受國家法律社會觀念所嚴格保障的。

而古代中國是倫理社會，倫理社會的基本特色就是夫婦，父子情如一體，財產是不分的。而且父母在堂，則兄弟等亦不分，祖父在堂，則祖孫三代都不分的；分則視為背理（古時且有禁）——是曰共財之義。不過倫理感情是自然有親疏等差的，而日常生活實以分居為方便；故財不能終共。於是弟兄之間，或近支親族間，便有分財之義。初次是在分居時分財，分居後富者或再度分財於貧者。

親戚朋友鄰里之間，彼此有無相通，是曰通財之義。通財，在原則上是要償還的；蓋其分際又自不同。然而作為周濟不責償，亦正是是極普通情形。還有遇到某種機會，施財亦是一種義務，則大概是倫理上關係最寬泛的了。要之，在經濟上皆彼此顧恤，互相負責；有不然者，群指目以為不義。此外，如許多祭田，義莊，義學等，為宗族間共有財產；如許多社倉，義倉，學田等，為鄉黨間共有財產；大都是作為救濟孤寡貧乏，和補助教育之用。這本是從倫理負責觀念上，產生出來的一種措置和設備，卻與團體生活頗相近似了。

從某一點上來看，這種倫理的經濟生活，隱然亦有似一種共產。不過它不是以一個團體行共產。其相與為共的，視其倫理關係之親疏厚薄為準，愈親厚，愈要共，以次遞減。同時亦要看這財產之大小，財產愈大，將愈為多

數人之所共，蓋無力負擔，人亦相諒；既有力量，則所負義務隨之而寬。此所以有「蛇大窟窿大」之諺語。又說「有三家窮親戚不算富，有三家闊親戚不算貧。」

不僅財產不分，中國人更以累世同居為尚。應劭《風俗通義·過譽篇》曰：「凡同居，上也；通有無，次也；讓，其下耳。」據《晉書·儒林列傳·氾毓傳》中說：「濟北盧人氾毓，字稚春。奕世儒素，敦睦九族，客居青州，逮毓七世。時人號其家『兒無常母，衣無常主。』」隋末唐初的瀛州人劉君良，「四世同居，族兄弟猶同產也，門內鬥粟尺帛無所私。隋大業末，荒饉，妻勸其異居，因易置庭樹鳥雛，令鬥且鳴，家人怪之，妻曰：『天下亂，禽鳥不相容，況人邪！』君良即與兄弟別處。月余，密知其計，因斥去妻，曰：『爾破吾家！』召兄弟流涕以告，更複同居。天下亂，鄉人共依之，眾築為堡，因號義成堡。武德中，深州別駕楊弘業至其居，凡六院共一庖，子弟皆有禮節，歎挹而去。劉君良為了維繫大家族，竟休其妻。古代數世同居，被旌表為義門者不知凡幾。《清史稿·卷二十四·本紀二十四》中曾有一串旌表數世同居的名單，其中信州李琳，十五世同居，曾被賜詔旌表門閭。

累世同居見於正史最有名者大概要數江州德安的陳兢一家了，《宋史·卷四百五十六·列傳第二百一十五》有這樣的記載：

陳兢，江州德安人，陳宜都王叔明之後。叔明五世孫兼，唐右補闕。兼生京，秘書少監、集賢院學士，無子，以從子褒為嗣，褒至鹽官令。褒生灌，高安丞。灌孫伯宣，避難泉州，與馬總善注司馬遷《史記》行於世；後游廬山，因居德安，嘗以著作佐郎召，不起，大順初卒。伯宣子崇為江州長史，益置田園，為家法戒子孫，擇群從掌其事，建書堂教誨之。僖宗時嘗詔旌其門，南唐又為立義門，免其徭役。崇子袞，江州司戶。袞子昉，試奉禮郎。昉家十三世同居，長幼七百口，不畜僕妾，上下姻睦，人無間言。每食，必群坐廣堂，未成人者別為一席。有犬百餘，亦置一槽共食，一犬不至，群犬亦皆不食。建書樓於別墅，延四方之士，肄業者多依焉。鄉里率化，爭訟稀少。開寶初，平江南，知州張齊上請仍舊免其徭役，從之。昉弟之子鴻。太平興國七年，江南轉運使張齊賢又奏免雜科。

兢即鴻之弟。淳化元年，知州康戩又上言兢家常苦食不足，詔本州每歲貸粟二千石。後兢死，其從父弟旭每歲止受貸粟之半，云省嗇而食，可以及秋成。屬歲儉穀貴，或勸其全受而糶之，可邀善價，旭曰：「朝廷以旭家群從千口，軫其乏食，貸以公粟，豈可見利忘義，為罔上之事乎？」至道初，遣內侍裴愈就賜御書，還，言旭家孝友儉讓，近於淳古。太宗嘗對近臣言之，參知政事張洎對曰：「旭宗族千餘口，世守家法，孝謹不衰，閨門之內，肅於公府。」且言及旭受貸事。上以遠民義聚，複能固廉節，為之歎息。大中祥符四年，以旭為江州助教。旭卒，弟蘊主家事。天聖元年，又以蘊繼為助教。蘊卒，弟泰主之。泰弟度，太子中舍致仕。從子延賞、可，並舉進士。延賞職方員外郎。

陳旭家千餘口，「每食，必群坐廣堂」，場面頗為壯觀。令人稱奇的是他家養的百餘條狗，居然也是「一犬不至，群犬亦皆不食。」

比江州陳家還要了得的是河東姚孝子莊的姚氏，據河南《邵氏聞見錄》卷17記載，姚家同居共財二十餘世，「早晚於堂上聚食，男子婦人各行列以坐，小兒席地共食於木槽；飯罷即鎖廚門，無異爨者。男女衣服各一架，不分彼此。有子弟新娶，私市食以遺其妻，妻不受，納於尊長，請杖之。」姚家共財可謂徹底，最有意思的是這家的新媳婦，新郎私下給她買點兒吃的，她覺悟很高，沒有接受，並把買來的食品上交給尊長，還要請求杖責她的老公。

因為共財，所以一般大家族都有族產，族產名義上是合族公有的財產，包括山林、土地、房屋等。除祖先所置並有遺囑規定不許分散、歸子孫共用的那一部分財產以外，族產的來源主要有三：「或獨出於子孫之仕官者，或獨出於子孫之殷富者，或祠下子孫夥議公出者。」（清劉鴻翔《杜盜祭款立碣記》）此外還有把犯了過失的族人財產罰入者。族產中最重要的是可以年年有地租收入的族田。族田又分祭田、義田、學田等，一般都招佃耕種，祭田的地租供祭祀用，義田的地租供賙濟貧困族人用，學田的地租供宗祠辦學用，但三者的區別並不十分嚴格。最早設置族田的是北宋的范仲淹，他在平江（今江蘇蘇州市）購田千餘畝以贍族，使族人貧乏者「日有食，歲有衣，婚娶凶葬皆有贍」（宋錢公輔《義田記》）。

朱熹制訂《家禮》，則規定「初立祠堂，則計見田畝，每龕取二十之一，以為祭田。宗子主之，以給祭用。如上世未置田，則合墓下子孫之田，計數而割之，皆立約聞官，不得典賣」。元明以後族田普遍設置，明初方孝孺在《宗儀·睦族》中說：「睦族之法，祠祭之余複置田，多者數百畝，寡者百餘畝。」實際上有些大族的族田有以千畝計者。由於族田可以緩解貧民的反抗鬥爭，有利於封建統治，所以封建朝廷把購置族田當作「義舉」而大力提倡，對捐資較多的人予以旌表。有些大官富商，也表現得頗為慷慨，如清長洲陸豫齋，一次「割遺產五百畝，為贍族之資」（清錢大昕《陸氏義莊記》），歙縣鮑啟運，先後捐資購置族田一千二百餘畝（《棠樾鮑氏宣忠堂支譜》），歙縣黃履昊也曾「捐銀計一萬六百兩，置田八百八十餘畝」，以「恤族姓之孤貧」（黃質《仁德莊義田舊聞》），盧江章氏更「捐田三千畝贍族」（清魏源《盧江章氏義莊記》）。竹溪沈氏則明文規定族人凡得秀才以上功名及出仕者都要報捐從一兩到五十兩不等的續置祭產之資，現任官要捐銀添置義田：「凡現任四品以上者，歲捐百五十金，七品以上者百金，佐貳減半……有力者聽便」（《竹溪沈氏家乘》）。

茲總括前文：中國宗法制度初始於商，定型於西周。家族不僅是中國社會結構的總骨架，而且是中華文化的基石，古代中國社會就是一個以血緣家族的社會組織為本位的宗法社會，宗法制度是家族制度的擴張和延展。宗法制度的核心是嫡長子繼承制，與立嫡相隨而來的就是分別大宗、小宗，由是而生出宗法及喪服之制，並由是而生出封建子弟之制、廟數之制等。自周之後，統治者以宗法制度綱紀天下，確立尊卑秩序，納上下於道德，由宗法制度而推及倫理政治，而推及中國的社會經濟。

宗法制度由尊尊親親二義出，傳子立嫡是為了消弭天下爭，由此也可以歸結中華文化的基本精神是不爭，用《尚書·堯典》的話來概括就是「協和萬邦。」

第八講 中國古代祭祀制度與禮俗

▌一、《紅樓夢》之文化學解讀

　　《紅樓夢》是中國古代小說史上的一座豐碑，被譽為中國封建社會後期社會生活的百科全書，她不僅向人們展示了十八世紀中國社會生活的風俗畫卷，而且還投射出許許多多最能表徵中華文化特質的如祭祀制度，喪葬禮儀等的重要資訊。下面我們以五十三回為例，從文化學的角度對《紅樓夢》加以考察。

▌一、由「甯國府除夕祭宗祠」說到古代的祭日

　　祭祀在中華文化中具有舉足輕重的作用，從夏商周到晚清，從王室宮廷到庶民百姓，祭祀歷來都是生活中的頭等大事，可以說祭祀文化遍及中國古代社會的各個角落，《紅樓夢》是偉大的現實主義的文學巨著，其中自然也會有關於祭祀文化的描寫。《紅樓夢》第五十三回《甯國府除夕祭宗祠，榮國府元宵開夜宴》這樣寫到：

　　已到了臘月二十九日了，各色齊備，兩府中都換了門神、對聯、掛牌，新油了桃符，煥然一新。……

　　次日，由賈母有誥封者，皆按品級著朝服，先坐八人大轎，帶領著眾人進宮朝賀，行禮領宴畢。回來，便到甯國府暖閣下轎。諸子弟有未隨入朝者。皆在甯府門前排班伺候，然後引入宗祠。

　　這裡描寫的是賈府歲末祭祀祖宗情景。祭祀活動從臘月二十九日就開始了，現在祭祀雖然仍是中國民間過年的一項重要活動，但人們對於祭典的重視程度遠不及上古。祭祀在上古尤其是在王室宮廷是第一重要的大事，古人云「國之大事，在祀與戎」，可見祭祀比戰爭還重要。夏代文獻不足征，其祭祀的具體情況如何，我們不得而知，但有一點是清楚的，祭祀在夏人的心目中是極其神聖的，《史記·殷本紀》載：夏末，「湯征諸侯。葛伯不祀，湯始伐之。」商湯出兵討伐葛伯的理由就是葛伯「不祀」。商王「尊神，率民

以事神」，現知上古祭祀最早最可靠的而又較為具體的材料莫過於晚商的甲骨文，由卜辭可知，商王祭祖不象後世把祭祖時間固定在歲末，商人對祖靈的崇拜遠比後人虔誠，商代以甲子紀日，「商代王族不問性別，在死後都用十幹之一作為廟號，就以天干的順序按照六十甲子的日辰致祭」，到了後期，商王及王室貴族採用翌、祭、劦、彡五種祀典對其祖先輪番和周而復始地進行祭祀，這種祭祀是一個王世接著一個王世，連綿不斷地舉行下去的。

正是因為這種祭典天天舉行，輪番祭祀一周所用的時間（學者們稱為「周祭」）大約需要三百六十多天，與農曆一年的時間大致相當，因此，《爾雅·釋天》有「商曰祀」之說，郭璞注云「取四時一終，」《尚書·堯典正義》引孫炎日「祀取四時祭祀一訖也。」到了西周祭祀仍然是統治者政治生活中的頭等大事，武王伐紂，在舉行戰前總動員時，曾經聲討殷紂王「自棄其先祖肆祀不答，」春秋以降，諸侯力政，不統於王，禮崩樂壞，祭祀日見陵替，再後，隨著社會的發展，諸事頻仍，日日祭祀已無可能，祭祀典禮便逐漸由無日不祭的「周祭」逐漸過渡到選祭，即歲末致祭，《紅樓夢》賈府在臘月二十九舉行祭祀就是這種選祭的具體體現，此俗一直沿襲至今。

二、從甯國府的宗祠談到古代的祭祀場所

《紅樓夢》中的賈府系皇親國戚，過年祭祖場面自然是很隆重的。前引《紅樓夢》五十三回對此作了細緻的描述：

兩府中都換了門神、對聯、掛牌，新油了桃符，煥然一新。甯國府從大門、儀門、大廳、暖閣、內廳、內三門、內儀門並內塞門，直到正堂，一路正門大開，兩邊階下一色朱紅大高照，點的兩條金龍一般。

這段文字描寫了皇親國戚這些大家族過年的氣派，同時也表明清時代過年的風俗與時下民間並無太大的區別，換了門神，貼對聯，掛燈籠都是必不可少的程式，貼對聯的風俗起源於五代，這些說法大家都耳熟能詳，自不必說。下面看一看建置於甯府賈氏宗祠的規制如何：

且說寶琴是初次，一面細細留神打量這宗祠。原來寧府西邊另一個院子，黑油柵欄內五間大門，上懸一塊匾，寫著是「賈氏宗祠」四個字，旁書「衍聖公孔繼宗書。」兩旁有一副長聯，寫道是：

肝腦塗地，兆姓賴保育之恩；

功名貫天，百代仰蒸嘗之盛。

亦衍聖公所書。進入院中，白石甬路，兩邊皆是蒼松翠柏。月臺上設著青綠古銅鼎彝等器。抱廈前上面懸一九龍金匾，寫道是：「星輝輔弼」。乃先皇御筆。兩邊一副對聯，寫道是：

勳業有光昭日月，功名無間及兒孫。

亦是御筆。五間正殿前懸一鬧龍填青匾，寫道是：「慎終追遠」。旁邊一副對聯，寫道是：

已後兒孫承福德，至今黎庶念榮寧。

俱是御筆。裡邊香燭輝煌，錦幛繡幕，雖列著神主，卻看不真切。

由上揭文字可知，賈氏宗祠座落在寧府西邊，別為一個院落，黑油柵欄內五間大門，院中有白石甬路，兩邊皆是蒼松翠柏。月臺上設著青綠古銅鼎彝等器。宗祠的建築主體應為抱廈的大殿，抱廈前上面懸著皇帝御筆的九龍金匾，宗祠裡自然少不了賈氏宗親的神主。

曹雪芹筆下的賈氏宗祠是五間大門，這裡透露著上古宗廟規制之資訊。宗廟，《尚書大傳》：「瞄著，貌也」。《釋名》：「宗，尊業；廟，貌也，先祖形貌所在也。」史傳帝嚳高辛氏是建立宗廟的始作俑者，《路史》記載其「以日至設兆於南郊，先王偕食，右社稷而左宗廟，所以重本也。」之後唐堯帝亦曾作七廟之享先祖，舜帝繼承七廟祭祖之制，以後歷代遂相沿不改。殷代雖然有較完備的周祭，祭祀祖先的房屋亦可以稱作廟，但還沒有形成較完備的宗廟制度。到周代，周天子、諸侯、大夫和適士都建立宗廟，其中天子七廟，諸侯五廟，大夫三廟，適士二廟。對祖先的祭祀活動，便在宗廟中舉行。庶士、庶人沒有資格建立宗廟，只能「祭於寢」，即在住處的廳堂中祭祀祖先。

唐賈公彥《周禮注疏》:「明堂,路寢及宗廟,皆有五室,十二堂,四門,十二月聽朔於十二堂。閏月各於時之門。故大史詔諰王居路寢門。」但也有人說,天子之宗廟,由南到北,逆著始祖廟坐北朝南的朝向(即從外到內)為五門,分別叫做皋、庫、雉、應、路;諸侯三門:庫、雉、路;大夫二門:大、中。天子諸侯以雉門為中門,構築最宏偉,有兩觀。總之,不同規制的宗廟,門的數目和規格也不相同。這是由封建社會的宗法制度所規定的,但後世常有僭越者。《紅樓夢》中的賈氏宗祠雖名「宗祠」,實際上與大夫、適士建立的宗廟的功能相當,賈氏宗祠自不能與天子廟制相比,但五間大門的建制似可看作是古代祖廟五門之孑遺。

祠堂之制據考至遲在漢代即已出現。不過,最初祠堂的功能是用以紀念名宦、名賢的。唐代的杜甫在錦官城外(成都城郊)森森的古柏叢中尋訪過的諸葛武侯祠即屬此例。

朱熹在《家禮》中放棄「家廟」這一名稱,改用「祠堂」一詞,一方面因為「古之廟制不見於經」,還因為士、庶人等身份低賤,無論在周代還是在當時都不具備建造宗廟或家廟的資格,因而他另闢蹊徑,改用祠堂之名,使士人甚至庶人都能繞開障礙,建造祠堂,在祠堂中祭祀祖先。

根據朱熹設計的制度,君子,即知書達禮的人士,在營造住宅之前,應先在正寢之東建立朝南的祠堂。這種祠堂不同於後世更為常見的由各家族建造的宗祠,故費成康在《中國家族傳統禮儀》中稱之為「家祠」。

在明清時期,家族勢力逐漸發展,各家族紛紛建立家族的祠堂,通常叫做宗祠,甚至一房、一支都建有分祠、支祠。《紅樓夢》中的賈氏宗祠當屬此類。但奇怪的是賈氏宗祠位置是在「寧府西邊另一個院子」,這與朱熹設計的在營造住宅之前,應先在正寢之東建立朝南的祠堂的制度頗有出入。

▌三、由賈氏宗祠之祭禮說到古代之祭典

接上引文,《紅樓夢》中寫道:

只見賈府人分昭穆排班立定：賈敬主祭，賈赦陪祭，賈珍獻爵，賈璉、賈琮獻帛，寶玉捧香，賈菖、賈菱展拜毯，守焚池。青衣奏樂，三獻爵，拜興畢，焚帛奠酒，禮畢，樂止，退出。

何謂「昭穆」？賈府人為何要「分昭穆排班立定」？

這「昭穆」二字說起來可謂源遠流長，與中國祭祀文化頗有十分緊密的關係。昭穆作為一種制度，屢見於上古文獻。

《詩經·周頌·載見》：「率見昭考，以孝以享。」《毛傳》曰：昭考，武王也。」

《尚書·酒誥》：「乃穆考文王，肇國在西土。」

《國語·晉語四》載寧莊子說：「唐叔，文之昭也，康叔，武之穆也。」

上述引文中的所謂「文之昭」或「武之穆，」就是說是文王的兒子或武王的兒子。昭、穆的意思都是兒子。

「昭穆」二字簡言之，似可以「父昭子穆」來概括，若細論起來則非常複雜。昭穆制度起源與宗廟、墓葬、祭祀、親族制度、繼承規則及婚姻禮俗等都不無關係。就宗廟制度而言。在宗廟或宗廟中神主的排列次序，始祖居中，以下父子 (祖、父) 遞為昭穆，左為昭，右為穆。

《周禮·春官·小宗伯》：「掌建國之神位，右社稷，左宗廟，……辨廟祧之昭穆。」鄭注云：「祧，遷主所藏之廟。自始祖之後，父曰昭，子曰穆。」《禮記·王制》：「天子七廟：三昭三穆，與太祖之廟而七。諸侯五廟：二昭二穆，與太祖之廟而五。大夫三廟：一昭一穆，與太祖之廟而三。」《禮記·中庸》：「宗廟之禮，所以序昭穆也。」漢桓寬《鹽鐵論·憂邊》又曰：「魯定公序昭穆，順祖禰。」到了清代，宗廟的神位排列仍然是按父昭子穆的順序排列的，並且以面朝東者為尊。清昭槤《嘯亭雜錄·國初尚右》：「祭神儀神位，東向者為尊，其餘昭穆分列，至今猶沿其制。」

就墓葬制度而言。墓地葬位的左右次序。《周禮·春官·塚人》：「掌公墓之地，辨其兆域而為之圖。先王之葬居中，以昭穆為左右。」鄭注云：「先王之造塋也，昭居左，穆居右，夾處東西。」明方孝孺《孝友庵記》：「見伯魚、

子思之塚，昭穆序葬，而子孫鹹祔其則。」此處的「昭穆序葬」即按父昭子穆的順序安排墓葬的位置。

就祭祀制度而言。祭祀時，子孫按宗法制度的規定排列行禮的順序也是按父昭子穆來進行的。《禮記·祭統》：「夫祭有昭穆。昭穆者，所以別父子遠近、長幼親疏之序而無亂也。是故有事於大廟，則群昭群穆鹹在而不失其倫，此之謂親疏之殺也。」又，「凡賜爵，昭為一，穆為一。昭與昭齒，穆與穆齒。凡群有司皆以齒，此之謂長幼有序。」《禮記·仲尼燕居》說：「嘗禘之禮，所以仁昭穆也。」

「賈府人為什麼要分昭穆排班立定」？這一祭祀習俗含義何在·要清楚地回答這個問題並不容易，這個問題自春秋時人們就弄不明白了，《國語·魯語上》曾記載著當時的高級知識份子關於「昭穆制度」的爭論。魯文公時的宗伯夏父弗忌與宗有司辯難：

夏父弗忌為宗，烝，將躋僖公。宗有司曰：「非昭穆也。」曰：「我為宗伯，明者為昭，其次為穆，何常之有·」有司曰：「夫宗廟之有昭穆也，以次世之長幼而等胄之親疏也。夫祀，昭孝也，各致齊敬於其皇祖，昭孝之至也，故工史書世，宗祝書昭穆，猶恐其逾也。今將先明而後祖，自玄王以及主癸莫若湯，自稷以及王季莫若文武。商周之烝也，未嘗躋湯與文武，為不逾也。魯未若商周，而改其常，無乃不可乎·」弗聽，遂躋之。展禽曰：「夏父弗忌必有殃。夫宗有司之言順矣，僖又未有明焉。犯順不祥，以逆訓民亦不祥，易神之班亦不祥，不明而躋之亦不祥，犯鬼道二，犯人道二，能無殃乎·」

《左傳》文公二年亦載有此事，其文稍異而意同，故略而不述。其後自漢至清，與昭穆有關的辯論從未間斷。因前揭昭穆制度與墓葬、宗廟、祭祀等問題與本文討論的問題關係密切，無可迴避，所以，在此順在提及。其他諸如親族制度、繼承規則以及婚姻禮俗等問題也都與昭穆制度有千絲萬縷的聯繫。

總而言之，我們知道分「昭穆」，當與行輩有關，所謂「父昭子穆」是也。「賈府人分昭穆排班立定」與《禮記·中庸》的「宗廟之禮，所以序昭穆

也」當有文化上的淵源關係。接下來，賈府人站立的次序可以看作是「昭穆」排班的注腳：

眾人圍隨著賈母至正堂上，影前錦幔高掛，彩屏張護，香燭輝煌。上面正居中懸著宵榮二祖遺像，皆是披蟒腰玉，兩邊還有幾軸列祖遺影。

賈荇、賈芝等從內儀門挨次列站，直到正堂廊下。檻外方是賈敬、賈赦，檻內是各女眷。眾家人小廝皆在儀門之外。每一道菜至，傳至儀門，賈荇、賈芝等便接了，按次傳至階上賈敬手中。賈蓉系長房長孫，獨她隨女眷在檻內。每賈敬捧菜至，傳於賈蓉，賈蓉便傳於她妻子，又傳於鳳姐、尤氏諸人，直傳至供桌前，方傳於王夫人。王夫人個傳於賈母，賈母方捧放在桌上。邢夫人在供桌之西，東向立，同賈母供放，直至將菜飯湯點酒茶傳完，賈蓉方退出下階，歸入賈芹階位之首。凡從文旁之名者，賈敬為首；下則從玉者，賈珍為首；再下從草頭者，賈蓉為首；左昭右穆，男東女西。俟賈母拈香下拜，眾人方一齊跪下，將五間大廳，三間抱廈，內外廊簷，階下兩丹墀內，花團錦簇，塞的無一隙空地。鴉雀無聞，只聽鏗鏘叮噹，金鈴玉佩微微搖曳之聲，並起跪靴履颯遝之響。

從引文中賈府人列站次序看，賈荇、賈芝等是草字輩的，賈珍、賈璉是玉字輩的，賈敬、賈赦是文字輩的，他們左昭右穆，男東女西。各就其位，長幼有序，不得相混。書中並未具體交代誰昭誰穆，也未描述賈府人排定的具體位置，但從「每賈敬捧菜至，傳於賈蓉」一句即知，凡從文旁之名者，與凡從草頭者當為一列，這與昭穆制度正相符合，文字輩與草字輩要麼同為昭，要麼同為穆，他們必須也只能排在一起。而從玉者則只能另為一列。

另外，還有必要強調一下有序長幼的問題，賈寶玉本來是《紅樓夢》中的第一主角，但在這隆重的祭祀場合這位賈母的寶貝心肝兒卻只能捧香。這種安排是不是曹雪芹一時疏忽？非也，賈寶玉行三，他之前有賈珍、賈璉、賈珠，按昭穆之序，無論如何也輪不上他領銜主演，此時他的地位既不如賈敬，也不如賈珍，甚至也不如賈蓉。他老子賈政也一樣，文中寫到「賈敬主祭，賈赦陪祭，賈珍獻爵，賈璉、賈琮獻帛」，這位賈府的脊樑，儘管平時八面威風，這一會兒連陪祭的份兒都沒有，雖然賈母「偏心」，但誰叫他生在賈敬、

賈赦之後呢？倒是長房長孫的賈蓉著實風光了一把。之所以如此，一方面緣於祭祀的昭穆制度的規定性，另一方面還緣於封建社會的宗法制度的規定性。

《漢語大詞典》昭穆條徵引了《紅樓夢》「分了昭穆，排班立定」句，但其解釋是「按照長幼、上下等次序左右排列。亦指此種排列的次序。」依此解釋，似乎分昭穆等同於「分長幼」，此說深謬不然，其實，「昭穆」二字，看重的只是輩份的差別，而非是年齒的長幼，序昭穆的主要目的如前所述，是為了「以別父子、遠近、長幼、親疏之序而無亂也。」北齊顏之推《顏氏家訓·風操》篇中有：「江南風俗，自茲已往，高秩者，通呼為尊，同昭穆者，雖百世猶稱兄弟；若對他人稱之，皆云族人。」

《漢語大詞典》亦將「同昭穆者」解釋為「指同一祖宗，」這樣解釋雖無大錯，但仍有忽略行輩等次之嫌，準確地說應是同一宗族中的同昭同穆者，雖百世猶稱兄弟。《醒世恒言·錢秀才錯占鳳凰儔》云：「錢青自謙幼輩，再三不肯，只得東西昭穆坐下。」此處錢青與在座者非為同姓同族，但從「自謙幼輩」一語可以看出，這分「昭穆」的目的還是在序行輩。

第九講 中國古代之禁忌文化

南太平洋玻裡尼西亞東加島人的土語中有一個詞語叫 Tabu 或 Taboo，漢語譯作 " 塔布 " 或 " 塔怖 "，精神分析學鼻祖佛洛德將它定義為「某種含有被限制或被禁止而不可觸摸等性質的東西之存在」，並說「它代表了兩種不同的意義。首先，是『崇高的』、『神聖的』，另一方面，則是『神秘的』或『危險的』、『禁止的』、『不潔的』。」與「塔怖」相似的漢語詞語有禁忌、避忌、避諱、忌諱等等。

禁忌是人類社會中具有普遍意義的一種文化現象，不同的民族有其各自不同的禁忌，每個民族形形色色的禁忌可謂是其民族文化性格的曲折反映。

中國自古就有問禁問諱的古訓，初至異地，先訪問其政教風俗的禁忌，以免觸犯。《禮記·曲禮上》：「入竟（境）而問禁，入國而問俗，入門而問諱。」瞭解當地的禁忌不僅可以避免不必要的麻煩和衝突，同時也是一個人具有文化修養的具體表徵，因此，古之聖人十分重視問禁問諱，孟子曾對齊宣王說：「臣始至於境，問國之大禁，然後敢入。」如果入人之境，不知避忌，就有可能如王充所說：「人不忌避，有病死之禍。」即便倖免病死，也不免被人恥笑。春秋時晉國的上卿范獻子作為晉國的使者出訪魯國，但他沒有「入竟問禁」，犯了魯國的山諱（即直稱了應當避諱的山名），弄得十分尷尬，一時成為國際笑柄。為此，他逢人便說：「人不可以不學，我之所以被人恥笑，就是因為我沒有學啊」。

古人對於問禁問諱之事十分重視，周代曾設有專門主管此類事情的官吏。《周禮·地官·誦訓》云：「掌道方慝，以詔辟忌，以知地俗。」鄭玄注引鄭司農曰：「以詔辟忌，不違其俗也。」

一、中國避諱風俗之起源

禁忌與宗教總是常常糾纏在一起。關於宗教的起源，恩格斯指出：「宗教是在最原始的時代從人們關於自己本身的自然和周圍的外部自然的錯誤的、最原始的觀念中產生的。」禁忌作為一種觀念形態來說它是人們頭腦中

的產物,正如皮亞傑在《發生認識論原理》中所說:「一切認識在初級水準都是從經驗開始。」「禁忌的本質就是不依靠經驗就先天地把某些事情說成是危險的。」禁忌觀念一旦形成,就如弗雷澤在《金枝》中所說,具有「不可抗拒的約束力量」。並且「不管是早先的禁忌也好,後來的禁忌也好,其產生都有一個共同的特徵,即把 ·些偶然的因素,誤以為是普遍適用的內在規律,一人傳開,說得有聲有色,眾人跟隨,也就信以為真了,自此逐步形成的共同的禁忌。」

　　據前引恩格斯的論述可知,宗教產生於最原始的時代。那麼,中國避諱之俗究竟產生於何時呢?

　　著名歷史學家陳垣在《史諱舉例·序》云:「避諱為中國特有之風俗,其俗起於周,成於秦,盛於唐宋,其歷史垂二千年。」陳先生所謂避諱之俗起於周實有所本,顏師古《匡謬正俗·名字》:「在身自述,必皆稱名;他人褒美,則相呼字。《傳》曰:『周人以諱事神,名終將諱之。』不言諱字也。」顧炎武《廟諱禦名議》:「臣聞諱名之禮,始自周人。」清李賡芸《炳燭編·諱名》亦云:「諱始於周,然諱死而不諱生。」避諱自有周一代蔚為風尚大概近是,但如果認為姬周之前不知避諱則恐非事實。殷墟甲骨刻辭中曾有這樣的記載,殷高宗武丁於某年某月甲午日前往追逐犀牛的途中發生撞車事故,一個名叫載的小臣的車馬撞到商王武丁的車上。卜辭曰:「甲午王往逐兕,小臣載車馬硪王車,子央亦墜。「這裡避而不談商王怎樣,只說「子央亦墜。」甲骨學大師董作賓先生指出,這個「亦」字表明,商王業已從馬車上墜落下來。

　　正是因為商王墜車,才有後文的「子央亦墜」。那麼為什麼卜辭中沒有明言「王墜」,這大概與周昭王南征而不復,周人諱言其事的心理相同。商王蒙難,自然是一件不幸之事,商人不願意直說,所以在這裡也採取了「春秋筆法」。此版卜辭即可視為商人亦有避忌心理的具體例證。殷墟卜辭中還有許多關於商代祭祀儀式的具體記載,在此不再一一揭舉,有儀式就要求人們去恪守服從,要恪守服從就有避忌。由是知,將中國禁忌風俗的起源溯自姬周是不妥當的,應該說中國禁忌之俗的萌生至遲不晚於殷商時代。

　　關於禁忌的由來,或以為有如下四端:

一是對靈力的崇拜和畏懼（簡稱「靈力說」）；

二是對欲望的克制和限定（簡稱「欲望說」）；

三是對儀式的恪守和服從（簡稱「儀式說」）；

四是對教訓的總結和記取（簡稱「教訓說」）。

茲就上述四端略加申述。

二、靈力崇拜與禁忌

所謂靈力崇拜亦即自然崇拜。崇拜與禁忌是一對孿生姊妹，由於原始先民篤信在冥冥之中有一種超自然力（即「靈力」）存在，這種超自然力每每會以自然的、直接的方式或間接的、傳染的方式顯現出來，它附著在一個人或物或鬼身上，它可以左右人們的吉凶禍福。這種原始的觀念形成了原始人心目中的禁忌物和原始的禁制。

禁忌物有各種各樣，日、月、風、雨、雷、電，鳥、獸、魚、蟲、草、木在古人眼裡皆有靈力，也皆有禁忌。日、月、風、雨、雷、電，事關乎天，《易繫辭上》謂：「天垂象，見吉凶」。《淮南子·天文訓》：「虹、蜺、彗星者，天之忌也。」後稱虹日天忌。明王志堅《表異錄·象緯》：「虹日天弓，亦日帝弓，見《白虎通》。又名天忌。」顧炎武《日知錄》中載有「人事感天」的故事。《易·傳》言先天後天。考之史書所載，人事動於下而天象變於上，有驗於頃刻之間而不容遲者。宋武帝欲受晉禪，乃集朝臣宴飲，日晚坐散，中書令傅亮叩扉人見，請還都謀禪代之事。及出已夜，見長星竟天，拊髀歎曰：「我常不信天文，今始驗矣。」隋文帝立晉王廣為皇太子，其夜烈風大雪，地震山崩，民舍多壞，壓死者百餘口，唐玄宗為臨淄王，將誅韋氏，與劉幽求等微服入苑中。

向二鼓，天星散落如雪，幽求曰：「天道如此，時不可失。」文宗以右軍中尉王守澄之言，召鄭注對於浴堂門，是夜彗出東方，長三尺。然則荊軻為燕太子丹謀刺秦王，而白虹貫日；衛先生為秦昭王畫長平之事，而太白食昂，固理之所有。孟子言「氣壹則動志」，其此之謂與？

關於鳥、獸、魚、蟲的禁忌，可以蛇為例，蛇這種爬行動物。體圓而細長，有鱗，無四肢。有的有毒，有的無毒。捕食蛙、鼠等小動物，大蛇也能吞食大的獸類。蛇或因形象可怖，上古人不敢直呼其名，而諱稱為「它」。《說文解字》：「它，蟲也，從蟲而長，象冤曲垂尾形。上古卿居患它，故相問，『無它乎·』凡它之屬皆從它。托何切。它或從蟲。」且不說上古，即便今天，仍有許多地方諱言其名，北方地區稱「蛇」叫「長蟲」。湖南有的地區叫「鰍鰍」。十二屬相中有蛇但不叫「蛇」卻稱之為「小龍」，這是盡人皆知的。

關於草木之禁忌，北方流傳著這樣的俗語說：「前不栽桑，後不栽柳，當院不栽鬼拍手。」為什麼「前不栽桑」呢？據說「桑」與「喪」諧音，宅前栽桑會有「喪」事在前；為什麼「後不栽柳」？柳者，溜也，屋後栽柳財氣就會溜之乎也。也有人說柳樹不結籽，屋後栽柳就會絕戶無子。何謂「鬼拍手」？「鬼拍手」就是楊樹的代稱，風中楊樹葉子嘩嘩啦啦地像是「鬼」拍手一樣，讓人心驚肉跳，因此，俗諺有「當院不栽鬼拍手」之說。

上述天忌、蟲忌、草木之忌，由物及人，由此及彼，發生直接的聯想關係，可稱之為直接禁忌。在形形色色的禁忌中還有一些，從事情發生過程本身並看不出直接的吉凶利害關係，但由於種種原因卻產生一些莫名其妙的禁忌，此可謂間接禁忌。在諸禁忌中有所謂的生肖禁忌或屬此類。據說宋徽宗屬狗，當時的宰相曾奏言聖上：「十二宮神，狗居戌位，為陛下本命，今京師以屠狗為業者，宜行禁止。」有人認為崇拜動物是十二生肖起源的直接原因。

狗作為十二生肖的名稱與《爾雅·釋畜》所說的「未成豪，狗。」亦即郝懿行義疏所說的「狗，犬通名，若對文則大者名犬，小者名狗」的自然界動物之間實際上並不存在必然的聯繫。它們都不過是一種用於區別的名稱而已。正如費爾巴哈所說：「名稱是什麼呢？名稱是用來區別的符號，是某種十分明顯的標誌。」馬克思亦說：「物的名稱，對於物的性質，全然是外在的。我知道這個人名哲科布，我依然不知他是怎樣的人。」至於宋徽宗與那會咬人的動物之間更是一種任意關係，但就是這種任意關係，卻被迷信語言魔力的古人看得十分重要，因而，產生了許許多多奇奇怪怪的禁忌。柳宗元《永某氏之鼠》是一個大家都熟悉的例子：

永有某氏者，畏日，拘忌異甚。以為己生歲直子，鼠，子神也，因愛鼠，不畜貓犬，禁僮勿擊鼠。倉廩庖廚，悉以恣鼠不問。由是鼠相告，皆來某氏，飽食而無禍。某氏室無完器，椸無完衣，飲食大率鼠之餘也。晝累累與人兼行，夜則竊齧鬥暴，其聲萬狀，不可以寢，終不厭。

數歲，某氏徙居他州。後人來居，鼠為態如故。其人曰：「是陰類惡物也，盜暴尤甚，且何以至是乎哉？」假五六貓，闔門，撤瓦灌穴，購僮羅捕之。殺鼠如丘，棄之隱處，臭數月乃已。嗚呼！彼以其飽食無禍為可恆也哉！

永州某氏禁忌之可笑，於此可見一般，相信讀者都只把它看作一段趣事而已，然而，在現實生活中，許多人對待生肖的態度與宋徽宗和永州的某氏其實並無二致。民間廣泛流傳十二生肖相克的諺語，例如：

青龍克白虎，虎鼠不結親。

龍虎相鬥，必有一傷。

龍虎相鬥，必定短壽。

兩虎不同山。 豬猴不到頭。

兩隻羊，活不長。

白馬怕青牛。

雞狗不一家。

雞狗相配斷頭婚。

狗咬雞，滿天飛。

白馬怕金牛，鼠羊不到頭。

蛇見猛虎如刀銼，豬見嬰猴淚長流。

子鼠見羊萬年愁，不叫白馬見青牛，虎見巳蛇如刀割，兔子見龍不長久，酉雞不與犬相見，亥豬不可見猿猴。

自古白馬不配牛，羊鼠相配一旦休，金雞不與狗相見，青龍見兔淚交流，豬猴見面如刀割，虎蛇相配不到頭。

蛇配虎，男克女；

豬配猴，不到頭；

兔見蛇，如刀割。

白馬怕青牛。

烏豬怕猿猴，蛇怕猛虎如刀斷，羊鼠相逢一旦休，黑狗不能進羊圈，庚雞見犬淚交流。

辰子申忌蛇雞牛，巳酉醜忌虎馬狗，寅午戌忌豬兔羊，亥卯未忌龍鼠猴。

對於這樣的諺語，當今仍然有許多人將信將疑，每每因此錯過很多好姻緣。迷信此者多以「寧可信其有，不可信其無」的理由相搪塞。持這種見解者的認識水準，尚趕不上東漢時代的王充。王充在《論衡‧物勢篇》中對這種生肖相克說就提出這樣的批駁：

曰：天自當以一行之氣生萬物，令之相親愛，不當令五行之氣反使相賊害也。

或曰：寅，木也，其禽，虎也；戌，土也，其禽，犬也。醜、未，亦土也，醜禽牛，未禽羊也。木勝土，故犬與牛羊為虎所服也。亥，水也。其禽，豕也。巳，火也。其禽，蛇也。子，亦水也。其禽，鼠也。午，亦火也。其禽，馬也。水勝火，故豕食蛇；火為水所害，故馬食鼠屎而腹脹。曰：審如論者之言，含血之蟲，亦有不相勝之效。午，馬也。子，鼠也。酉，雞也。卯兔也。水勝火，鼠何不逐馬？金勝木，雞何不啄兔？亥，豕也。未，羊也。醜，牛也。土勝水，牛羊何不殺豕？巳，蛇也。申，猴也。火勝金，蛇何不食獼猴？獼猴者，畏鼠也。齧獼猴者，犬也。鼠，水。獼猴，金也。水不勝金，獼猴何故畏鼠也？戌，土也，申，猴也。土不勝金，猴何故畏犬？

王充對生肖相克的禁忌的批判可謂刀刀見血，切中其弊，如今再對此執迷不悟豈不可悲也夫！

三、關於欲望的禁忌

佛洛德在《圖騰與禁忌》一書中指出：「禁忌本身是一個矛盾情感的字眼」，因為「一件強烈禁止的事情，必然也是一件人人想做的事情。」「一個具有能激發人們被禁止的欲望，或使他們的矛盾情感覺醒的人，即使本身沒有觸犯禁忌，他也將永遠或暫時的成為禁忌。」而「破壞禁忌的人所以會成為一種禁忌，仍是因為他已具備了一種誘使他人追隨他的行為的特性了。」欲望是人的本能要求，聖人孔子曾在《禮記》裡講：「飲食男女，人之大欲存焉。」《孟子·告子》也說：「食、色，性也」。「食」、「色」雖然是人之大欲也，是人的本能，是無可迴避底生理現象。但作為「社會的人」，又不能「為所欲為」，必須對這種發自本能的欲望有所節制。尤其是色性更是如此。在 19 世紀後期，人類學家巴霍芬、摩爾根等都設想過人類早期歷史中曾經有過一段對性行為不加限制的雜交階段，甚至存在於父母子女等血親之間。中國的古書中曾經記載，「昔太古嘗無君矣，其民聚生群處，知母不知父，無親戚兄弟夫妻男女之別，無上下長幼之道，無進退揖讓之禮，無衣服履帶宮室畜積之便，無器械舟車城郭險阻之備。」所謂「無親戚兄弟夫妻男女之別」，似可視為對雜交性的婚姻關係的古老記憶。

關於兄妹之間發生性關係的記載大家耳熟能詳的莫過於伏羲、女媧的故事。「昔者未有君臣上下之別，無有夫婦配匹之合，獸處群居，以力相征。」「男女雜遊，不媒不聘。」這些被認為是原始社會兩性生活的真實寫照。

但是也有專家指出：「經過一百多年以來新資料的積累，這一點已經基本上為許多當代文化人類學家所否認。事實上，完全沒有限制的婚姻，在考古學、歷史學和民族志的資料中，都是找不到依據的。」

至於在人類原始社會初期，是不是真正經歷過完全沒有限制的婚姻形式，這還是一個有待深入研究的問題。我們認為，只要承認人是動物，人有動物性的一面，那麼，人像其它動物一樣雜交的可能性就存在。

人類最初的兩性生活的狀況，今天只能去揣測，很難得到確切的實證。然而可以肯定的是自人類走出蒙昧階段以後，在不同的人群就有形形色色的與性欲望有關的禁忌存在。儘管不同的社會對待婚姻的規定各不相同，但禁

止亂倫是普遍存在於各種文化之中的一項最為嚴格的禁忌。所謂亂倫禁忌，即禁止某些親屬之間發生性行為或進行婚配。這些親屬的種類在各個文化中或有相同，但是最起碼的一條就是禁止在核心家庭內部進行婚配。也就是說父女、母子、兄弟姊妹之間絕不允許發生性關係，更談不上婚配，否則就被視為禽獸之行。中國古代一旦有違反亂倫禁忌者，則被視為禽獸，將遭天誅地滅。前引《孟子·滕文公上》云：「人之有道也，飽食暖衣，逸居而無教，則近於禽獸，聖人（舜）有憂之，使契為司徒，教以人倫。」《管子·八觀》：「背人倫而禽獸行，十年而滅。」

史書中有關於王公貴族亂倫隕身的記載，最有名的莫過於齊襄公通文薑之事。據《史記卷三十二·齊太公世家第二》云：

襄西元年，始為太子時，嘗與無知鬥，及立，絀無知秩服，無知怨。

四年，魯桓公與夫人如齊。齊襄公故嘗私通魯夫人。魯夫人者，襄公女弟也，自厘公時嫁為魯桓公婦，及桓公來而襄公複通焉。魯桓公知之，怒夫人，夫人以告齊襄公。齊襄公與魯君飲，醉之，使力士彭生抱上魯君車，因拉殺魯桓公，桓公下車則死矣。魯人以為讓，而齊襄公殺彭生以謝魯。八年，伐紀，紀遷去其邑。

十二年，初，襄公使連稱、管至父戍葵丘，瓜時而往，及瓜而代。往戍一歲，卒瓜時而公弗為發代。或為請代，公弗許。故此二人怒，因公孫無知謀作亂。連稱有從妹在公宮，無寵，使之間襄公，曰「事成以女為無知夫人」。冬十二月，襄公游姑棼，遂獵沛丘。見彘，從者曰「彭生」。公怒，射之，彘人立而啼。公懼，墜車傷足，失屨。反而鞭主屨者三百。出宮。而無知、連稱、管至父等聞公傷，乃遂率其眾襲宮。逢主屨，曰：「且無入驚宮，驚宮未易入也。」無知弗信，示之創，乃信之。待宮外，令先入。先入，即匿襄公戶間。良久，無知等恐，遂入宮。反與宮中及公之幸臣攻無知等，不勝，皆死。無知入宮，求公不得。或見人足於戶間，發視，乃襄公，遂弒之，而無知自立為齊君。

齊襄公被無知所殺的直接原因雖然與通文薑無關，但其背人倫之禽獸行為則為千夫所指，其遭天譴勢為必然。《史記卷三十二齊太公世家第二》又云：

初，襄公之醉殺魯桓公，通其夫人，殺誅數不當，淫於婦人，數欺大臣，群弟恐禍及，故次弟糾奔魯。

齊襄公兄妹亂倫，禍及社稷，殃及群弟。還有母子亂倫者亦見於《左傳》：

初，衛宣公烝於夷姜，生急子，屬諸右公子。為之娶於齊，而美，公取之，生壽及朔，屬壽於左公子。夷姜縊。宣姜與公子朔構急子。公使諸齊，使盜待諸莘，將殺之。壽子告之，使行。不可，曰：「棄父之命，惡用子矣！有無父之國則可也。」及行，飲以酒，壽子載其旌以先，盜殺之。急子至，曰：「我之求也。此何罪？請殺我乎！」又殺之。

上文所謂「衛宣公烝於夷姜」，杜預注：「夷姜，宣公之庶母也。上淫曰烝。」夷姜作為庶母與兒子淫亂所付出的代價是自己上吊，兒子被殺。衛宣公以下淫上，霸佔子婦，可謂是一個十足的淫棍，但他這樣淫縱不檢的結果，不僅使他喪妻絕子，連他本人也因受不了兩個兒子一齊被殺的精神刺激，不久就嗚呼哀哉了。衛國由是種下動亂的種子。《詩經·衛風·乘舟》所講的就是此事，衛宣公未能留芳千古，卻因此遺臭萬年了。

「衛宣公烝於夷姜」是以下淫上，春秋時也有以上淫下的例子。據《史記·管蔡世家第五》記載：（蔡）「四十九年，景侯為太子般娶婦於楚，而景侯通焉。」蔡景侯的兒子與衛宣公的兒子急子、壽子性格不同，「為父不父」，為子者亦不子，結果「太

子弒景侯而自立，是為靈侯。」如此父子，形同寇仇。

中外古今，亂倫皆為大忌。因此，《禮記·曲禮下》：「儗人必於其倫。」

亂倫可謂是一種色性欲望表現的極端形式，圍繞著「性」和「婚姻」以及財富等其它欲望而產生的禁忌舉不勝舉，限於篇幅，不再贅述。

▌四、關於儀式性禁忌

何謂儀式性禁忌？佛洛德在《圖騰與禁忌》中這樣詮釋：有些禁制的目的能夠很明顯地看出來。可是，相反的，有些禁制卻是令人難以瞭解，它們幾乎是被視為無意義和愚蠢的。後者我們稱它為「儀式的」。

　　儀式性禁忌普遍存在於人們的日常生活中。例如東漢王充《論衡·四諱》：「俗有大諱四。一曰諱西益宅。西益宅謂之不祥，不祥必有死亡，相懼以此，故世莫敢西益宅。」《淮南子》有這樣的記載：

　　魯哀公欲西益宅，史以為不祥。哀公作色而怒，左右數諫而弗聽，以問其傅宰質睢曰：「吾欲西益宅，史以為不祥，何如？」，宰質睢曰：「天下有三不祥，西益宅不與焉。」哀公大悅。有頃，複問曰：「何謂三不祥？」對曰：「不行禮義，一不祥也；嗜欲無止，二不祥也；不聽規諫，三不祥也。」哀公繆然深惟，慨然自反，遂不益宅。

　　所謂「西益宅謂之不祥」，今天看來純粹是瞎扯，就連王充也認為此說十分荒誕，對此予以批駁道：

　　夫宅之四皆地也，三面不謂之凶，益西面獨謂不祥，何哉？西益宅何傷於地體？何害於宅神？西益不祥，東益能吉乎？夫不祥必有祥者，猶不吉必有吉矣。宅有形體，神有吉凶，動德致福，犯刑起禍，今言西益宅謂之不祥，何益而祥者？且惡人西益宅者，誰也？如地惡之，益東家之西，損西家之東，何傷於地？如以宅神不欲西益，神尤人也，人之處宅欲得廣大，何故惡之？而以宅神惡煩惱，則四面益宅，皆當不祥。

　　儘管「西益宅謂之不祥」之說愚蠢可笑，但古人卻「相懼以此，故世莫敢西益宅。」

　　與忌西益宅之俗十分相似的還有所謂諱人、諱犬之忌，諱人之忌就是忌諱看到產婦生育孩子。王充《論衡·四諱》：「今六畜與人無異，其乳皆同一狀。六畜與人無異，諱人不諱六畜，不曉其故也。」諱犬之忌即忌諱看到母狗產仔。有關記載同樣見於《論衡·四諱》：「江北乳子，不出房室，知其無惡也。至於犬乳，置之宅外，此複惑也。江北諱犬不諱人，江南諱人不諱犬，謠俗防惡，各不同也。」

　　諱人、諱犬、諱西益宅，這些禁忌奇怪歸奇怪，但不可怕，然而古書中所記載的某些俗信今天讀來不免令人駭異。《後漢書·南蠻西南夷列傳第七十六》：「《禮記》稱『南方曰蠻，雕題交趾。』其俗男女同川而浴，故曰交趾。其西有噉人國，生首子輒解而食之，謂之宜弟。味旨，則以遺其君，

君喜而賞其父。取妻美，則讓其兄。今烏滸人是也。」所謂「嗷人」即啖人，啖者，吃也。首子即第一個兒子。

啖首子之俗兩見於墨子：

楚之南有啖人之國者橋，其國長子生則鮮（「解」字之誤）而食之，謂之宜弟。（《魯問篇》）

越之東有輆沐之國者，其長子生則解而食之，謂之宜弟。（《節葬篇》）

《列子·湯問》的記載略同於《墨子》：

越之東有輆沐之國，其長子生，則鮮而食之，謂之宜弟。其大父死，負其大母而棄之，曰：「鬼妻不可以同居處。」楚之南有炎人之國，其親戚死，剔其肉而棄之，然後埋其骨，乃成為孝子。秦之西有儀渠之國者，其親戚死，聚柴積而焚之。熏則煙上，謂之登遐，然後成為孝子。此上以為政，下以為俗。而未足為異也。

《博物志》也有相同的說法：

越之東有駮沐之國，其長子生，則解而食之，謂之宜弟。

據《漢書·元後傳》載，生活在北方的羌胡也有殺首子之俗，京兆尹王章對漢成帝之問說：

且羌胡尚殺首子以蕩腸正世，況於天子而近已出之女也！

前引諸書所謂殺首子或謂自食，或謂「以遺其君」，未言具體實例，《韓非子》、《管子》、《淮南子》諸書則有這樣的記載：

昔者，齊桓公好味，而易牙烹其首子而餌子。（《淮南子·主術》）

桓公好味，易牙蒸其首子而進之。（《韓非子·二柄》）

裘錫圭先生說，《主術》「烹其首子」的烹字，也許是「蒸」字之誤。《韓非子·十過》又曰：

管仲老，不能用事，休居於家，桓公從而問之曰⋯⋯公曰：「然則易牙何如？」管仲曰：「不可。夫易牙為君主味，君之所未嘗食唯人肉耳，易牙

蒸其子首而進之，君所知也。人之情莫不愛其子，今蒸其子以為膳於君，其子弗愛，又安能愛君乎！」

同書《難一》：

管仲有病，桓公往問之，曰：「仲父病，不幸卒於大命，將奚以告寡人？」管仲曰：「微君言，臣故將謁之。願君去豎刁，除易牙，遠衛公子開方。易牙為君主味，君惟人肉未嘗，易牙烝其子首而進之。夫人情莫不愛其子，今此弗愛其子，安能愛君？

《管子·小稱》所載更為周詳：

管仲有病，桓公往問之曰：「仲父之病，病矣，若不可諱而不起此病也，仲父亦將何以詔寡人？」管仲對曰：「微君之命臣也，故臣且謁之。雖然，君猶不能行也。」公曰：「仲父命寡人東，寡人東；令寡人西，寡人西。仲父之命於寡人，寡人敢不從乎？」管仲攝衣冠起對曰：「臣願君之遠易牙、豎刁、堂巫、公子開方。夫易牙以調味事公，公曰：『惟烝嬰兒之未嘗』，於是烝其子首而獻之公。人情非不愛其子也，於子之不愛，將何有於公？

「首子」或訛作「子首」，前人已作辨正。以上所揭殺首子之風俗曾盛行於越東、楚南、羌胡等邊裔地區，中國素有「虎毒不食子」之說，「殺首子」之俗令中原人無法容忍，因而，管仲告誡齊桓公要遠離易牙、豎刁、堂巫、公子開方等小人。

那麼，邊裔地區為什麼會流行殺首子之「惡俗」呢？

呂思勉《先秦史》將之與春秋時代邾、魯等國用俘虜為人牲相提並論。裘錫圭先生說，「首子跟俘虜的身份有天壤之別，呂氏的說法顯然把問題簡單化了。」按《漢書·元後傳》京兆尹王章的說法，羌胡殺首子的動機是由於父親怕第一個兒子實際上是他人之子。章太炎在其《檢論·序種姓上》中支持這種說法，他認為羌胡尚殺首子，較沐國解長子而食之，都是由於「婦初來也，疑挾他姓遺腹以至，故生子則棄長而畜稚」。楊樹達《易牙非齊人考》認為《元後傳》所謂「蕩腸正世」「為殺首子之真因」，《墨子》等書所謂「宜弟」「乃俗成後文飾之辭耳」。

馬長壽《中國四裔的幼子承繼權》把殺首子跟幼子承繼權聯繫起來，看法跟章氏相近。裘錫圭先生認為，懷疑首子是他人之子，似乎沒必要把他殺死，更不有必要殺而食之。裘先生認為殺首子與中國古代的「嘗」祭就是獻新之祭有關，「中國古代殺首子的習俗，顯然也應該解釋為把頭生子女獻給鬼神。在古書的有關記載裡沒有提到殺首子的祭祀性質，是由於記載的人對這種習俗缺乏深入的瞭解。獻第一批收穫於鬼神，是為了能平安地保有、食用收穫的其他部份，並在來年繼續得到新的收穫。獻首子當然也是為了以後能得到新的孩子，並使他們能夠安全地成長。所以《墨子》說殺首子是為了『宜弟』，是很有道理的。羌胡殺首子，主要也應該是由於這一原因。」「既然殺首子有獻新祭的性質，食被殺首子有嘗新聖餐的性質，中國古代有些地方殺首子後還要獻於君的現象，也就完全可以理解了。易牙蒸首子獻於桓公，也許是把他當作神來對待。易牙如真是一個巫，他蒸首子而進於齊桓公，除了有習俗的背景外，可能還有別的宗教上的意義。

▎五、教訓與禁忌

談起禁忌，人們總是斥之為迷信。其實，許許多多迷信皆是來自於對人類所付出的慘痛教訓的總結。例如，我們在第六節中講「姓氏的含義及起源」時提到的「同姓不婚」其實也是一種禁忌，這一禁忌在人類歷史上尤其是在漢民族的發展史上所起的進步作用是無法估量的。有一些緣於人類教訓的禁忌後來變成了科學的結晶，有些禁忌至今還活躍在我們的日常生活中，成為我們生活的航標，這其中便有一些來自飲食方面的禁忌。俗信：產婦在分娩後頭幾天裡，中原一帶漢族以及其它一些民族都禁忌產婦吃生冷和難以消化的食物，如肉類、油類等，而讓產婦多吃雞蛋、紅糖、雞湯、麵湯、小米稀飯等。這些來自生活經驗的總結的禁忌，有一些頗有道理，對我們民族成長可以說不無益處。同時，無庸諱言，也有許多所謂的教訓禁忌，恰如朱天順在《原始宗教》中所說：「原始宗教的種種禁忌和儀式，正是人們對自然力感覺無能為力和恐怖情緒的反映，它給人們在向自然界鬥爭時，設下了種種限制，可叫人們與自然現象進行某種妥協，或對它表示讓步、屈服，很難看出它有增加和鼓舞人們向自然界鬥爭的勇氣和力量的積極因素。」

「原始宗教所以會產生上述種種限制人們向自然界鬥爭的禁忌和麻煩的儀式，正是來源於人們在向自然界鬥爭時所遭到的失敗和損失……人們在一次或幾次失敗和損失中失去信心，把不敢積極地再去向自然界鬥爭的心理神秘化，或在彷徨中把檢討到的一個偶然的因素誇大和絕對化，結果就成了限制人們行動的戒律和儀式。」的確如此，諸多禁忌的負面因素遠遠大於其正面成份。同是飲食禁忌，有些就毫無道理，甚至荒謬可笑。例如《論衡·命義篇》云「妊婦食兔，子生缺唇。」意思說孕婦不能吃兔子肉，一旦吃了兔子肉，生的兒子也會像兔子一樣長一張豁嘴。清代學者熊伯龍曾在《無何集》中質疑此說：「世間缺唇之母，皆食兔乎？」古俗，據說孕婦食鴨肉，令子倒出。江浙、臺灣一帶有此習俗。據說孕婦吃了螃蟹，會使胎兒橫生難產。據說宋代已有「食螃蟹，令子橫生」的記載。河南一帶，有孕婦忌吃辣椒的習俗。一說是恐怕將來生下孩子爛眼圈、害紅眼、長眼瘡；一說是恐怕將來孩子脾氣火爆，性格毒辣。這些飲食禁忌實為無稽之談。

不惟飲食，生活中類似的荒誕禁忌還有很多，如《左傳》有一篇《鄭伯克段於鄢》，文章一開頭便說：

初，鄭武公娶於申，日武薑。生莊公及共叔段。莊公寤生，驚薑氏，故名日寤生，遂惡之。愛共叔段，欲立之。亟請於武公，公弗許。

意思是說，當初，鄭國的國君鄭武公從申國娶的夫人叫做武姜，武姜為鄭武公生了兩個兒子，一個就是後來繼承了君位的鄭莊公，一個就是被稱為共叔的段，薑氏在生鄭莊公的時候「寤生」，所謂「寤生」就是逆生，也就是難產，薑氏因此受到了驚嚇，所以給鄭莊公取名就叫「寤生」，於是他媽媽姜氏就很討厭鄭莊公而偏愛共叔段。姜氏多次請求鄭莊公的父親鄭武公，要求立共叔段為太子，鄭武公沒有答應。後來，鄭武公死後，鄭莊公繼承了君位，他媽媽姜氏還不死心，想盡各種辦法幫助共叔段奪取政權，結果未能如願。鄭莊公寤生與弟弟共叔段同是薑氏身上掉下來的肉，那麼姜氏因何討厭長子寤生偏愛少子共叔段呢？這其中雖不免老人溺愛少子的一般心理取向，但更重要的是「莊公寤生」，在古人觀念中難產嬰兒體內具有巨大的靈力，也就是民間所謂的「命硬」、「妨人」。這些小孩兒是父母的「剋星」。

可以說鄭莊公在其母心中有「原罪」，從出生的一剎那他就令母親不快，所以，他母親必欲將之置至死地而後快。

鄭莊公的不幸，就來自於婦女對難產的恐懼，人類早期為自身的延續付出了血的代價，人們從一代又一代人的生產中總結出「癙生」危險的教訓，爾後又把這種教訓偶然的因素誇大化和絕對化了，於是形成了生產的禁忌。

鄭莊公雖然「命苦」，但終於因「命大」而逢凶化吉，但並不是所有的新生嬰兒都如此幸運。(晉)干寶《搜神記》卷六：「哀帝建平四年四月，山陽方與女子田無嗇生子，未生二月前，兒啼腹中，及生，不舉，葬之陌上。」「不舉」意思就是不撫養，這個新生兒因產前異兆竟被父母拋棄而亡。今天人們生產盼望生雙胞胎，一胎多子更為喜慶，但在古代，一胎產三子，卻被視為災難，《風俗通義》云：「生三子不舉。俗說生了至於三，子似六畜，言其妨父母，故不舉之也。」古代父母一般不養「命硬」的孩子。《漢書·外戚傳下·孝成趙皇后》：「孝成趙皇后，本長安宮人。初生時，父母不舉，三日不死，乃收養之。」也有父母為不忍拋棄「命硬」的孩子而後悔者。唐顧況《補亡詩·囝》：「及其生汝，人勸不舉，不從人言，果獲其苦。」

關於嬰兒的出生日期古人也有很多避忌。河南有「男怕初一，女怕十五」的俗語。為什麼「男怕初一，女怕十五」？據說初一出生的男孩命大，因為初一是一年當中最喜慶的日子，過年這天大人不能打罵孩子，因此，人們便認為這孩子將來不敢管教，會妨父母的。正月十五正是觀燈的元宵佳節，女孩此日急急忙忙地落地，攪擾了大人觀燈。人們還認為這個時辰降生的丫頭，貪於玩耍，將來會成為一個無管教的「瘋丫頭」，妨父母。民間亦有拋棄正月十五出生女嬰的習俗。在中國民間影響最廣的大概要數「五月五日生子不舉」這一風俗吧！《風俗通義》：「俗說五月五日生子，男害父，女害母。」《史記·孟嘗君列傳》：

孟嘗君名文，姓田氏。文之父曰靖郭君田嬰。田嬰者，齊威王少子而齊宣王庶弟也。……初，田嬰有子四十餘人。其賤妾有子名文，文以五月五日生。嬰告其母曰：「勿舉也。」其母竊舉生之。及長，其母因兄弟而見其子文於田嬰。田嬰怒其母曰：「吾令若去此子，而敢生之，何也？」文頓首，因曰：「君所以不舉五月子者，何故？」嬰曰：「五月子者，長與戶齊，將

不利其父母。」文曰：「人生受命於天乎？將受命於戶邪？」嬰默然。文曰：「必受命於天，君何憂焉。必受命於戶，則可高其戶耳，誰能至者！」嬰曰：「子休矣。」

由上文知孟嘗君的父親田嬰給出不舉五月子的理由是，「長與戶齊，將不利其父母。」《西京雜記》亦云：「俗諺舉（五月）五日子，長及戶則自害，不則害其母。」民間還以「五」、「戶」、「父」、「母」同音，「五五」即無父、無母、無門戶。五月五日的孩子妨「門戶」，有害於父母。故男克其父，女克其母。其實，如果沒有他的母親的慈愛，孟嘗君即使是生於五月的任何一日，恐怕都難以逃脫「葬之陌上」的悲慘命運。因為五月素稱惡月，正如梁宗懍《荊楚歲時記》所云：「五月，俗稱惡月，多禁。」也就是說整個五月，沒有一個好日子，五月五日尤為惡日，號稱「五毒日」。民間認為這一天生下的孩子，或有「五毒」投胎、轉生之嫌，故而常有棄嬰、溺嬰之舉。這一習俗的也影響到社會上層，《世說新語》、《孝子列傳》、《宋書》、《唐書》等典籍中都有五月五日生子不舉的記載，據說貴為天子的宋徽宗生於五月初五，為避忌此俗，他不得不將自己的生日改作十月初十，並定為這一天為「天寧節」。宋孟元老《東京夢華錄·天寧節》：「﹝十月﹞初十日天寧節。」《宋史·徽宗紀一》：「﹝建中靖國元年十月﹞丁酉，天寧節，群臣及遼使初上壽於垂拱殿。」

與五月相似，七月也不是個吉月，相傳，從七月初一起，閻王爺就下令大開地獄之門，為那些終年飽受禁錮之苦的地獄冤魂屬鬼放風，冤魂屬鬼們可在七月享受人間血食，故人稱七月為「鬼月」。七月既忌嫁娶，又忌搬家。民間把七月十五稱為「鬼節」，民間有放河燈的習俗，俗以為這天是野鬼還陽之日，人們透過「流水泛酒」，秉燭為野鬼招魂。據說，這天出生的嬰兒，多半都是野鬼托著蓮花燈轉世投胎而來的。這日生的孩子長大後不好管教，會剋害父母。河南林縣還有七月十五日是牛、驢、騾、馬生日的說法，大概以為野鬼在這一天多數轉生為牲畜而為人們效力了吧。人們在這一天不役使牲畜，還要善待之。民間罵人時常說「你是七月十五日生的」。

除五月、七月之類的禁月之外，民間還有一種被叫做「楊公忌」的特殊忌日。即從農曆正月十三日始，以後每月提前兩天為百事禁忌日。據說此俗

的來歷與宋堪輿術士楊救貧有關。清翟灝《通俗編·藝術》：「《軌論》：宋術士楊救貧習堪輿術，為時俗所推，其膚制一年有十五日，百事禁忌，名曰楊忌。」清梁章巨《浪跡續談·楊公忌》：「《軌論》云：『宋術士楊救貧，習堪輿術，為時俗所推，其說一年有十三日，百事禁忌，名曰楊公忌』……今人所傳楊公忌，以正月十三日為始，餘每月皆隔前一日，惟七月有兩日，一為初一日，一為二十九日，亦隔前一日也，故合為十三日。」亦省稱「楊忌」。乾隆聖諭編纂的《欽定協記辨方書·辨訛》：「世俗多畏楊公忌，通書亦多載之，謂其日不宜出行舉事，犯之不利，皆因未悉其原委，故為所惑耳。今按，其說乃是室火豬日。其術元旦起角宿，依二十八宿次序順數，值室宿之日，即為楊公忌。」依此禁忌，一年中這十五天只能呆在家裡，什麼事都不要幹了。

六、漢語語諱：

　　獨一無二的文化俗信前文講述的禁忌多是從民俗的角度切入的，從語言角度看，漢語語諱的表現形式則更為獨特，史學家陳垣先生之所以說「避諱為中國特有之風俗」，或此之謂也。這裡所說的語諱，即語言中的忌諱。它與民俗學裡的忌諱既有聯繫又有區別，與修辭學的「折繞」修辭格也不盡相同。它與民俗學裡的忌諱的相同之處在於對於某些需要避忌的事情都不直接表達，其區別在於「語諱」所指只是語言層面，而不包括前揭禁忌「西益宅」之類一般民俗。具體說語諱在語言形式上包括兩項內容：1. 有忌諱詞語，2. 有替代詞語。也就是北齊顏之推《顏氏家訓·風操》所說的：「凡避諱者，皆須得其同訓以代換之：桓公名白，博有五皓之稱；厲王名長，琴有修短之目。」

　　茲舉一例說明民俗之「避忌」與「語諱」之區別：

　　一人多避忌，家有慶賀，一切尚紅，客有乘白馬者，不令入廄，有一少年善諧謔，以朱塗面而往，主人訝之，生曰：『知翁惡素，不敢以白麵取罪也。』滿座大笑，主人愧而改之。」

　　此出於《笑笑錄》卷三《避忌》，這裡講的只是主人的避忌心理，沒有出現以此代彼的詞語替代現象。此為民俗學上的「避忌」而不是「語諱」。

語諱與修辭學上的「折繞」或「婉語」有相似之處，但也有區別。所謂「折繞」或「婉語」是有話不直說，卻故意說得曲折，繚繞，從而達到婉轉，增強語義，文飾辭面的目的。如《紅樓夢》第7回《第七回送宮花賈璉戲熙鳳，宴寧府寶玉會秦鐘》：

那焦大那裡把賈蓉放在眼裡，反大叫起來，趕著賈蓉叫："蓉哥兒，你別在焦大跟前使主子性兒。別說你這樣兒的，就是你爹，你爺爺，也不敢和焦大挺腰子！不是焦大一個人，你們就做官兒享榮華受富貴？你祖宗九死一生掙下這家業，到如今了，不報我的恩，反和我充起主子來了。不和我說別的還可，若再說別的，咱們紅刀子進去白刀子出來！

上文焦大所說的「紅刀子進去白刀子出來！」就是說要和賈蓉拼命。這是修辭上的「折繞」，或「婉曲」，它所起到的作用是增強語言的張力，聽上去比拼命更誇張。這裡是折繞，而不是忌諱。《紅樓夢》第十一回《慶壽辰寧府排家宴，見熙鳳賈瑞起淫心》：

鳳姐兒低了半日頭，說道：「這實在沒法兒了。你也該將一應的後事用的東西給他料理料理，沖一沖也好。」尤氏道：「我也叫人暗暗的預備了。就是那件東西不得好木頭，暫且慢慢的辦罷。」

所謂「那件東西」便是棺材，卻不說明棺材。此處以「那件東西」代「棺材」，符合以此代彼的條件，是為「語諱」。陳垣先生《史諱舉例》中所說的「史諱」，多屬此類。

就避諱物件而言，可以分為避尊諱、避親諱及其他三大類。

避尊諱就是為尊者諱，也就是不直接說出或寫出君主和尊長的名字。這裡面又有「國諱」、「禦諱」、「公諱」、「廟諱」、「聖諱」等不同名目，各種名目之間又有細微差別。茲舉例如下：

清王士禎《池北偶談·談故二·不避廟諱》：「唐避太宗禦諱，率改『世』曰『代』。」《新唐書·裴矩傳》，隋末唐初政治家裴矩本名裴世矩，入唐之後避唐太宗諱而去世字。《舊唐書·卷八十六·列傳第三十六》：「中宗四男：章庶人生懿德太子重潤，後宮生庶人重福、節湣太子重俊、殤帝重茂。懿德太子重潤，中宗長子也。本名重照，以避則天諱，故改焉。」

唐代著名史學家《史通》著者「劉子玄名知幾，以玄宗諱嫌，故以字行。」所謂「諱嫌」即「知幾」之「幾」與唐玄宗李隆基之「基」字同音，要避嫌諱。

《舊唐書韋貫之傳》：「韋貫之本名純，以憲宗（李純）廟諱，遂以字稱。」

以上諸例皆為避國君之諱，避尊諱還包括避皇后、皇太后的聖諱乃至皇帝的岳母之諱。例如《史記封禪書》：「野雞夜雊。」注：「雉也。呂後名雉，改為野雞。」《晉書·虞預傳》：「本名茂，犯明穆皇后母諱，故改焉。」

避尊諱還包括避聖人之諱，清葉名灃《橋西雜記避孔子諱》：「《金史》：明昌中，詔周公、孔子名俱令迴避……此近代避聖諱之始。」

《宋史·地理志》：「大觀四年，以瑕丘縣為瑕縣，龔丘縣為龔縣。」避孔子諱。

元孔克齊撰《靜齋至正直記》三：「丘字，聖人諱也，子孫讀經史，凡云孔某者，則讀作某者，以丘字朱筆遶圈之。凡有丘字，皆讀作區。至如詩以丘為韻者，皆讀作休，同義則如字。」

宋人曾經避老子名字，《能改齋漫錄》十三：「政和八年八月御筆，太上混元上德皇帝名耳，字伯陽，及諡聃。見今士庶，多以此為名字，甚為瀆侮，自今並為禁止。」然南渡秦相子熺字伯陽，當時不以為非，則政和之禁，亦具文耳。

古代所避尊諱一般對帝王、聖人而言，但也有坐鎮一方的官吏要求老百姓諱稱其名者，最可笑的就是那個不知天高地厚的田登。據宋陸遊《老學庵筆記》卷五記載：「田登作郡，自諱其名，觸者必怒，吏卒多被榜笞。於是舉州皆謂燈為火。上元放燈許人入州治遊觀，吏人遂書榜揭於市日：『本州依例放火三日。』」由是，漢語中有了「只許州官放火，不許百姓點燈」的成語。無獨有偶，據宋周密《齊東野語·卷四·避諱》載：「宣和中，徐申幹臣，自諱其名，知常州，一邑宰白事，言「已三狀申府，未施行。」徐怒形於色，責之日：「君為縣宰，豈不知長吏名，乃作意相侮。」宰亦好犯上者，即大聲日：「今此事申府不報，便當申監司，否則申戶部，申台，申省，申來申去，直待身死即休。」語罷，長揖而退。徐雖怒，然無以罪之。」

　　避忌有表示尊敬之意，與不知避忌者，每被以侮辱尊長論處。因此，一旦犯了避忌，輕者遭叱責，重者遭免官，甚至殺頭以至於株連九族。「因犯尊者諱遭叱責者」如：「裁縫道：『曾中堂叫曾國藩，叫滌生。』他聽了，登時暴跳如雷起來，大喝道：『你可反了！提了曾中堂的正諱叫起來！你知道這兩個字，除了皇帝，誰敢提在口裡！』」此例采自《二十年目睹之怪現狀》第三十回，雖係小說家言，但在現實生活中不乏其例。「蔡京在相位日，權勢甚盛，內外官司公移皆避其名，如京東、京西並改為畿左、畿右之類。蔡門下昂避之尤謹，並禁其家人，犯者有笞責。昂嘗自誤及之，家人以為言，乃舉手自擊其口。蔡經國聞京閩音，稱京為經，乃奏乞改名純臣。此尤可笑。」

　　「因犯尊者諱遭杖責者」如：

　　元象初，高祖征弼為大丞相府法曹行參軍，署記室事，轉大行台郎中，尋加鎮南將軍。高祖又引弼典掌機密，甚見信待。或有造次不及書教，直付空紙，即令宣讀。弼嘗承間密勸高祖受魏禪，高祖舉杖擊走之。相府法曹辛子炎諮事，云須取署，子炎讀「署」為「樹」。高祖大怒曰：「小人都不知避人家諱！」杖之於前。弼進曰：「《禮》，二名不偏諱，孔子言「徵」不言「在」，言「在」不言「徵」。子炎之罪，理或可恕。」高祖罵之曰：「眼看人瞋，乃複牽經引《禮》！」叱令出去。弼行十步許，呼還，子炎亦蒙釋宥。世子在京聞之，語楊愔曰：「王左右賴有此人方正，庶天下皆蒙其利，豈獨吾家也。」──《北齊書‧杜弼傳》

　　「因犯尊者諱遭免官者」如《南史‧王亮傳》：「時有晉陵令沈巑之性粗疏，好犯亮諱，亮不堪，遂啟代之。巑之怏怏，乃造坐云：『下官以犯諱被代，未知明府諱。』」

　　因犯尊者諱而引來殺身之禍乃至家滅九族者最有名的莫過於清雍正朝的那場文字獄。犯諱的主角是浙江海寧人查嗣庭，查是康熙進士、翰林院編修、庶起士，官至內閣學士兼禮部侍郎。查氏一門兄弟四人皆為進士，時有「一門七進士，叔侄五翰林」的美譽。雍正四年(1726)查嗣庭典江西鄉試，以《詩經‧商頌‧玄鳥》「邦畿千里，維民所止」的後四字為試題。被人告發「維止」二字，意在取「雍正」二字去其首。

又查其筆劄詩鈔，「語多悖逆」。於是被以「諷刺時事，心懷怨望」的罪名逮捕入獄。結案之時查本人已病死獄中，但雍正帝仍然難解心頭之恨，將之戮屍梟示，查氏之子 16 歲以上者皆處斬刑，16 歲以下的以及婦女皆給功臣家為奴。並暫時停止浙江全省的鄉、會兩試，以示懲罰。弟子多被株連。其實，查嗣庭等人的真正死因是他是隆科多的黨人，他是雍正帝與權臣之間的政治鬥爭犧牲品。

為親者諱又叫私諱或家諱。《禮記·玉藻》：「於大夫所，有公諱無私諱。凡祭不諱，廟中不諱，教學臨文不諱。」孔穎達疏：「謂士及大夫言，但諱君家，不自私諱父母也。」陳澔集說：「私諱，私家之諱也。」茲舉私諱例如下。

司馬遷的父親名叫司馬談，故司馬遷《報任安書》中有「同子參乘，袁絲變色」之語，其中的「同子」就是司馬遷對漢文帝的宦官趙談的稱謂，《佞幸傳》：「趙談者，以星氣幸」者也。趙談與司馬遷的父親司馬談同名，司馬遷為避父諱，所以就稱趙談為「同子」。子是對男子的尊稱。在《史記·趙世家》中他把張孟談也寫作張孟同。

何琇《樵香小記》卷上：「《蘭亭序》『後之攬者』句，『攬』當為『覽』，或云通用，或云誤筆，其實乃自避家諱，故加『扌』旁。右軍，王覽之後也。」

《齊東野語》四：「淮南王安，避父諱長，故淮南書，凡言長悉曰修。王羲之之父諱正，故每書正月為初月，或作一月，餘則以政字代之。王舒除會稽內史，以祖諱會，以會稽為鄶稽。范曄父名泰，《後漢書》書郭泰為郭太。李翺祖父名楚今，故為文皆以今為茲。杜甫父名閑，故杜詩無閑字。……蘇子瞻祖名序，故以序為敘，或改作引。曾魯公父名會，故避之者，以勘會為勘當。蔡京父名准，改平准務為平貨務。此皆士大夫自避家諱也。」「元積以陽城驛與楊道州名同，更之曰避賢驛，且作詩以記之，白樂天和之云：『荊人愛羊祜，戶曹改為詞，一字不忍道，況兼姓呼之』是也。鄭誠過郢州浩然亭，謂賢者名不可斥，更名孟亭。此則後人避前賢名也。」「五代有石昂者，讀書好學，不求仕進。節度使符習高其行，召為臨淄令。習入朝，監軍楊彥朗知留後。昂以公事上謁，贊者以彥朗家諱石，遂更其姓曰右昂。昂趨於庭，

責彥朗曰：『內侍奈何以私害公？昂姓石，非右也。』彥朗大怒，昂即解官去。語其子曰：『吾本不欲仕亂世，果為刑人所辱。』」

世傳杜子美母名海棠，有人說杜甫全詩不及海棠。

《舊唐書·李賀傳》：「李賀，字長吉，宗室鄭王之後，父名晉肅，以是不舉進士。」

清梁章巨《浪跡三談》有《唐人避諱》條云：古人避家諱，有絕不可解者，李長吉以父名晉肅，不得舉進士，蓋此風起於六朝，而唐人因之。唐律有一條，云諸府號官稱犯父祖名而冒榮居之。《疏義》云：「假有人父祖名『常』，不得任太常之官，父祖名『卿』，亦不合任卿。」蓋其初本避父祖名之本字，後乃並其嫌名而亦避之。《新唐書·賈曾傳》：「曾擢中書舍人，以父名言忠，不拜。」《蕭複傳》：「進複戶部尚書、行軍長史，以複父名衡，改統軍長史。」降至五季，猶沿此習，《五代史·劉昫傳》：「太常卿崔居儉當為禮儀使，居儉辭以祖諱蠱。」則不知此律何時始除也。

《紅樓夢》第二回，《賈夫人仙逝揚州城，冷子興演說榮國府》：「現有對證：目今你貴東家林公的夫人，即榮府中赦、政二公的胞妹，在家時名字喚賈敏，不信時你回去細訪可知。」雨村拍手笑道：「是極。我這女學生名叫黛玉，他讀書凡『敏』字他皆念作『密』字，寫字遇著『敏』字亦減一二筆。我心中就有些疑惑。今聽你說，是為此無疑矣。怪道我這女學生言語舉止另是一樣，不與近日女子相同，度其母必不凡，故生此女；今知為榮國府之外孫，又不足罕矣。」林黛玉諱「敏」，乃私諱也。

不小心觸犯親者之諱，每每會為人恥笑。宋王讜《唐語林·雅量》：「韓皋為京兆尹，時久旱祈雨，縣官讀祝文，專心記公家諱，及稱官銜畢，誤呼先祖之名。」縣官誤呼先祖的名諱，竟成了千古笑柄。

總之，辛亥革命之前，凡遇當代帝王或所尊者之名，必須迴避。避忌影響到社會生活的方方面面，各朝避諱寬嚴不一，避諱方法各有不同。史書上常有為避諱改易文字的地方，甚至改變前人的姓名、官名、地名、書名、年號等，致使古書淆亂不清。古人避諱常用的四種方法：

1. 改字。2. 空字。3. 缺筆。4. 改音。

改字之例前多有述及，再如清雍正帝名胤禛，於是，就制定條例：上一字胤，用「允」字代；下一字從「示」，從「真」，用「正」字代，或用「征」字代。（如江蘇省的「儀真縣」改作「儀征縣」）。雍正三年雍正三年 (1725)十二月二十七日皇帝諭內閣宣示先師孔子聖諱丘字迴避之法：為避諱孔丘名，除四書五經外，凡遇「丘」字都應加耳字旁為「邱」。

空字之例或因避諱空其字而不書，或以空框「□」代之，或以「某」字代之，或徑書「諱」字。空字避諱的方法，其源甚早。《書·金縢》：「惟爾元孫某。」孔傳：「元孫武王，某名，臣諱君故曰『某』。」《史記·孝文本紀》：「子某最長，請建以為太子。」此處的「某」就是對漢景帝劉啟的諱稱。《史記》《漢書》在談到漢之諸帝時皆不直書其名。

古書缺筆避諱其例甚多，尤其是古代碑版之中幾乎可以俯拾。乾封元年於心寧碑，「世武」「世」字寫作丨。前而提到黛玉在遇到她媽媽的名字「敏」字時，也採用缺筆或改音的方法。

由於避忌太多太煩，稱述不便，古人也深感可苦，因此，《曲禮》有「二名不偏諱」之說。鄭注：「偏，謂二名不一一諱也。孔子之母名『徵在』，言『在』不言『徵』，言『徵』不言『在』。」

《日知錄》：「『宋武公名司空，改司空為司城。』是二名不偏諱之證。」

然古代避嫌名者不乏其例，《顏氏家訓·風操第六》：「劉條、緩、綏，兄弟並為名器，其父名昭，一生不為照字，惟依《爾雅》火旁作召耳。然凡文與正諱相犯，當自可避；其有同音異字，不可悉然。劉字之下，即有昭音。呂尚之兒，如不為上；趙壹之子，儻不作一，便是下筆即妨，是書皆觸也。」

唐太宗李世民是古之明君，他不贊成二名偏諱，他曾於武德九年六月下詔：「依禮，二名不偏諱。近代以來，兩字兼避，廢闕已多，率意而行，有違經典，今其官號人名。及公私文籍。有世及民兩字不連續者。並不須避。今宜依據《禮》典，務從簡約，仰效先哲，垂法將來。」（《舊唐書·太宗紀》）由此可知，唐代以前二字兼避已成風俗，至唐太宗時，才下令禁之。然禮多人不怪，禁者自禁，諱者自諱。唐代二名偏諱者仍有不少。《日知錄》：「高宗永徽初，已改民部為戶部，『李世勣』已去『世』字單稱『勣』。閻若璩

謂太原晉祠有唐太宗禦制碑，碑陰載當時從行諸臣姓名，內有『李勣』，已去『世』字。是唐太宗時已如此，不待永徽初也。」

避諱之俗左右著人們的行動，古人為避家諱請求改任官職不止一例。《舊唐書·懿宗紀》：「洙奏狀稱：『蒙恩除授滑州刺史，官號內一字與臣家諱音同，雖文字有殊，而聲韻難別，請改授閑官者。』」宋莊季裕《雞肋編》卷下：「而唐馮宿父名子華，及出為華州刺史，乃以避諱不拜。」宋代法律規定，不避家諱而冒榮居者，有罪。

避諱之俗還為中國古書帶來諸多問題，古書中不僅有因避諱致使文字殘缺不全者，還有因避諱而致使經傳謬誤、莫名常語者，實可謂弊端叢生。不過，事物總是有兩面性，歷史學家陳垣，把史書的避忌資料加以梳理，歸納出史諱的諸種條例，將之應用到歷史文獻的校勘上，以此來判定歷史之時代，古書之真偽，實在是化腐朽為神奇之一大發明也。

此外，中國還有一些不拘物件，不論古今的避忌，例如「死」和「性」。常言道，人生不過百，生老病死本來是一種常見現象，然而，人們總是本能地想多活幾年，總是想萬歲萬萬歲。面臨「死亡」一般人都會有一種莫名的恐懼心理。於是，「死」就成了人人諱稱的字眼。魯迅《彷徨·祝福》：「知道他雖然讀過『鬼神者二氣之良能也』，而忌諱仍然極多，當臨近祝福的時候，是萬不可提起死亡疾病之類的話的。」

似乎，提起死亡疾病之類的字眼就會導致死亡疾病的結果。

人們相信，語言具有魔力，言語與事物之間有一種神秘的聯繫。雖然無法驗證這種魔力存在不存在，但人們還是相信它。正如房龍所說：「超然於這個世界的人或沒有生命的物體是『神聖』的東西，人們絕不能冒著即刻死去的痛苦或永恆磨難的代價談論或涉及。」下引《紅樓夢》第二八回《蔣玉菡情贈茜香羅，薛寶釵羞籠紅麝串》的這段描寫即可視為這種心理的具體體現：

黛玉耳內聽了這話，眼內見了這形景，心內不覺灰了大半，也不覺滴下淚來，低頭不語。寶玉見他這般形景，遂又說道：「我也知道我如今不好了，但只憑著怎麼不好，萬不敢在妹妹跟前有錯處。便有一二分錯處，你倒是或

教導我，戒我下次，或罵我兩句，打我兩下，我都不灰心。誰知你總不理我，叫我摸不著頭腦，少魂失魄，不知怎麼樣才好。就便死了，也是個屈死鬼，任憑高僧高道懺悔也不能超生，還得你申明了緣故，我才得托生呢！

黛玉聽了這個話，不覺將昨晚的事都忘在九霄雲外了，便說道：「你既這麼說，昨兒為什麼我去了，你不叫丫頭開門？「寶玉詫異道：「這話從那裡說起？我要是這麼樣，立刻就死了！」林黛玉啐道：「大清早起死呀活的，也不忌諱。你說有呢就有，沒有就沒有，起什麼誓呢。

好像一提死，就再也見不成她的寶哥哥似的。因此，林黛玉連忙唾啐，據說，鬼怕唾啐，唾啐是一種厭禳之法。

人們忌諱「死亡」，但死亡又是不可抗拒的，所以人們又婉稱死亡「諱」、「不諱」、「不可諱」、「不可為諱」。《三國志·吳志·諸葛恪傳》：「諸將備守各有境界，猶恐賊虜聞諱，恣睢寇竊。」《元朝秘史》卷十三：「皇帝涉歷山川，遠去征戰，若一日倘有諱，四了內命誰為主，可令眾人先知。」《漢書·丙吉傳》：「君即有不諱，誰可以自代者？」顏師古注：「不諱，言死不可複諱也。」《管子·戒》：「管仲寢疾，桓公往問之曰：『仲父之疾甚矣，若不可諱，不幸而不起此疾，彼政我將安移之？』」司馬遷《報任安書》：「今少卿抱不測之罪，涉旬月，迫季冬，僕又薄從上雍，恐卒然不可為諱，是僕終已不得舒憤懣以曉左右，則長逝者魂魄私恨無窮，請略陳固陋。」又稱居喪或為帝王死後舉喪為奉諱。唐李綽《尚書故實》：「〔太宗〕嘗一日附耳語高宗曰：『吾千秋萬歲後，與吾《蘭亭》將去也。』及奉諱之日，用玉匣貯之，藏於昭陵。」唐韓愈《慰國哀表》：「大行皇帝，功濟寰區，仁沾重植，奉諱之日，率土崩心。」又稱父母及其他親屬逝世的日子為忌日或忌辰。《禮記·祭義》：「君子有終身之喪，忌日之謂也。」

鄭玄注：「忌日，親亡之日。」《後漢書·申屠蟠傳》：「九歲喪父，哀毀過禮……每忌日，輒三日不食。」後來又把祖先生日、死日及皇帝、皇后死亡之日統稱忌日。俞樾《春在堂隨筆》卷七引漢《三老碑》：「三老諱通，字少父，庚午忌日；祖母失諱，字宗君，癸未忌日。」《三國志魏志齊王芳傳》：「烈祖明皇帝以正月棄背天下，臣子永惟忌日之哀。」清顧炎武《閏五月十

日恭謁孝陵》詩：「忌日仍逢閏，星躔仍一周。」清李漁《憐香伴·氈集》：「那日是先君的忌辰，忽起終天之恨，往荒隴廬墓。」

古代關於死還因地位、身份不同而有很多異稱。《戰國策·秦策五》：「王之春秋高，一日山陵崩，太子用事，君危於累卵，而不壽於朝生。」高誘注：「山陵，喻尊高也；崩，死也。」《禮記·曲禮下》：「天子死曰崩，諸侯死曰薨，大夫死曰卒，士曰不祿，庶人曰死。」唐代則以薨稱三品以上大官之死。《新唐書·百官志一》：「凡喪，三品以上稱薨，五品以上稱卒，自六品達於庶人稱死。」婦人之死，則從夫稱。關於死還有他稱、自稱之別。《戰國策·趙策四》：「左師公曰：『老臣賤息舒祺，最少，不肖。而臣衰，竊愛憐之，願令得補黑衣之數，以衛王宮。昧死以聞。』太后曰：『敬諾！年幾何矣？』對曰：『十五歲矣。雖少，願及未填溝壑而托之。』太后曰：『丈夫亦愛憐其少子乎？』對曰：『甚於婦人。……今媼尊長安君之位，而封之膏腴之地，多予之重器，而不及今令有功於國；一旦山陵崩，長安君何以自托於趙？老臣以媼為長安君計短也。故以為其愛不若燕後。』」

中國自古就有「男女授受不親」的古訓，《中國禮俗學綱要》云：「男女之嫌疑，如何辨之，則如男女不同坐，不共巾櫛，乃至叔嫂不通問，不相為服，以此禮辨嫌疑，複以此禮保證其分辨也。」正因為中國俗尚如此，所以我們中國人對於性行為一般都諱莫如深。古代文獻一般少鮮齒及，即便提及，也說得很文雅，很富於想像力。例如《文選·宋玉〈高唐賦〉序》中有這樣一段話：「昔者楚襄王與宋玉游於云夢之台，望高唐之觀，其上獨有云氣……王問玉曰：『此何氣也？』玉對曰：『所謂朝云者也。』王曰：『何謂朝云？』玉曰：『昔者先王嘗游高唐，怠而晝寢，夢見一婦人曰：妾巫山之女也，為高唐之客，聞君游高唐，願薦枕席。王因幸之。去而辭曰：妾在巫山之陽，高丘之岨，旦為朝云，暮為行雨。朝朝暮暮，陽臺之下。』」上文與性有關的句子有「願薦枕席」，「王因幸之」，「旦為朝云，暮為行雨」。如果不是中國人，那就很難領會其中的深意，即便是中國人，如果沒有前人的注解，一般讀者恐怕也是云裡霧裡，不知所以。再看劉禹錫《巫山神女廟》中的性描寫：「星河好夜聞清佩，云雨歸時帶異香。」從中絲毫看不出「不潔」的痕跡。宋晏幾道《何滿子》詞曰：「眼底關山無奈，夢中云雨空休。」此

與劉禹錫相比，其委婉之致毫不遜色。比這再露骨一點的表述也不過就是「花柳」、「風月」之類，此乃古人所謂「發乎情，止乎禮」是也。

第十講 「瞻卬昊天，有嘒其星」：談談古代中國的星占術

　　何謂星占術？星占術是以觀察星辰的運行、位置、顏色、亮度、芒角以及星辰之間的關係，來預測人間吉凶禍福的一種方術。有人把它視為一種學問，稱之為星占學或占星學。從源頭上說，星占術與天文學恰似一對孿生連體兄弟，但在以後成長的過程中二者走向了截然不同的發展道路。天文學是嚴肅的自然科學，星占術則走向了它的反面。天文學與星占術同樣都研究天體運動的規律，天文學的取向是自然的、科學的、精密的，是以觀察及解釋天體的物質狀況及事件為主的學科，主要研究天體的分佈、運動、位置、狀態、結構、組成、性質及起源和演化，而星占術的取向則是社會的、文化的、雜蕪的。它透過天體運行的異常現象來預言附會人間的吉凶禍福，就本質上而論它是唯心的，甚至是荒誕的。可以說星占學是天文科學發展的歷史悖論，不過，在科學的發展史上類似的悖論可謂不少。

▍一、中國星占術發展源流概說

　　在人類社會發展的早期階段，限於當時的認識水準，人類對自己創造的文化與自然的物象之間究竟是一種什麼關係並不瞭解，對於導致吉、凶、禍、福、生、老、病、死的緣由並不清楚，於是便從一些事物的表像出發，把生活中的吉、凶、禍、福、生、老、病、死發生的因果與某些自然現象聯繫起來，星占術就是這樣發展起來的，星占術的發生和發展從一定意義上說是遠古先民對自然天象與人類關係誤會的結果。類似的誤會，在不同民族的認知史上頗具相似性，除中國之外，在文化較早發達的其它地區，如古巴比倫、古埃及、古希臘都很盛行占星術，雖然，從技術和文化層面而言各民族各具有自己獨特的星占體系，然就本質而言，星占都是為了預卜凶吉，都是為了避害趨利。不僅在上古，即便是在並不遙遠的近代，占星術仍然活躍在一些較為原始的部落中。

巫術與星占術一樣同天文學互為一體，星占術、巫術、天文學三者總是緊緊地糾結在一起。據中國古文獻記載，在遙遠的顓頊時代中國即已有占星術的萌芽。《尚書·呂刑》云：

王曰：「若古有訓，蚩尤惟始作亂，延及於平民，罔不寇賊，鴟義奸宄，奪攘矯虔。苗民弗用靈，制以刑，惟作五虐之刑曰法。殺戮無辜，爰始淫為劓、刵、椓、黥。越茲麗刑並制，罔差有辭……惟時苗民匪察於獄之麗，罔擇吉人，觀於五刑之中；惟時庶威奪貨，斷制五刑，以亂無辜，上帝不蠲，降咎於苗，苗民無辭於罰，乃絕厥世。

此段文字大意，上古蚩尤作亂之時，世風日下，平民百姓爭奪竊盜，寇掠賊害。尤其是苗民不遵守政令，互相欺詐，紛紛作亂，沒有忠和信，以致背叛誓約。受了虐刑的和一些被侮辱的都向上帝申告自己無罪。上帝考慮苗民沒有芬芳的德政，刑法所散發的只有腥氣。顓頊皇帝哀憐眾多被害的人沒有罪過，就用威罰處置暴虐的人，制止和消滅行虐的苗民，使他們沒有世嗣留在下國。所謂「上帝不蠲，降咎於苗」，意思就是說，上天不赦免苗民的罪過，就降災禍給苗民。由此可見在古代先民的頭腦中，天帝和人是一起的，人可以到天帝那裡告狀。苗民弗用靈，上天就要降罪於他們。前引《國語·楚語》中觀射父跟楚昭王所解釋的就是這個意思。

「天人合一」是中華文化的基本特徵，這一觀念是從上古先民那裡承繼而來的。如果固著地理解「天人合一」，似乎頗為荒謬，但是在注重環境保護的當今世界，人們對中國這一古老的觀念又有了新的詮釋，今人可以從中汲取無窮的智慧。

中國的星占術的理論基礎就是根植於「天人合一」、「天人相應」觀念之中的。

「天人合一」，古人相信「民受天地之中以生，所謂命也。」也就是說上天是萬事萬物的主宰，殷人說「有夏多罪，天命殛之」，又謂「天命玄鳥，降而生商」。由於人受制於天，統治庶民的帝王將相如果做錯了事就會受到上天的警示或懲罰，做好了也會降下祥瑞。所以《周易·賁卦·彖傳》強調要「關乎天文，以察時變。」《周易·繫辭》亦曰：「是故，天生神物，聖人則之。

天地變化，聖人效之。天垂象，見吉凶，聖人象之。河出圖，洛出書，聖人則之。」孔穎達正義：「天垂象，見吉凶，聖人象之者，若璿璣玉衡，以齊七政，是聖人象之也。」「若璿璣玉衡，以齊七政」語出《書·舜典》，孔傳：「璣，衡，王者正天文之器。」關於玉衡的式樣，孔穎達疏引蔡邕曰：「玉衡長八尺，孔徑一寸，下端望之以視星辰。蓋懸璣以象天而衡望之。」

談起中國星占術的起源，天文學史家陳久金先生曾說：「中國星占術源遠流長，有著一個漫長的發展歷史，從殷墟卜辭中，就可以看出早在商代時就有許多為帝王服務的星占師和進行占卜的卜辭。」陳先生說得不錯，甲骨卜辭中的確有殷人進行星占的明確記載。如《甲骨文合集》10406 反辭為：

(1) 癸亥蔔，貞：旬亡禍。工占曰：有祟，〔其亦有來艱〕。五日丁卯子，不葬。

(2) 王占曰：有祟。八日庚戌有各云自東面母，戌亦有出虹自北飲於〔河〕。

《甲骨文合集》10405 反的刻辭與此大致相同。此辭大意是說，商王武丁某年某月的癸亥日蔔問，下旬是不是會有災禍發生。商王親察蔔兆之後說：「有災禍」。五日丁卯果然有死了大臣。第八天的庚戌日，東邊天際又飄著彩雲，到了下午兩三點的時候，又有彩虹飲水於黃河之上。彩虹，在古代是災異之象。

由上辭可知，「有設」有吉與不吉之分，不過，就卜辭而言，「有設」之「設」，大多是不吉，甚至「有祟」。

為了報塞上天，就要舉行禳災之祭。商湯之時，上天曾降災禍於其下，而聖王商湯則不惜以身殉，為民祈福。《呂氏春秋·順民》：「昔者，湯克夏而正天下，天大旱，五年不收，湯乃以身禱於桑林，曰：『餘一人有罪，無及萬夫，萬夫有罪，在餘一人。無以一人之不敏，使上帝鬼神傷民之命。』於是翦其髮，其手，以身為犧牲，用祈福於上帝，民乃甚說，雨乃大至。」

殷商時代已有專門的星占師，殆無可疑。最著名的就是巫鹹。《書·君奭》云：「在祖乙時，則有若巫賢。」巫賢即巫鹹。

西周已設掌管天象的專職人員。《周禮·春官·保章氏》：

保章氏掌天星，以志星辰、日月之變動，以觀天下之遷，辨其吉凶。以星土辨九州之地所封，封域皆有分星，以觀妖祥。以十有二歲之相，觀天下之妖祥。以五云之物，辨吉凶、水旱、降豐荒之祲象。以十有二風，察天地之和，命（告訴，告誡）乖別之妖祥。凡此五物者，以詔救政，訪序事。

到了東周時代，中國的星占術已經完全成熟，成熟的標誌主要體現在星官體系得以確立。古人認為星官是「人君法天以設官」的結果，並把它的始作俑者附會為商代的傳說。說見《尚書·說命》：

惟說命總百官，乃進於王曰：「嗚呼！明王奉若天道，建邦設都。傳云：「天有日月北斗五星二十八宿，皆有尊卑相正之法，言明王奉順此道，以立國設都。」孔穎達疏：「《晉語》云：『大者天地，其次君臣。』《易·繫辭》云：『天垂象，見吉凶，聖人象之。』皆言人君法天以設官，順天以致治也。天有日月照臨晝夜，猶王官之伯率領諸侯也。北斗環繞北極，猶卿士之周衛天子也。五星行於列宿，猶州牧之省察諸侯也。二十八宿布於四方，猶諸侯為天子守土也。天象皆有尊卑相正之法，言明王奉順天道以立國設都也。『立國』謂立王國及邦國，『設都』謂設帝都及諸侯國都，總言建國立家之事」。

用漢儒的說法是「法象天官」。王充《論衡》：「天官百二十，與地之王者無以異也。地之王者，官屬備具，法象天官，稟取制度。天地之官同，則其使者亦宜鈞。官同人異者，未可然也。」王充之說不確，實際上地官不是「法象天官」，而是天官法象地官，百二十的天官之制是模仿人間的三公九卿、二十七大夫、八十一元士的職官職度來命名的。古人所以強調「法象天官」，實際上是為「君權神授」的觀念所蒙蔽。

秦漢以前有一些星占家在歷史上留下了名字。《史記·天官書》：「昔之傳天數者：高辛之前，重、黎；於唐、虞，羲和；有夏，昆吾；殷商，巫咸；周室，史佚、萇弘；於宋，子韋；鄭則裨灶；在齊，甘公；楚，唐昧；趙，尹皋；魏，石申。」秦漢以後，漢之張良、京房、張衡，三國蜀之諸葛亮、吳之陳卓、吳範，北魏之崔浩，唐代之李淳風、瞿曇悉達、北宋之王安禮等都很有名。

占星著作，流傳於後世的主要有《甘石星經》，此雖託名甘德、石申，但實際上並非戰國時代的原著，而是出於唐宋人之手。中國現存的占星書比較有名的是唐代李淳風的《乙巳占》、瞿曇悉達的《開元占經》、北宋王安禮重修的《靈台秘苑》以及明代不知撰人（或云劉基）的《觀象玩占》等等。

■二、三垣、四象、二十八宿與中國星空的分區

入夜，當你舉目仰望之時，可以看到蔚藍的天幕上點綴著許許多多的星星，那些星星或明或暗，或大或小，或疏或密。有些星星成天呆在那裡，看上去好像一動不動，這就是天文學上所謂的恒星。恒星的分佈本來毫無規律，為了辨識這些星辰，古人把那些位置相近的恒星幾個幾個地組合在一起，並給每個組合分別取了不同的名稱，這樣的恒星組合就是中國天文學上所說的星官。《史記·天官書》唐司馬貞題解：「天文有五官。官者，星官也。星座有尊卑，若人之官曹列位，故曰天官。」現代天文學上所謂的「星座」與中國的「星官」的概念頗為相似，但又不完全相同。所謂星座是把星空分為若干區域，每個區域叫一個星座。現代天文學上分為88個星座，如天鵝座、仙女座、望遠鏡座等。「星官」與「星座」的重要區別主要表現在兩點。中國的「星官」指的是一組「恒星的組合」，其著眼的是點；現代天文學的「星座」指的是星空的某一個區域，著眼的是面，此其一。對於恒星區域範圍的分割乃至於星辰數目的多寡的厘定也各不相同，此其二。就恒星組合的數目而言，中國的星官所包含的星辰數目多寡不等，少則一個，多則幾十個。在中國天文學中，最為重要的星官有 31 個，這就是三垣二十八宿。

「三垣」、「二十八宿」實際上就是中國古代的星空區劃體系。所謂「三垣」包括紫微垣、太微垣、天市垣等三星官。紫微垣又名紫宮垣，或簡稱紫垣、紫微宮、紫宮，指的是北極星空的中央部分。《晉書·天文志》：「紫宮垣十五星，其西蕃七，東蕃八，在北斗北，一曰紫微，大帝之座也，天子之常居也，主命主度也，一曰長垣，一曰天營，一曰旗星，為蕃衛備蕃臣也。」

在紫微垣的中心有一亮星，差不多正對著地軸，從地球上看，其位置幾乎不變，人們常靠它來辨別方向，它就是北極星。由於歲差的緣故，不同歷史時期所看到的北極星是不同的。秦漢時代，人們以北極二為北極星。所以，

司馬遷《史記·天官書》中就以它為中心來介紹紫微垣各星：「中宮天極星，其一明者，太一常居也；旁三星三公，或曰子屬。後句四星，末大星正妃，余三星後宮之屬也。環之匡衛十二星，藩臣。皆曰紫宮。」

太微垣，是天帝在南天的行宮。位於北斗之南，軫、翼之北，大角之西，軒轅之東。諸星以五帝座為中心，作屏藩狀。《史記天官書》：「南宮朱鳥，權、衡。衡，太微，三光之廷。」司馬貞《索隱》引宋均曰：「太微，天帝南宮也，三光，日、月、五星也。「《晉書·天文志》：「太微天子庭也，五帝之座也，十二諸侯府也，其外蕃九卿也。」

天市垣，顧名思義，是天上的街市。《史記·天官書》：「東北曲十二星曰旗。旗中四星曰天市。」張守節正義：「天市二十三星，在房、心東北，主國市聚交易之所，一曰天旗。明則市吏急，商人無利；忽然不明，反是。市中星眾則歲實，稀則歲虛。熒惑犯，戮不忠之臣。彗星出，當徙市易都。客星入，兵大起；出之，有貴喪也。」

二十八宿又叫二十八舍或二十八星。指的是沿著黃道分佈的二十八個星座。「宿」、「舍」具有「停留」之意。二十八宿最初是古人為比較日、月、金、木水、火、土的運動而選擇的二十八個星官，作為觀測時的標記。「宿」即表示日月五星所停留的位置。《史記·律書》說：「舍者，日、月所舍。」《淮南子·天文訓》有「五星、八風，二十八宿」之語，高誘注云：「二十八宿，東方：角、亢、氐、房、心、尾、箕；北方：鬥、牛、女、虛、危、室、壁；西方：奎、婁、胃、昴、畢、觜、參；南方：井、鬼、柳、星、張、翼、軫也。」

與二十八宿相關聯的概念還有用來表示天空東、北、西、南四個方向的「四象」。四象又稱天之四靈，也是根據星宿組成的圖案附會而成的四種動物圖像。即東方蒼龍，北方玄武，西方白虎，南方朱雀。

「東方蒼龍」中的蒼龍即青龍。青龍是古代傳說中的祥瑞之物。《史記·天官書》：「東方蒼龍，房、心。」司馬貞《索隱》案：「《爾雅》云『大辰，房、心、尾也。』李巡曰『大辰。蒼龍宿，體最明也。』」

　　北方玄武中的玄武，其形為龜，或龜蛇合體，是古代神話中的北方之神。漢張衡《思玄賦》：「玄武縮於殼中兮，騰蛇蜿而自糾。」《史記·天官書》：「北宮玄武。」司馬貞索隱：「南斗六星，牽牛六星，並北宮玄武之宿。」《楚辭·遠遊》：「時曖曃其曨莽兮，召玄武而奔屬。」王逸注：「呼太陰神，使承衛也。」洪興祖補注：「玄武，謂龜蛇。位在北方，故曰玄。身有鱗甲，故曰武。」

　　西方白虎，即白額虎，是傳說中的凶神。《史記·天官書》曰：「參為白虎，……小三星隅置曰觜觿，為虎首，主葆旅事。……」

　　南方朱雀，在古代傳說中也是祥瑞動物，《史記·天官書》又稱「南宮朱鳥」，是南方之神。《太平御覽》卷八八一引《河圖》：「南方赤帝，神名赤熛怒，精名朱鳥。」將南方井、鬼、柳、星、張、翼、軫七宿勾連起來，所呈現出的正是鳥形；朱色象火，南方屬火，所以叫做朱雀。《書堯典》：「日中星鳥。」清孫星衍疏：「經言星鳥者，鳥謂朱雀，南方之宿……鄭康成之意，南方七宿，總為鳥星。」

　　有學者根據天文考古學資料研究認為，「四象」是從東西二象分化而來的。所謂天文考古學資料是指 1987 年 6 月，在河南省濮陽市西水坡所發現的編號為 M45 的仰韶文化墓葬，墓穴的形狀呈南圓北方，東西兩側設有兩個凸出的弧形小龕。墓主人為一壯年男子，頭南足北。在墓主骨架的左右兩側及腳端，分別發現了用蚌殼精心擺塑的龍虎圖像和三角形圖案，而蚌塑三角形還特意配置了兩根人的脛骨。墓中蚌龍居右，位於東方；蚌虎居左，位於西方。學者指出「墓中的蚌塑龍虎就只能作星象來解釋。」此墓葬的年代距今有 6000 年之久，學者將蚌塑龍虎與《國語》、《左傳》等文獻所載高辛氏之子閼伯、實沈，日尋干戈的神話傳說聯繫起來。依此所謂的東方蒼龍的星神應即閼伯，西方白虎的星神應即實沈。還有學者進一步將中國上古的天文地理分野與遠古中國境內各民族的由來聯繫起來，認為東方蒼龍實際就是東夷民族所崇祀的星座。其分佈的地域在中國東部的沿海地區，佔有山東、江蘇的北部、安徽的北部、河南的東部等地。在河南省商丘縣至今還有「火神台」，又叫閼伯台，其形似墳墓，高達 10 丈。臺上供奉著閼伯之神像。

除火神廟外，還有大殿、拜廳、鐘鼓樓、戲樓、大禪門等精美建築。廟內還有明清彩色壁畫。

　　西方白虎實際就是西羌民族所崇祀的星座。其生存的根據地在甘肅、陝西和四川的西部一帶，後分炎帝族、黃帝族兩大支系向東發展。他們普遍以虎為自己的圖騰。後來這兩個支系又重新融合，羌姓和姬姓就是其後裔。他們生存的根據地在山西的南部，以後又向晉北和河北發展，山東的南部也是其後裔之地。

三、北斗七星與天文地理之分野

　　前面對三垣、四象、二十八宿作了概括性介紹，由此我們知道，所謂三垣、二十八宿其實就是古代天文學家在比較日、月、五星的運動時所選擇的二十八個作為觀測時的標誌的星官。所謂四象所代表的是中國古代天空的東、北、西、南的四大區域，同時又是主宰東、北、西、南四方星神的神名。這些方神的形象取自蒼龍、白虎、朱雀、玄武四種動物。前文我們多次提到北斗星，北斗星在中華文化中具有十分豐富的內涵，在討論天上的分星與地上的分野時它也是一個無法迴避的話題。

　　我們知道，中國位處北半球，我們仰望時只能看到北半球的天空。在北天夜空上有一組名為天樞、天璿、天璣、天權、玉衡、開陽和搖光（或謂「瑤光」）的七顆星辰。這組星的形狀在中國人眼裡看上去像舀酒水的杓子。杓子在古漢語裡又稱為「鬥」，郭璞云：「鬥，斟水杓也。」因為這七星位於北天，所以，古人稱之為北斗。與「北斗」相對，在其南還有「南斗」。

　　與中國古代先民不同，西方人把「北斗星」的形狀想像為一隻熊，北斗七星隸屬於大熊星座，勺口四星是熊肥胖的軀體，勺柄三星是熊的尾巴。

　　關於大熊星座的來歷，古希臘流傳著這樣一個美麗的神話。奧林匹斯山的統治者，掌管著天界的宙斯，愛上了一個名叫卡裡斯托的仙女。不久，卡裡斯托為宙斯生下了一個名叫阿卡的兒子。天后赫拉知道後，大為惱怒，就施咒把卡裡斯托化變為一隻大熊。15年後，卡裡斯托的兒子阿卡成長為一名出色的獵手。赫拉為了羞辱卡裡斯托，故意安排他們母子相見。這一天，阿

卡在森林裡打獵。卡裡斯托認出了自己的骨肉，她忘了自己是熊身，便情不自禁地奔向了自己的兒子。但是，她的兒子阿卡並不知道這只可怕的大熊竟是自己的母親，便舉起長槍向這只熊刺去。在這弒母悲劇即將發生的千鈞一發之際，宙斯連忙施咒，將阿卡變成一隻熊。並把他們母子帶到天上，在眾星之中給了他們兩個榮耀的位置，這就是大熊座與小熊座。

北斗星在中華文化中具有樞紐作用。在中國古人天人合一的觀念中，北斗星可謂溝通天地人的最佳載體。由於北斗星以勺子（古人又稱為魁）為中心，以斗柄（古人又稱為標）所指為半徑，自西向東不停地運轉，因此，中國的古代先民又把北斗七星想像為帝車，《史記·天官書》：「鬥為帝車，運於中央，臨制四鄉。分陰陽，建四時，均五行，移節度，定諸紀，皆系於鬥。」意思是說天帝坐在由北斗星組成的馬車上，一刻不停地巡狩四方。北斗星運行一周正是一年。一年可以平分為陰陽兩個半年，由此又可以分為春夏秋冬四時，調節金、木、水、火、土五行，並據以推算天體運行、季節變化的度數，為天地人制定準則。

「臨制四鄉。」《鶡冠子環流第五》云：「斗柄東指，天下皆春；斗柄南指，天下皆夏；斗柄西指，天下皆秋；斗柄北指，天下皆冬。」這四句話可以看作是對北斗「建四時」的具體闡釋。中國上古先民透過北斗七星的運行，將時間和空間完美地結合起來了。這與現代人的宇宙觀完全一致。現代天文學計算天文距離也正是以時間為單位來丈量空間的，如光年，而我們的祖先竟在數千年前就將時間和空間巧妙地結合在北斗星的運行之上，實在令人驚異。

在介紹紫微垣時，三垣、二十八宿時，我們談到，紫微垣是天帝常居之所。古人在觀察星象時總是習慣於把天上的星宿與地上的人事對照起來，在給中國天空的列宿分區的同時在地上也建立起一套對應的地理分野相關體系。古人相信，天上的某一區域與地上的某一地域會相互影響，並且這種影響具有穩固性、永久性。這便是人們常說的「天人感應」。前引《周禮·保章氏》的那段話，即「以星土辨九州之地所封，封域皆有分星，以觀妖祥」就可看作是這種觀念的具體反映。分土即分野。鄭玄注云「星土，星所主土也。封猶界也。鄭司農說星土以《春秋傳》曰『參為晉星』、『商主大火』，《國語》曰『歲之所在，則我有周之分野』之屬是也。

　　玄謂大界則曰九州島島，州中諸國中之封域，於星亦有分焉。其書亡矣。堪輿雖有郡國所入度，非古數也。今其存可言者，十二次之分也。星紀，吳越也；玄枵，齊也；娵訾，衛也；降婁，魯也；大樑，趙也；實沈，晉也；鶉首，秦也；鶉火，周也；鶉尾，楚也；壽星，鄭也；大火，宋也；析木，燕也。此分野之妖祥，主用客星彗孛之氣為象。」

　　關於分野的劃分，《史記·天官書》、《漢書·天文志》和《晉書·天文志》、《呂氏春秋》以及張守節《史記正義》、諸書與《國語》的說法頗有不同。《史記·天官書》、

　　《漢書·天文志》：　角、亢、氐，兗州。房、心，豫州。尾、箕，幽州。鬥，江、湖。牽牛、婺女，楊州。虛、危，青州。營室至東壁，並州。奎、婁、胃，徐州。昂、畢，冀州。觜觿、參，益州。東井、輿鬼，雍州。柳、七星、張，三河。翼、軫，荊州。　《晉書·天文志》：　角、亢、氐，鄭、兗州。房、心、宋，豫州。尾、箕，燕、幽州。鬥、牽牛、須女，吳越，揚州。虛、危，齊，青州。營室、東壁，衛、並州。奎、婁、胃，魯，徐州。昂、畢，趙，冀州。觜、參，魏、益州。東井、輿鬼，秦、雍州。柳、七星、張，周、三輔。翼、軫，楚，荊州。　《呂氏春秋·有始》：　天有九野，地有九州，土有九山，山有九塞，澤有九藪，風有八等，水有六川。何謂九野·中央曰鈞天，其星角、亢、氐；東方曰蒼天，其星房、心、尾。東北曰變天，其星箕、鬥、牽牛。北方曰玄天，其星婺女、虛、危、營室。西北曰幽天，其星東壁、奎、婁。西方曰顥天，其星胃、昂、畢。西南曰朱天，其星觜巂、參、東井。南方曰炎天。其星輿鬼、柳、七星。東南曰陽天，其星張、翼、軫。何謂九州島？河、漢之間為豫州，周也。兩河之間為冀州，晉也。河、濟之間為兗州，衛也。東方為青州，齊也。泗上為徐州，魯也。東南為揚州，越也。南方為荊州，楚也。西方為雍州，秦也。北方為幽州，燕也。張守節《史記正義》：星經云：「角、亢，鄭之分野，兗州；氐、房、心，宋之分野，豫州；尾、箕，燕之分野，幽州；南斗、牽牛，吳、越之分野，揚州；須女、虛，齊之分野，青州；危、室、壁，衛之分野，並州；奎、婁，魯之分野，徐州；胃、昂，趙之分野，冀州；畢、觜、參，魏之分野，益州；東井、輿鬼，秦之分野，雍州；柳、星、張，周之分野，三河；翼、軫，楚之分野，荊州也。」

如上所揭，星域的劃分諸書頗不一致，但有一點是共同的，即列星的先後順序是按二十八宿的位置依次排列，而州域的排列則無邏輯順序。兗、豫、幽、揚……從東、西到北、南，卻又忽然折回東方到了青州；從青到並由東向西，卻又拐回到東方的徐州。總之，州域的排列無章法可循。有專家揣測，星域的劃分，可能與西周各諸侯國使用的曆元不同有關。

天上的分星與地上的分土是相對應的。這一觀念早已深入人心，溶入到中華文化的血液中了，在古代詩文中隨處可見。如王勃《滕王閣序》：「豫章故郡，洪都新府。星分翼軫，地接衡廬。……物華天寶，龍光射牛斗之墟，人傑地靈，徐孺下陳番之榻。」「翼、軫」，楚國的分星。它的分野之中自然就有南昌了。牛、斗的分野是吳越，南昌屬吳越之地。晉左思《吳都賦》：「婺女寄其曜，翼軫寓其精。」婺女，女宿。又名須女，務女。二十八宿之一，玄武七宿之第三宿，有星四顆。《史記·天官書》：「婺女，其北織女。」再如李白《蜀道難》：「捫參歷井仰脅息，以手撫膺坐長歎」。參，參宿，是益州（蜀）、井，井宿，是雍州（秦）的分星。從秦入蜀就要上經參宿、井宿。

四、星占術之於中國古代社會

在靠天吃飯的農業社會裡，對於天文知識的掌握對於每一個人來說都是十分重要的。所以，顧炎武《日知錄星名》說：「三代以上，人人皆知天文。『七月流火』，農夫之辭也；『三星在天』，婦人之語也；『月離於畢』，戍卒之作也；『龍尾伏晨』，兒童之謠也。後世文人學士，有問之而茫然不知者矣。若曆法，則古人不及近代之密。」

正如上文所言，星占術是天文知識的一部分，並且，古人深信天人相應，因此，他們對星占術極其重視。那些自然災異的天象，每被紀錄在正史中。

中國古代的星占術在古人心中留下烙印最深的莫過於日食、月食之類。日食，顧炎武《日知錄》引劉向言，《春秋》二百四十二年，日食三十六。今連三年比食。自建始以來，二十歲間而八食。率二歲六月而一發，古今罕有。異有大小希稠，佔有舒疾緩急。餘所見崇禎之世十七年而八食。與漢成略同，而稠急過之矣。然則謂日食為一定之數，無關於人事者，豈非溺於疇

人之術，而不覺其自蹈於邪臣之說乎？《春秋·昭公二十一年》：「秋七月壬午朔，日有食之。公問於梓慎，曰：『是何物也？禍福何為？』對曰：『二至、二分，日有食之，不為災。日月之行也，分，同道也；至，相過也。其他月則為災。』」非也，夫日月之在於天，莫非一定之數。

然大象見於上，而人事應於下矣。為此言者，殆於後世以「天變不足畏」之說進其君者也。《漢書·五行志》亦知其說之非，而依違其間，以為食輕，不為大災水旱而已，然則食重也如之何？是故日食之咎，無論分、至。

中國古書中常有人事感天的記載。在《中國古代之禁忌》一講對此曾有略有涉及。於此再補充幾例。顧炎武《日知錄》有「星事多凶」條：淮南王安以客言，彗星長竟天，天下兵當大起，謀為畔逆，而自剄國除。眭孟言大石自立，僵柳複起，當有從匹夫為天子者，而以妖言誅。趙廣漢問太史知星氣者，言今年當有戮死大臣，即上書告丞相罪，而身坐要斬。甘忠可推漢有再受命之運，而以罔上惑眾，下獄病死，弟子夏賀良等用其說以誅，齊康侯知東郡有兵，私語門人，為王莽所殺。卜者王況以劉氏復興，李氏為輔，為李焉作讖書十余萬言，莽皆殺之。

國帥公劉秀女愔言宮中當有白衣會，乃以自殺。西門君惠語王涉，以國師公姓名當為天子，遂謀以所部兵劫莽，事發被誅。王郎明星曆，嘗以河北有天子氣，而以僭位誅死。襄楷言天文不利黃門常侍，當族滅，而卒陷王芬自殺。劉焉聞董扶言，益州有天子氣，求為益州牧，而以天火燒城，憂懼病卒，子璋降於昭烈。孔熙先推宋文帝必以非道晏駕，禍由骨肉，江州當出天子，而卒與範曄等謀反，棄市，並害彭城王。郭麞言代呂者王，又言涼州分野有大兵，故舉事，先推王詳，後推王乞基，而卒之代呂隆者王尚，又言火秦者晉。遂南奔，秦人追而殺之。劉靈助占爾朱當滅，又言三月末我必入定州，遂舉兵以三月，被擒斬於定州。苗昌裔言大祖後當再有天下，趙子崧習聞其說，靖康末起兵，檄文頗涉不遜，卒以貶死。成祖永樂末，欽天監官王射成言天象將有易主之變，孟賢等信之，謀立趙王高燧，並以伏誅。是數子者之占，不可謂不驗，而適以自禍其身，是故占事知來之術，惟正人可以學。

從古典文獻記載看，古代的星占似乎總是百發百中，應驗不爽。茲順便再揭舉幾例。據《春秋》載：魯文十四年（西元前613年），「秋七月，有

星孛入於北斗。周內史叔服曰：『不出七年，宋、齊、晉之君皆將死亂』。」
杜注：「後三年宋弒昭公，五年齊弒懿公，七年晉弒靈公」。叔服的預言
一一應驗。

《戰國策》曰：「唐雎謂秦王曰：『專諸刺王僚，彗星襲月。』」

《史記》曰：「秦始皇十五年，彗星四見，大者八十日，長或竟天。其
後秦遂滅六王，並中國，外攘四夷，死人如麻。」正因為如此，所以古人對
星占多篤信之。唐太宗因此而繼位，王莽因此而敗亡。重耳因此而成霸業，
翟方進因此而身死。《漢書·翟方進傳》：

翟方進雖受《穀梁》，然好《左氏傳》、天文星曆，其《左氏》則國師
劉歆（師），星曆則長安令田終術師也。厚李尋，以為議曹。為相九歲，綏和
二年春熒惑守心（熒惑：火星。心：星名。二十八宿之一），尋奏記言：「應
變之權，君侯所自明。往者數白（白：言報告於翟方進），三光垂象，變動見端，
山川水泉，反理視（示）患，民人訛謠，斥事感名。三者既效，可為寒心。……

萬歲之期，近慎朝暮。上無惻怛濟世之功，下無推讓避賢之效，欲當大
位，為其臣以全身，難矣！大責日加，安得但保斥逐之戮？闔府三百餘人，
唯君侯擇其中，與盡節轉凶。」方進憂之，不知所出，會郎賁麗善為星，言
大臣宜當之。上乃召見方進。還歸，未及引決，上遂賜冊曰：「……使尚書
令賜君上尊酒十石，養牛一，君審處焉。」方進即日自殺。上秘之，遣九卿
冊贈以丞相高陵侯印綬，賜乘輿秘器，少府供張（帳），柱檻皆衣素。天子親
臨吊者數至，禮賜異於它相故事（禮賜異於它相故事：顏師古引《漢舊儀》云：
「丞相有疾，皇帝法駕親至問疾，從兩門入。即薨，移居第中，車駕往吊，
贈棺、棺殮具，賜錢、葬地。葬日，公卿以下會葬焉。」）諡曰恭侯。長子宣嗣。

孰知，翟方進之自殺，未能達到轉移災異之目的，次月，「素強，無疾病」
且正當壯年的漢成帝卻暴崩。死因不明。當時民間譁然，咸歸罪趙昭儀（趙
飛燕）皇太后派丞相、大司馬等人調查，趙昭儀自殺。

《漢書》卷五十五：「建元六年，彗星見。淮南王心怪之……以為上無
太子，天下有變，諸侯並爭，愈益治攻戰具，積金錢賂遺郡國。」遂謀反，
結果兵敗自殺。《裴注三國志·吳書十八》：

　　吳范字文則，會稽上虞人也。以治歷數，知風氣，聞於郡中。舉有道，詣京都，世亂不行。會孫權起於東南，範委身服事，每有災祥，輒推數言狀，其術多效，遂以顯名。

　　初，權在吳，欲討黃祖，範曰：「今茲少利，不如明年。明年戊子，荊州劉表亦身死國亡。」

　　權遂征祖，卒不能克。明年，軍出，行及尋陽，範見風氣，因詣船賀，催兵急行，至即破祖，祖得夜亡。權恐失之，範曰：「未遠，必生禽祖。」

　　至五更中，果得之。劉表竟死，荊州分割。

　　及壬辰歲，范又白言：「歲在甲午，劉備當得益州。」後呂岱從蜀還，遇之白帝，說備部眾離落，死亡且半，事必不克。權以難范，範曰：「臣所言者天道也，而岱所見者人事耳。」備卒得蜀。

　　權與呂蒙謀襲關羽，議之近臣，多曰不可。權以問范，範曰：「得之。」後羽在麥城，使使請降。權問範曰：「竟當降否？」範曰：「彼有走氣，言降詐耳。」權使潘璋邀其徑路，覘候者還，白羽已去。範曰：「雖去不免。」問其期，曰：「明日日中。」權立表下漏以待之。及中不至，權問其故，範曰：「時尚未正中也。」頃之，有風動帷，範拊手曰：「羽至矣。」須臾，外稱萬歲，傳言得羽。後權與魏為好，範曰：「以風氣言之，彼以貌來，其實有謀，宜為之備。」

　　劉備盛兵西陵，範曰：「後當和親。」終皆如言。其占驗明審如此。

　　《舊唐書·李淳風傳》：

　　初，太宗之世有《秘記》云：「唐三世之後，則女主武王代有天下。」太宗嘗密召淳風以訪其事，淳風曰：「臣據象推算，其兆已成。然其人已生，在陛下宮內，從今不逾三十年，當有天下，誅殺唐氏子孫殆盡。」帝曰：「疑似者盡殺之，如何·」淳風曰：「天之所命，必無禳避之理。王者不死，多恐枉及無辜。且據上象，今已成，複在宮內，已是陛下眷屬。更三十年，又當衰老，老則仁慈，雖受終易姓，其於陛下子孫，或不甚損。今若殺之，即當複生，少壯嚴毒，殺之立體。若如此，即殺戮陛下子孫，必無遺類。」太宗善其言而止。

如果將史書《天文志》所載的災異天象加以統計，天象與人事十有八九都能夠對得上。是不是古代的占星家就是能夠預測人間的吉凶禍福呢？現代天文學家研究發現，古書中所記載的許多災異天象本不可靠。如前面說到的讓翟方進罹難的「熒惑守心」的星象，就是當時的人偽造的。根據天文學專家黃一農先生對史書上記載的 23 次「熒惑守心」的天象紀錄的推算，結果竟然有 17 次均不曾發生。可見此類天象的記載多出於偽造。

俱得強調的是，星占術雖然對於古代軍國大事、社會生活影響甚巨，但歷史上也還有一些不信星占的政治家。

《左傳·昭十七年》：

冬，有星孛於大辰，西及漢。申須曰：「彗所以除舊佈新也。天事恒象，今除於火，火出必布焉，諸侯其有火災乎？梓慎曰：「往年吾見之，是其徵也，火出而見。今茲火出而章，必火入而伏。其居火也久矣，其與不然乎！火出，於夏為三月，於商為四月，於周為五月。夏數得天，若火作，其四國當之，在宋衛鄭陳乎！宋，大辰之虛也；陳，大皞之虛也；鄭，祝融之虛也。皆火房也。星孛及漢，漢，水祥也。衛，顓頊之虛也，故為帝丘，其星為大水。水，火之牡也，其以丙子若壬午作乎！水火所以合也。若火入而伏，必以壬午，不過其見之月。」鄭裨灶言於子產曰：「宋、衛、陳、鄭，將同日火，若我用瓘斝玉瓚，鄭必不火。」子產弗與。後四國皆火。

《尉繚子·天官第一》：

昔楚將軍子心與齊人戰，未合，夜彗星出，柄在齊，所在勝，不可擊。子心曰：「彗星何知！」明日與齊人戰大破之。

上天所垂示的星象，不僅僅能夠決定某個王公大臣的命運，有時也會會影響古代社會的歷史進程。因此，我們應該對中國的星占術有相應的瞭解。星占術在中國古代影響深遠，就連婦人孺子也都知道「天上出了掃帚星，天下必定動刀兵」的俗諺，古典小說中常有罵人「掃帚星」之類的描寫。

第十一講 君子於役，不知其期：中國古代出行禮俗片談

▌一、行旅險象

我們在講「避諱」風俗來源時提到，商王武丁在獵兕途中曾經發生「小臣載車馬硪王車」的交通事故。劉向《烈女傳·齊孝孟姬》所載的一則故事與商王武丁的交通事故頗有幾分相似：「孟姬者，華氏之長女，齊孝公之夫人也。……公遊取琅邪，華孟姬從，車奔，姬墮，車碎。」齊孝孟姬墮車的事因也是由於車奔。有趣的是在這次意外事故中孟姬十分僥倖，似乎連皮也沒有擦傷，不過這件事情的最終結果則更屬意外之意外。孟姬的乘車撞碎之後，她的丈夫孝公讓她改乘立車，立車無幬，所謂無幬，就是沒有帷蓋。

按當時的禮，「妃後踰閾，必乘安車」。孟姬認為讓她乘無幬的立車，於禮相悖，她聲稱「無禮而生，不若早死」，於是便要尋短見。使者趕快將此事稟報孝公，孝公立即改派帶有帷蓋的安車來接她，安車來到，孟姬卻已經上吊身亡了。說起前因後果來，都是「車碎」惹的禍。大凡出行，無論古今，總會有各種各樣的危險與旅人相伴，所以中國才有「在家千日好，出門一時難」的俗諺。在各種危難之中，旅人普遍擔心同時也是最為常見的兇險大概就是遭逢劫匪強賊，故此，「旅焚其次，喪其童僕……鳥焚其巢，旅人先笑後號咷，喪牛於易，凶」之類的話就成了《易·旅卦》占卜主題了。為了應對劫匪強賊之類的禍患，有力的旅者一般都會武裝護航。尤其是帝王諸侯每次出行都要厲兵秣馬，展旗揚斾，軍旅開道。以此之故，漢語把出行叫旅行。甲骨文的「旅」字作「」，字形便是㫃下聚眾之象形。有強大的武裝力量做後盾，庶幾可免旅次之災。大家都知道秦始皇好旅遊，他每次出遊都帶著浩浩蕩蕩的大軍。

即便如此，張良博浪沙中一擊，也險些要了他的性命。如果不提兵振旅或武裝規模不足禦患則隨時都有發生危險之可能。漢武帝好游獵，《資治通鑑》卷第十七載：「是歲，上始為微行，北至池陽，西至黃山，南獵長楊，

東遊宜春，與左右能騎射者期諸殿門。常以夜出，自稱平陽侯；旦明，入南山下，射鹿、豕、狐、兔，馳騖禾稼之地，民皆號呼罵詈。鄠、杜令欲執之，示以乘輿物，乃得免。

又嘗夜至柏穀，投逆旅宿，就逆旅主人求漿，主人翁曰：『無漿，正有溺耳！』且疑上為奸盜，聚少年欲攻之。」我們看漢武帝雖是微服出獵，還是帶了一些能騎善射的侍從的，但因沒有展旗揚斾，且又糟蹋了老百姓的莊稼，差一點被鄠、杜令逮起來。夜宿逆旅，不但遭到逆旅主人翁的辱罵，還差一點被當地少年當作奸盜攻擊。幸好，「主人嫗睹上狀貌而異之，止其翁曰：『客非常人也；且又有備，不可圖也。』翁不聽，嫗飲翁以酒，醉而縛之。少年皆散走，嫗乃殺雞為食以謝客。」若不是旅店的老闆娘有識珠巨眼，漢武帝當晚結果如何尚難預料。行旅之人所要面對的災難可以說是防不勝防。前面提到的殷高宗武丁的重孫，也就是商紂王的曾祖武乙，也是一個遊獵迷。

《史記·殷本紀》云：「武乙獵於河、渭之間，暴雷震死。」

《竹書紀年》亦云：「王畋於河、渭，暴雷震死」。

天災人禍，對於自古及今的旅人來說在在難免，趕上汶川大地震的的遊客對此應該有深切地感受。

與今人相比，除了上述種種災難，古人更為驚怖的是逢遭鬼蜮魍魎。《抱樸子·登涉篇》云：

然不知入山法者，多遇禍害。故諺有之曰：『太華之下，白骨狼藉。』皆謂偏知一事，不能博備，雖有求生之志，而反強死也。山無大小，皆有神靈，山大則神大，山小即神小也。入山而無術，必有患害。或被疾病及傷刺，及驚怖不安；或見光影，或聞異聲；或令大木不風而自摧折，岩石無故而自墮落，打擊煞人；或令人迷惑狂走，墮落坑穀；或令人遭虎狼毒蟲犯人，不可輕入山也。」

同篇還舉有這樣一個例子：

林慮山下有一亭，其中有鬼，每有宿者，或死或病，常夜有數十人，衣色或黃或白或黑，或男或女。後郅伯夷者過之宿，明燈燭而坐誦經，夜半有

十餘人來，與伯夷對坐，自共樗蒲博戲，伯夷密以鏡照之，乃是群犬也。伯夷乃執燭起，佯誤以燭燼蒸其衣，乃作燋毛氣。伯夷懷小刀，因捉一人而刺之，初作人叫，死而成犬，餘犬悉走，於是遂絕，乃鏡之力也。

群犬幻化成人形與伯夷對坐博戲，聽來令人毛骨悚然，今天讀者讀來或會一笑置之，古人於此則或深信。如前所述，上古先民確信有鬼神存在，《禮記·樂記》云：「明則有禮樂，幽則有鬼神。」何謂鬼？「眾生必死，死必歸土，此之謂鬼。」何謂神？「山林川谷丘陵，能出云為風雨，見怪物，皆曰神。」戰國著名的思想家墨翟著有《明鬼》上中下三篇，專門申論鬼神存在。下引他所舉證的兩則事例即是事關行遊的：

周宣王殺其臣杜伯而不辜，杜伯曰：「吾君殺我而不辜，若以死者為無知，則止矣；若死而有知，不出三年，必使吾君知之。」其三年，周宣王合諸侯而田於圃田，車數百乘，從數千，人滿野。日中，杜伯乘白馬素車，朱衣冠，執朱弓，挾朱矢，追周宣王，射之車上，中心折脊，殪車中，伏弢而死。當是之時，周人從者莫不見，遠者莫不聞，著在周之春秋。

另　則故事幾乎是上則的翻版：

昔者燕簡公殺其臣莊子儀而不辜。莊子儀曰：「吾君殺我而不辜。死人無知亦已；若死人有知，不出三年，必使吾君知之。」期年，燕將馳祖。燕之有祖，當齊之社稷，宋之有桑林，楚之有云夢也，此男女之所屬而觀也。日中，燕簡公方將馳於祖塗，莊子儀荷朱杖而擊之，殪之車上。當是時，燕人從者莫不見，遠者莫不聞，著在燕之春秋。諸侯傳而語之曰「凡殺不辜，其得不祥，鬼神之誅，鬼神之誅，若此其憯遬也！」

墨子感歎「以若書之說觀之，則鬼神之有豈可疑哉·」

墨子頗費周章地論證鬼神之有，說明墨子時代已經有人懷疑鬼神的存在了，然前此鬼神存在似乎用不著論證。《禮記·表記》云：「夏道遵命，事鬼神而遠之……殷人尊神，率民以事神，先鬼而後禮。」《禮記》關於夏商事鬼神的說法絕非是後人的託古，殷墟出土的數萬片祭祀卜辭業已證明了這一點，這些祭祀卜辭可謂是殷人尊神的具體體現。殷墟甲骨卜辭中還有不少提到了鬼：(1) 貞：亞多鬼夢，亡疾。四月。《合集》17448

上辭中的「亞」是職官名。「亡」即「無」字。此版薗問亞做夢夢見很多鬼會不會因此得疾,下引卜辭皆屬此類:

(2A) 貞:多鬼夢,惠言見。

(2B) 貞:多鬼夢,惠言見。

(2C) 庚辰薗,貞:多鬼夢,惠疾見。

(2D) 辛巳薗,貞:今夕亡禍。《合集》17450

(3A) 庚辰薗,貞:多鬼夢,不至禍。

(3B) 〔庚〕辰薗,〔貞〕:今夕〔亡〕禍。《合集》17450

(4A) 貞:惠吉。一月。

(4B) 貞:惠鬼。《合集》24989 (5A) 貞:惠鬼。

(5B) 貞:今夕王寧。四《合集》24991

(6) 庚〔辰〕,貞:□降〔鬼〕,允隹(惟)帝令。《合集》34146

上揭卜辭中或問夢見鬼會不會生病?或問會不會致禍?或問會不會吉利?或問商王今晚會不會安寧?有趣的是辭(6)中所說的上帝「降鬼」竟與墨子所記鄭穆公遇句芒如出一轍:

昔者,鄭穆公當日中處乎廟,有神入門而左,鳥身,素服三絕,面狀正方。鄭穆公見之,乃恐懼,奔。神曰:「無懼!帝享女明德,使予錫女壽十年有九,使若國家蕃昌,子孫茂,毋失。」鄭穆公再拜稽首,曰:「敢問神名·曰:予為句芒。」

人生如旅。古代先民相信鬼神存在,在古人心目中掌管旅人生死門的是鬼神。這一觀念的影響以施於今,民間常說生死半點不由人,「閻王判你三更死,誰敢留人到五更?」對於旅人來說,鬼神之可怖遠甚於強賊劫匪。唐僧西天取經,一路走來所遇到的最大威脅不是強賊劫匪,而是前赴後繼的妖魔鬼怪。

強賊可怕，虎豹熊羆可怕，鬼蜮魍魎更可怕。在古人眼中那些鬼神精怪與毒惡的虎豹蟲蛇每每幻化為一體，讓人分不清究竟是豺狼虎豹抑或鬼怪精靈。因此，古代遊子無不希望象孫悟空一樣具有一雙能夠識別各種妖魔鬼怪的火眼金睛。為了識別和避免遭逢鬼怪神奸，古人想盡了各種辦法。據《左傳》宣公三年云：「昔夏之有德也，遠方圖物，貢金九牧，鑄鼎象物，百物而為之備，使民知神奸。故民入川澤山林，不逢不若，魑魅魍魎，莫能逢之。用能協於上下，以承天休。」民俗學家江紹原先生指出：

夏之世使九州貢金，遠方獻畫，鑄鼎以象云云，大概未必是實事：「夏」之時是否已有整整齊齊的「九州」之地或九州之觀念，和鑄鼎象物這不為不高的技術，以及能使遠方圖物貢金之中央統治者，是在在成為問題的。不過夏鼎儘管是傳說而非實物，這傳說仍表現了說者王孫滿或《左傳》的作者心中的幾個觀念：曰，民人入川澤山林，不免碰見魑魅罔兩等精物和其他『不若』；曰，一切神奸是可以圖畫的實物；曰，神奸（以及神奸所在之川澤山林）形狀，各有不同，不易記憶，故最好臾過於圖之象之，藉供觀覽，而為入遠近川澤山林之一備；曰，這種規模不算小，用處又極大的工作，惟聖王能為之。又夏鼎雖未必是實有之物，夏以後的統治者鑄鼎象物，當有較大的可能性吧？易言之，楚了向王孫滿問起的周鼎雖未必為夏鼎，然周室自鑄鼎以象物，應較可能吧？即使神奸百物之鼎在夏以後也沒有存在過，這傳說仍反映了史前和有史，文字前和文字時代的人們要求旅途神奸圖或云圖畫式旅行指南之心。

這種圖志或指南的要求不論是在何時初次得到某種形式的滿足，圖志或指南的性質總是實用的，因為人們出入各地不是必須先知道各處不但有些什麼山川而且有些什麼神奸百物才能「為之備」麼？大規模的圖畫旅行指南，其內容而且是多數部族或人群的貢獻，因為它豈不是必須采輯眾說才能作成的麼？神怪的分子，在其中當然要很占勢力：古人旅行不易，地理知識有限，他們豈不是很容易相信愈遠之地神怪愈多且愈可怕麼？

在江先生看來，夏鼎，至少是周鼎上的「象物」就是中國最早的圖畫版的旅行指南。東晉陶淵明所流觀過的《山海圖》也是實在性比較大些的物圖而兼地圖或云是圖畫式的旅行指南。古本《山海圖》已佚，今本《山海經》相傳本於宋咸平舒雅舊稿，據《中興書目》說雅又本於南朝張僧繇。據清代

學者郝懿行《山海經箋疏敘》云,東晉郭璞在注《山海經》時所見圖,「既已非古,古圖當有山川道裡。今考郭所標出,但有畏獸仙人耳」。儘管今本《山海經》「既已非古」,正如江紹原先生所說,讀者只要肯用一點想像力,或者便不啻於陶潛之「流觀《山海圖》」了。《山海經》中記載著種種有害於人的神怪,或食人,或食象,或致國大水,或致國大疫,模樣也長得十分可怖,隨拈幾則作例:

食人者例,《南山經第一》:

又東五百里,曰浮玉之山,北望具區東望諸毗。有獸焉,其狀如虎而牛尾,其音如吠犬,其名曰彘,是食人。苕水出於其陰,北流注於具區。其中多鮆魚。

又東又東五百里,曰鹿吳之山,上無草木,多金石。澤更之水出焉,而南流注於滂水。水有獸焉,名曰蠱雕,其狀如雕而有角,其音如嬰兒之音,是食人。

《西山經第二》:

西南四百里曰昆侖之丘,是實惟帝之下都,神陸吾司之。其神狀虎身而九尾,人面而虎爪。是神也,司天之九部及帝之囿時。有獸焉,其狀如羊而四角,名曰土螻,是食人。有鳥焉,其狀如蜂,大如鴛鴦,名曰欽原,蠚鳥獸則死,蠚木則枯。

《北山經第三》:又北二百里曰少鹹之山。無草木,多青碧,有獸焉,其狀如牛,而赤身、人面、馬足,名曰窫窳,其音如嬰兒,是食人。敦水出焉,東流注於雁門之水,其中多鮴鮴之魚,食之殺人。

又北三百五十裡曰鉤吾之山。其上多玉,其下多銅。有獸焉,其狀如羊身人面,其目在腋下,虎齒人爪,其音如嬰兒,名曰麂鴞,是食人。

又北山行五百里水行五百里,至於饒山。是無草木,多瑤碧,其獸多橐駝,其鳥多鷗。曆虢之水出焉,而東流注於河。其中有師魚,食之殺人。

《東山經第四》:

又南五百里曰鳧麗之山。其上多金玉,其下多箴石。有獸焉,其狀如狐而九尾、九首、虎爪,名曰蠪姪,其音如嬰兒,是食人。

又《東次四經》之首，曰北號之山，臨於北海。有木焉，其狀如楊，赤華，其實如棗而無核，其味酸甘，食之不瘧。食水出焉，而東北流注於海。有獸焉，其狀如狼，赤首鼠目，其單如豚，名曰獦狚是食人。有鳥焉，其狀如雞而白首。鼠足而虎爪，其名曰鉤雀，亦食人。

《海內北經第十二》：

蜪犬如犬，青，食人從首始。

窮奇狀如虎，有翼，食人從首始。所食被髮。在犬北。一曰從足。

食象者例，《海內經卷十八》：

又有又有赫卷之國。有黑蛇，青首，食象。

《海內南經卷十》：

巴蛇食象，三歲而出其骨，君子服之，無心腹之疾。其為蛇青赤黑。一曰黑蛇青首，在犀牛西。

神怪出現遭致大水者例，

《東山經第四》：

又東北二百里曰剡山，多金玉。有獸焉，其狀如彘而人面。黃身而赤尾，其名曰合窳，其音如嬰兒。是獸也，食人，亦食蟲蛇，見則天下大水。

《中山經第五》：

又西又西三百里，曰陽山，多石，無草木。陽水出焉，而北流注於伊水。其中多化蛇，其狀如人面而豺身，鳥翼而蛇行，其音如叱呼，見其邑大水。

《西山經第二》：

又西三百五十裡曰玉山，是西王母所居也。西王母其狀如人，豹尾虎齒而善嘯，蓬髮戴勝，是司天之厲及五殘。有獸焉，其狀如犬而豹文，其角如牛，其名曰狡，其音如吠犬，見則其國大穰。有鳥焉，其狀如翟而赤，名曰勝遇，是食魚，其音如錄，見則其國大水。

出現則遭致大疫者例：

又東二百里曰太山。上多金玉，楨木。有獸焉，其狀如牛而白首，一目而蛇尾，其名曰蜚。行水則竭，行草則死，見則天下大疫。鉤水出焉，而北流注於澇水，其中多鱤魚。

又西南二十裡曰複州之山。其木多檀，其陽多黃金。有鳥焉，其狀如鴞而一足彘尾，其名曰跂踵，見則其國大疫。

此外還有見則其國或其邑大旱、大風、大兵者，不再一一備舉。

正如江紹原所云「對於自然精靈與人鬼這兩大宗能為行人害的東西，在漢前便已經不僅僅乎是腦海中的想像或口上的空談，而是用圖畫——其後更用文字——表現出來。想像和語言之魔力，非不廣大，然一旦有了圖畫和文字為之表現和記載，其力便成為更堅強而永久的。不能想像或口道耳聞麼？看圖畫和文字的表現和記述好了。憑你是誰，看了不由得不信，不驚，不想像，不為與人談論之資。新的表現法一出，舊日十口相傳的信念，生於愚昧恐懼的信念，便如虎生翼，如刀得硎，火熾而薪添，勢非燎原不止。」

儘管征途險象環生，但是人是動物，人長兩條腿就是用來奔走的，遷移行遊是人與生俱來的物性本質。無論是為滿足好奇及逸豫的心理需求也好，抑或為尋覓生存必需生活物質也罷，總之人不能不出行。面對種種隨時可能降臨的旅途災殃，尤其是形形色色的鬼怪神奸，先民們用來應對災難以及慰藉心靈，最常用的辦法除了武裝自衛之外就是透過一些儀式來預測前途之吉凶，並透過祭祀以祈求皇天后土、祖先以及山川河岳等各類自然神的護佑。前已有述，祭祀是古代尤其是上古先民社會生活中最為重要的活動，其形式之多，儀式之繁，非兩語三言所能備述，茲就與出行關係密切的祭祀或與祭祀相關的幾種禮俗略加紹介。

二、預卜諏吉

所謂諏吉即選擇吉日，或稱諏日、諏辰、涓吉、擇吉、擇日、選日、克擇、選擇，是一種擇時的方術。古人凡舉大事諸如祭祀、出征、婚嫁、喪葬等都要擇日而行，遺俗流風至今猶存。

諏吉其俗之始,或曰莫知其涯。傳說黃帝考定星曆,建立五行,起陰陽消息,正閏餘;派羲和占日,常儀占月,臾區占星氣,伶倫造律呂,大撓作甲子,隸首作算數,容成作調曆。有學者指出「這些傳說不一定可靠」,並推斷「初原諏吉的開始時間大約是在唐堯時期」,根據是《尚書·堯典》中有「日中星鳥,以殷仲春,日永星火,以正仲夏,宵中星虛,以殷仲秋,「日短星昴,以正仲冬」,「期三百有六旬有六日,以閏月定四時成歲」之類的記載。若把有關趨吉避凶的選擇都看作是廣義的諏吉的話,那麼諏吉則不止是中國而是整個人類文化共業的一部分,是一種普遍存在的泛文化現象。有人從這一角度立論,把中華擇吉的源頭溯自距今 18000 年的山頂洞人時代:「早在北京山頂洞人時期,原始人在死者周圍撒上一圈赤鐵礦粉,以紅色代表火,代表生機,代表驅邪。這種以紅色為吉的觀念沿襲了幾千年,帝王宮殿和佛門聖地都以紅色飾牆,作為心理上的『保護屏』。」如果狹義地理解,只把諏吉框定在對歲月日時的選擇範圍之內,那麼,諏吉作為一種方術起源大概不能太早,無論如何不可能產生於曆法形成之前。

就目前所見材料而論,晚商甲骨文的諏日卜辭才是真正可信的諏日紀錄。有學者經過對《甲骨文合集》1——13 冊所收錄的田獵卜辭進行詳細統計,經量化分析之後指出:諏日觀念的產生始於殷代的後期的廩辛、康丁時期,在殷高宗武丁時代根本就沒有諏日觀念。這一看法未能獲得學術界的一致認可。有人在對上百份武丁時期預卜吉日卜辭統計之後發現「庚日被占為吉的機會是 95%」,由此得出結論:「武丁時的貞人,對庚日有著特殊的偏好。乙日、丁日、甲日也可能曾被視為較吉;而丙日、己日和癸日則較為不吉。」這一結論表明在殷高宗武丁時代諏日觀念業已產生。事實上,武丁時代中確有不少諏日卜辭,茲舉《合集》225 為證:〔葡〕,〔爭〕,貞:…〔王占曰〕:吉,其隹…吉,四日戊

此係武丁時期典型的賓組卜辭,「貞」後一字,一般認為與狩獵有關。王國維說此字「從畢從豕,殆《爾雅》所謂麀罟謂之罞者也。」姚孝遂在《甲骨文字詁林》按語中說:「釋『罞』不可據,字在卜辭動詞」。陳夢家也將之釋為「罞」,不過他主張此字亦當讀為變、畢、搏、薄之類。姑且不管此字讀音如何,僅就字形辭例而言,此字為田獵動詞絕無疑問。本版辭雖殘泐,

但憑「吉，其隹（惟）…吉，四日戊」這些殘辭就足以斷定此系商王武丁田獵之擇日卜辭。占辭大意是商王親自察看兆象之後判定，此次占卜所得的是吉兆，四日以後的「戊」日是出行的吉日。由此還可以推定該條殘掉的占卜日期是乙某日。武丁時代類此之諏日卜辭甚夥，不必一一贅舉。要之，有武丁時代已有諏日之舉，諏日觀念的產生絕非始於廩辛、康丁時代。

還有學者不但贊成武丁時代已有諏吉，而且進一步推定殷代「雖無日書之名，而有日書之實。」學者還說：殷代「對於日之吉凶，已有若干專用之日名以示區別，福日，正日、祥日、日延益之為吉日，醜日、小日為之凶日，已可質言。若後代之忌疾日以及剋日、殺日、四廢日則尚未見。殷代雖無『日書』之紀錄，而於日辰之吉凶及祈祭禱告諸手續，至為繁賾，淩雜米言，開秦漢以來之先路。」

順便解釋一下「日書」這個概念。古時稱以占候蔔筮為業的人為日者，《史記》有《日者列傳》，裴駰題解：「古人占候卜筮，通謂之『日者』。」所謂「日書」即「日者」之書。日書又有選擇、陰陽、五行、時令、月令、曆書、曆注、曆忌、通書等多種異稱。由前舉甲骨諏日卜辭知，古代諏日始終離不開筮占，但筮占專業性很強，並不是一學就會的。於是「日者」就把各種舉事的吉凶宜忌按歲月日時編排在曆書之中，以供人們選擇，這就是所謂的「日書」。

細說起來，日書又有「月諱」和「日禁」兩種不同類型。把一年分為十二個月，只講每個月的宜忌者即所謂「月諱」，古代「月令」一類時令書即屬此類，1942 年由一幫湖南長沙的「土夫子」在城東郊的子彈庫盜掘出土的戰國楚帛書亦是此類日書。按日旬干支逐日規定某日可以做什麼某日不可以做什麼，做某事哪些是好日子，哪些是不好的日子，這一類日書被稱為「日禁」，此類日書自 1959 年以來時有出土，重要者有如下 7 批：

(1) 1981 年湖北江陵九店楚墓出土的戰國楚日書；

(2) 1980 年甘肅天水放馬灘秦墓出土的戰國秦日書；

(3) 1975 年在湖北云夢睡虎地秦墓（M1）出土的秦日書。

(4) 1977 年安徽阜陽雙古堆西漢墓出土的漢文帝時期的日書；

⑸ 1983 — 1984 年湖北江陵張家山西漢墓（M249）出土的漢初日書；

⑹ 1973 年河北定縣八角廊西漢墓（M40）出土的漢成帝時期的日書；

⑺ 1959 年甘肅武威磨咀子東漢墓（M6）出土的漢成帝時期的日書。

「日書」得名大概始於戰國時代，云夢睡虎地出土的秦簡《日書》分甲乙兩種，甲種共 169 簡，乙種共 260 簡。甲種雙面書寫，一種單面書寫。內容包括：叢辰兩種，建除一種，選擇和雜忌等等，乙種最後一簡背面寫有「日書」二字，當系該書自題書名。

日書的出現，標誌著諏日的格式化、世俗化。原來可任由專家「日官」隨機解釋的占辭至此變成了現成的答案，諏日之事不再神秘，諏日者不必再假「日者」之手。由於日書簡單實用，因而從戰國到明清一直都很流行。

前面說到商周擇日，據孔老夫了說商周之前的夏代亦有此俗。《禮記·表記》：「子言之：昔三代明王，皆事天地之神明，無非蔔筮之用，不敢以其私褻事上帝。是故不犯日月，不違蔔筮。蔔筮不相襲也。大事有時日，小事無時日，有筮。外事用剛日，內事用柔日。不違龜筮。」夫子所謂「不犯日月」意即不會沖犯不吉利的日子。「外事用剛日，內事用柔日」就是說祭祀家外的神要用單數日，即天干中的甲丙戊庚壬日，祭祀家內的神要用雙數日，即乙丁己辛癸日。夏代有無剛日、柔日之說，無從考證，《詩·小雅·吉日》可證夫子所言大概是周代的制度：

吉日維戊，既伯既禱。

田車既好，四牡孔阜。

升彼大阜，從其群醜。

吉日庚午，既差我馬。

獸之所同，麀鹿麌麌。

漆沮之從，天子之所。

此為讚美周宣王田獵之詩，由「吉日維戊」、「吉日庚午」句知，西周不僅如同殷代田獵之前要預卜諏日，戊、庚皆為剛日，與「外事用剛日」的說法正好相合。

諏日自春秋戰國以降，更是蔚為風氣。《史記·日者列傳》褚先生曰……臣為郎時，與太僕待詔為郎者同署，言曰：「孝武帝時，聚會占家問之，某日可取婦乎？五行家曰可，堪輿家曰不可。建除家曰不吉，叢辰家曰大凶，曆家曰小凶，天人家曰小吉，太一家曰大吉。辯訟不決，以狀聞。制曰：『避諸死忌，以五行為主。』人取五行者也。」從這一段話中可以獲得三點認識：(1)嫁取須擇日。(2)占家已有門派林立。上面提到地門派就有五行家、堪輿家、建除家，叢辰家、曆家、天人家、太一家等 7 家。(3)占卜結果互異，令人無所適從。各家相互駁難，競爭激烈，最後勝出者是五行家。

諏日之俗在中華文化中具有極其特殊的意義。曆觀古今，上至王侯將相，下至鬥筲草民，勿論賢愚，流風所披，不受其「惑」者寡矣。王充《論衡譏日》：「世俗既信歲時，而又信日。舉事若病死災患，大則謂之犯觸歲月，小則謂之不避日禁。歲月之傳既用，日禁之書亦行。世俗之人，委心信之；辯論之士，亦不能定。是以世人舉事，不考於心而合於日，不參於義而致於時。時日之書，眾多非一，略舉較著，明其是非，使信天時之人，將一疑而倍之。夫禍福隨盛衰而至，代謝而然。……舉事日凶，人畏凶有效；日吉，人冀吉有驗。禍福自至，則述前之吉凶，以相戒懼。」不知諏日，被人說得十分可怕，明人胡泰《新刻趨避檢》云：「子不問卜，自惹災殃；醜不冠帶，主不還鄉……巳不遠行，財物伏藏；亥不嫁取，不利新郎。」所以世人對此所抱的態度常常是不可信其有，也不可信其無。

三、出反告祭

前面說過，古人出行要祈求皇天后土、祖先以及山川河岳等各類自然神的護佑，具體做法就是告祭諸神。上古告祭禮非常複雜。孔子的學生曾參曾經就此問題請教過孔子：

孔子曰：『諸侯適天子必告於祖，奠於禰，冕而出視朝，命祝史告於社稷、宗廟、山川，乃命國家五官，而後行，道而出。告者，五日而遍，過是，非禮也。凡告，用牲幣。反亦如之。

這裡孔子講論的是諸侯朝覲天子將出之時所要進行的一系列告祭活動。主要談了三個問題，一、告祭祖、禰。二、告祭社稷、山川。三、告祭的相關節儀。「告於祖，奠於禰」就是對祖先神祇的告祭。祖即祖廟，禰即親廟，父廟。《周禮·春官·句祝》：「舍奠於祖廟，禰亦如之。」鄭玄注引鄭司農曰：「禰，父廟。」孫詒讓《周禮正義》引《左傳·襄公十三年》孔疏曰：「禰，近也。於諸廟，父最為近也。」「告於祖，奠於禰」中的告與奠，祖與禰皆互文，即告奠於祖廟與父廟。奠，設也，即設置祭品以祭祀鬼神也。《詩·召南·采蘋》：「於以奠之，宗室牖下。」毛傳：「奠，置也。」《禮記·檀弓下》：「奠以素器，以生者有哀素之心也。」孔穎達疏：「奠謂始死至葬之時祭名。以其時無屍，奠置於地，故謂之奠也。」自「冕而出視朝」以下，談到對自然神祇的告祭。其中「冕出」也涉及到告祭的節儀。「冕」是古代天子、諸侯、卿、大夫等行朝儀、祭禮時所戴的禮帽。古制，不同身份的貴族冕的形制各不相同，《禮記·玉藻》：「裨冕以朝」。漢鄭玄注：「朝天子也裨冕：公袞，侯伯鷩（bì，雉的一種。即錦雞），子男毳（鳥獸的細毛。）也。」「袞，山，鷩三冕，皆裳重黼黻，俱十有二等。」所謂「冕而出視朝」即諸侯恭恭敬敬地冕服上朝，以聽國事。「祝史」，是祝官、史官的合稱。

《左傳·昭公十八年》：「郊人助祝史除於國北。」孔穎達疏：「祝史，掌祭祀之官。」「社稷」即土神和穀神的合稱。《國語·魯語上》：「共工氏之伯九有也，其子曰後土，能平九土，故祀以為社。」韋昭注：「社，後土之神也。」稷，五穀之神。《禮記·祭法》：「是故厲山氏之有天下也，其子曰農，能殖百穀；夏之衰也，周棄繼之，故祀以為稷。」孔穎達疏：「『故祀以為稷』者，謂農及棄，皆祀之以配稷之神。」《後漢書》引漢緯書《孝經援神契》曰：「社者，土地之主也。稷者，五穀之長也。」《禮記》及《國語》皆謂共工氏之子曰句龍，為後土官，能平九土，故祀以為社。烈山氏之子曰柱，能植百穀疏，自夏以上祀以為稷，至殷以柱久遠，而堯時棄為後稷，亦植百穀，故廢柱，祀棄為稷。大司農鄭玄說，古者官有大功，則配食其神。

故句龍配食於社，棄配食於稷。」「乃命國家五官」之後說到祖道之禮及告祭的日期。五官，即分掌政事的五大夫。諸侯在朝覲之期，將要朝見天子之前，必先置祭品以告於祖禰之廟，恭恭敬敬地冕服上朝以聽國事，命掌祭祀祝史徧告於宗廟、社稷、山川，又戒命國家之五大夫，讓他們各司其職，一切事情安排停當，然後出行。「道而出。」說的是祭道神，道即祖道（詳後）。「告者，五日而遍，過是，非禮也。」意思是說，舉行告祭不得超過五天，宗廟、社稷距離住地不遠，祭禮很快就會完成，至於山川地祇，則有遠有近，對於近者，就到該地告祭，若是遠者，則當望告。望告即望祀，就是遙祭山川地祇，《周禮·地官·牧人》：「望祀，各以其方之色牲（眾多貌）毛之。」鄭玄注：「望祀五嶽、四鎮、四瀆也。」

《周禮春官男巫》：「掌望祀、望衍、授號，旁招以茅。」鄭玄注：「望祀，謂有牲粢盛者。」為何告祭必以五日為期，超過五日即為非禮？孔穎達疏曰：「所以爾者，為先以告廟載遷主。若久留不去，則為非禮，故云「過是非禮也」。「告廟載遷主」又叫遷廟，古代帝王外出巡狩將行告祭宗廟後有時會將的神主請出，載於車中，以便祭奠。「凡告，用牲幣」說的是告祭的祭品，凡是告祭都要用犧牲和幣帛。「反亦如之」，即外出返回也要告祭祖、禰，告祭的程式一如上述。

上面孔子講授的是諸侯朝覲天子將出所行之禮，那麼，天子出行將如何哉？《禮記·王制》曰：「天子將出，類乎上帝，宜乎社，造乎禰。諸侯將出，宜乎社，造乎禰。」天子出行，不僅要「宜乎社，造乎禰」，還要「類乎上帝」。何謂「類乎上帝」？孔穎達《禮記正義》云：「類、宜、造，皆祭名，其禮亡。……此一經論天子巡守之禮也。……「類乎」上帝者，謂祭告天也。」天子出行與諸侯出行祭禮的最重要差別是天子除了「宜乎社，造乎禰」還要「類乎上帝」。也就是說，天子除了告祭祖禰，社稷、山川之外，還要祭告上天。祭祀天帝是天下共主——「天子」的專權，一方諸侯是無權祭祀天帝的。在此附帶解釋一下「天」和「上帝」的問題。按孔穎達正義的解釋「上帝」就是「上天」，「上天」就是「上帝」。然就甲骨卜辭來看，商人已有「上帝」和「天」這些觀念，但殷人所說的「天」、「帝」與周人所說的「天」、「帝」有很大差別。「殷人的上帝或帝，是掌管自然天象的主宰，有一個以日月風

雨為其臣工使者的帝廷。上帝之令風雨、降福禍是以天象示其恩威，而天象中風雨之調順實為農業生產的條件。所以殷人的上帝雖也保佑戰爭，而其主要的實質是農業生產的神。先公先王可以上賓於天，上帝對於時王可以降禍福、示諾否，但上帝與人王並無血統關係。」

「殷人的上帝是自然的主宰，尚未賦以人格化的屬性；而殷之先公先王先妣賓天之後則天神化了，而原屬自然諸神（如山、川、土地諸祇）則在祭祀上人格化了。」西周的天帝觀念與殷有三點不同：

1. 天：殷代的帝是上帝，和上下之「上」不同。卜辭的天沒有作「上天」之義的。「天」之觀念是周人提出來的。

2. 天子：由天之觀念的發生，而有「天命」「天子」，它們之興起約在西周初期稍晚，才有了「天令」即「天命」，「王」與「天子」並稱。

3. 配天：殷人「賓帝」，所以先王在帝左右。……周王為天之子，故為配天。殷周天帝觀念的最主要的區別在於殷：上帝；帝令；賓帝；在帝左右；敬天；王與帝非父子關係。周：帝，天；天令；配天；其嚴在上；畏天；王為天子。有人認為，殷人的上帝，從宗教信仰本質上講是屬於『自然宗教』的形態，而周人的天帝則是屬於『倫理宗教』的形態。有學者把周人天命觀的形成推定在周滅商後。依此而論，孔穎達所謂「『類乎上帝者』，謂祭告天也」的解釋，則完全是基於周人的天道觀。

順便再說一句，古人外出和返回都要行告祭禮。不過，天子外出與返回時所行的告祭禮略有不同，天子外出時告祭天帝社神，返回時則只告祭祖先神，何以如此？《白虎通》說：「還不復告天者，天道無外內，故不復告也。……《曾子問》曰『出反必親告於祖禰』，是也。」

▋四、登途祖餞

前文在講諸侯朝覲天子「道而出」時，說到「道」即「祖道」，就是為出行者祭祀道神。又單稱「祖」，《左傳昭公七年》：「公將往，夢襄公祖。」

杜預注：「祖，祭道神。」《史記·五宗世家》：「榮行，祖於江陵北門。」司馬貞索隱：「祖者，行神，行而祭之，故曰祖。」又稱「軷」、「祖軷」、「範」、「犯（範）軷」。孫詒讓《周禮正義》云：軷、祖、道，「祭道路之神，為行道之始，故一祭而三名也。……祖道者，道祭之通名，詳舉其禮則曰範軷。」

　　祖道之祭的具體儀式十分複雜。《說文》「軷」字條這樣解釋：「軷，出將有事於道，必先告其神，立壇四通，尌茅以依神為軷。既祭軷，轢於牲而行為範軷。《詩》曰：『取羝以軷』從車，犮聲。」段玉裁《說文解字注》云：「『軷，出將有事於道，必先告其神，立壇四通，樹茅以依神為軷。』此言軷之義。『既祭犯軷，轢於牲而行為範軷。』此言範軷之義。《周禮·大馭》：『犯軷。』注曰：『行山曰軷，犯之者，封土為山象，以菩芻棘柏為神主，既祭之，以車轢之而去，喻無險難也。《春秋傳》曰：『跋涉山川。故書軷作罰。』杜子春云：『罰當為軷。軷讀為別異之別，為祖道轢軷磔（zhé）犬也。』《詩》云：『載謀載惟，取蕭祭脂，取羝以軷。』《詩》家說曰：『將出祖道犯軷之祭也。』《聘禮》曰：『乃舍軷，飲酒於其側。』《禮》家說亦謂道祭。玉裁按：尌，立也。各本作樹，今正。犯軷轢牲而行大徐作軷轢於牲而行。非也。山行之神主曰軷。因之山行曰軷。《庸風》毛傳曰：『草行曰跋。水行曰涉。』即此山行曰軷也。凡言跋涉者，皆字之同音假借。鄭所引《春秋轉》，本作『軷涉山川。』今人輒改之。『從車，犮聲。』薄撥切，十五部。《詩》曰：『取羝以軷』《大雅生民》文，毛傳曰：『軷，道祭也。』」綜理上述，參證其它文獻，試將范軷亦即祖道之祭禮概括為這樣幾個環節：

1. 「立壇四通」。周代為王駕車的官為最尊的馭者叫大馭，是祖道的具體執行者。《周禮·夏官·大馭》：「大馭掌馭玉路以祀。」《禮記·月令》：「冬祀行。」注云：「行，在廟門外之西為軷壤，厚二寸，廣五尺，輪四尺。孔疏云：皆《中霤·禮》文。廣五尺，輪四尺者，謂之軷壇，東西為廣，南北為輪，常祀行神之壇則然。若於國外祖道軷祭，其壇隨路所向而為廣輪，尺數同也。」也就是說，周代在廟門之西建有專門祭祀行神的東西五尺、南北四尺，高二寸的軷壇。在城外根據道路的走向也設有相應的軷壇。

2. 樹茅依神。孫詒讓《周禮正義》引《說文》：「菩，草也。」《廣韻·十五海》：「蓓，黃蓓草也。」《漢書東平王云傳》云：「治石象瓠山，立石，束倍草，並祠之。」顏注云：「倍草，黃蓓草也。」孫詒讓云：「蓓倍並與菩同。是故野祭有束菩草為神主之法。《說文》範軷禮，則云『樹茅依神』，與鄭說異者，蓋任取道中所有草木，暫以依神，木無定物，故鄭、許不同。賈疏謂菩芻棘柏為神主者，謂三者之中，但用其一為神主則可，是也。」也就是說，所樹之茅即菩芻棘柏之類皆是任取道中所有之草木，用什麼草木並無定制，以束菩草為神主只是野外權宜之計，重要的是為道神找到一個臨時棲身之所。

3. 道神及宮城內外之軷祭。道神謂誰？古書有不同的說法。漢應劭《風俗通·祀典·祖》及蔡邕《獨斷》皆說是共工氏之子修，《宋書·律曆志中》引崔寔《四民月令》則說：「祖者，道神。黃帝之子曰累祖，好遠遊，死道路，故祀以為道神。」《集韻·平脂》則說累祖即嫘祖，又寫作雷祖，是黃帝之妻：「嫘，姓也。黃帝娶於西陵氏之女，是為嫘祖。嫘祖好遠遊，死於道，後人祀以為行神。」《禮記·曾子問》疏引崔氏云：「宮內之軷，祭古之行神，城外之軷，祭山川與道路之神。」孫詒讓《周禮正義·夏官·大馭》：「崔云『道路之神』，則有宗祝以黃金勺前馬之禮焉，以故知釋軷不祭山川也。……清人惠士奇云「祖道本祭行神，祖在城門外，行則廟門外之西，禮雖不同，其神一也。」……「宮城內外兩軷祭，神不當有異，惠說近是。」孫詒讓又云：「諸說不同，要皆人鬼之配食者。竊疑宮內廟門之外之行，與國門外之祖，二者同祭行神，而以修等配之，其軷壤制亦略同；而行道有遠近之殊，其祭之時地及禮之隆殺遂迴異。廟門外之行，天子所常出入，歲必一祭，此恒禮也；國門外之祖則非，王出國門無祭法，祭亦無常時，依此為異。故《聘禮》云『釋幣於行，』此廟門外之行也；記云『出祖釋軷，祭酒脯』，此國門外之祖也。行近則唯釋幣，祖遠則有祭，明其神同而地異，猶社神同祭後土，而大社王社亦有大小之異矣。」

4. 軷祭儀式。先談古代帝王代步工具車及其座位。古代帝王和王后各自都有五種功用不同的車子，《周禮》曰：王之五路，一曰玉路，二曰金路，三曰象路，四曰革路，五曰木路。」車不同，馭者也不同。不管哪種車，為帝王釋軷的皆是馭者。《儀禮聘禮》疏云「彼天子禮，使馭祭。此大夫禮，故使者自祭，犯軷而去。」王乘坐不同的車子，其所居位子也不同。前引《周禮·夏官·大馭》：「大馭掌馭玉路以祀」之下接著說「及犯軷，王自左馭，馭下祝，登，受轡，範軷，遂驅之。」孫詒讓《正義》：「云『王由左馭，禁制馬使不行也』者，凡王平時乘路皆居左，馭者執轡居中，今大馭將下祝，故王由左暫代馭者執轡，以禁制馬，使止不行，以俟祭軷也。此與《大僕》『王出入，則自左馭而前驅』微異，彼車行而大僕自馭，此車止而王暫自馭，行時大馭仍居中馭也。又《戎僕》『犯軷』，為王在軍，乘革路，當居中，戎僕則居左馭，其犯軷，亦王暫居中代馭，與乘玉路異也。」

次談軷祭所用之牲及其用牲方法。據前引杜子春和《詩經》語知，範軷所用之牲是犬或羝（公羊）。前引段注有「祖道轢軷磔犬」語，《說文·車部》：「轢，車所踐也。」《周禮犬人》：「凡祭祀，共犬牲，用牷物，伏瘞亦如之。」先鄭注云：「伏謂伏犬，以王車轢之。」孫詒讓曰：「《詩》云：『載謀載惟，取蕭祭脂，取羝以軷。』者，《大雅·生民》文。《毛傳》云：『羝羊，牡羊也。軷，道祭也。』鄭箋云：『惟，思也。後稷諏謀其日，思念其禮，至其時，取蕭草與祭牲之脂，取羝以軷。』者，爇（ruò，焚燒）之於行神之位，馨香既聞，取羝羊之體以祭神。』……杜云『轢軷磔犬』，《詩》以牡羊者，《聘禮記》注說軷祭云：『其牲，犬羊可也』」。

5. 祖道與餞別。祖道為將出之祭，因此祖祭又名出祖。出祖之祭除了前面說到的「取蕭祭脂，取羝以軷」，「轢軷磔犬」等祭牲還用酒肴行祭。或曰：「人君有牲，大夫無牲，直用酒脯」。《儀禮聘禮》云：「出祖釋軷，祭酒脯，乃飲酒於其側。」注云：「祖，始也。既受聘享之禮，行，出國門，止，陳車騎，釋酒脯之奠於軷，為行始也。《詩傳》曰：軷，道祭也。謂祭道路之神。《春秋傳》曰：軷涉山川。然則軷，山行之名也。道路以險阻為難，是以委土為山，或伏牲其上，

使者為軷，祭酒脯祈告也。卿大夫處者於是餞之，飲酒於其側。禮畢，乘車轢之而遂行，舍於近郊矣。」

由於祖道時「祭酒脯，乃飲酒於其側」，所以，以酒為行人餞行又稱「飲餞」，《詩·邶風·泉水》：「出宿於泲，飲餞於禰」傳云：「言祖而舍軷，飲酒於其側者，謂為祖道之祭，當釋酒脯於軷舍，軷即軷釋也，於時送者遂飲酒於祖側，曰餞，餞，送也。所以為祖祭者，重已方始有事於道，故祭道之神也。」正因祖祭飲餞，所以「餞行」又被稱之為「祖餞」。《後漢書·文苑傳下·高彪》：「時京兆等五永為督軍禦史，使督幽州，百官大會，祖餞於長樂觀。」

由上知，餞行與祖道實屬同源。《詩大雅韓奕》云：「韓侯出祖，出宿於屠。顯父餞之，清酒百壺。」前兩句，孔穎達疏云：「言韓侯出京師之門，為祖道之祭。」祖道儀式搞完後，就接著飲酒餞行。所以，《韓奕》就接著說：「顯父餞之，清酒百壺。」明白了燕餞之俗之所從來，就不難理解為什麼許多餞別之辭皆帶「祖」字，諸如

「祖行」、「祖送」、「祖別」、「祖酌」、「祖席」、「祖宴」、「祖筵」、「祖帳」、「祖飲」、「祖禮」、「祖離」等等。

上引《周禮·夏官·大馭》中有「馭下祝」一語，未及申說。「祝」，孫詒讓謂「祝謂號祝以告神。」大馭是怎樣號祝的呢？文獻無說，不得而知。不過《太平御覽》上收錄一篇蔡邕寫的《祖餞祝》雖不甚古，倒也可以讓好之者發一番幽占之思。茲迻錄於下：

令歲淑月，日吉時良。爽應孔嘉，君當遷行。神龜吉兆，休氣煌煌。

著卦利貞，天見三光。鸞鳴雍雍，四牡彭彭。君既升輿，道路開張。

風伯雨師，灑道中央。陽遂求福，蚩尤辟兵。倉龍夾轂，白虎扶行。

朱雀道引，玄武作侶。勾陳居中，厭伏四方。君往臨邦，長樂無疆。

以上所說祖道之祭是為行人宴餞，然在中國古人的觀念中人生死只是陰陽之隔。在第三講中已經說過：《書·呂刑》有「乃命重黎，絕地天通，罔有降格」的記載，也就是說在神農、伏羲時代，民能登天，人人可以與天地交通。

自少暭之後，「絕地天通」，人神再想溝通，只能借助於巫覡們了。在上古先民看來，人死是轉世，是舊生命的終結，同時也是新生命的起始，故古人將死者入葬視為始行，既是始行當然也要「祖」了。《儀禮·既夕禮》：「有司請祖期。」鄭玄注：「將行而飲酒曰祖。」賈公彥疏：「此死者將行，亦曰祖。為始行，故曰祖也。」晉陶潛《祭從弟敬遠文》亦曰：「乃以圓果時醪，祖其將行。」《新唐書·李乂傳》：「乂沈正方雅，識治體，時稱有宰相器。葬日，蘇頲、畢構、馬懷素往祖之。」

儘管載籍把祖道之俗的緣起追溯到黃帝、共工時代，但事實是，講來講去，引徵的資料最早超不出詩經時代，那麼，前此，究竟有無祖道風俗呢？古文字學家唐蘭先生把西周昭王時代的乍冊夨令簋銘文「於王薑」之「於」前兩字讀為「爼」，並云「爼」的「爼」應讀如「祖」。並說「爼」不是祭禮，這是王薑對夨令的爼，所賞的就是燕享時的贈賄。也就是說本篇銘文記載有王薑為作冊夨令祖道之事。唐先生將「爼」解是為「祖道」似嫌繳繞，若其說可靠，那麼，就可把記載「祖道」風俗確切材料上溯至西周昭王時代。然經於豪亮先生考證，「」讀「宜」而不讀「爼」。現在古文字學界雖然還有立挺「宜」、「爼」二字同源說者，但於說顯然占了上風。要想進一步證明「宜」、「爼」二字同源，還需拿出更有說服力的證據來。有意思的是，1991 年出土，2003 年刊佈的《殷墟花園莊東地甲骨》中，竟有占問「子其出」與否的卜辭，若把「」讀為「爼」，「爼」通「祖」，此與前舉《詩·大雅·韓奕》「「韓侯出祖」以及《詩·烝民》：「中山甫出祖」之辭竟密合無間！這是不是純屬巧合呢？值得進一步研究。

不管上述甲骨金文確否存在祖道資料，祖道之俗在中國源遠流長則是毋庸置疑的。由於前途未蔔，豺狼虎豹蟲蛇神奸種種兇險或會隨時剝奪遊子的生命，出行意味著生離死別，「人者厚貌深情。」在割慈忍愛「揮手自茲去」的瞬間，「遊子腸斷，百感淒惻」是很自然的事。面對脆弱的人生，無助的行人以及愛莫能助的親朋最需要求助的物件不正是神靈麼？

第十二講 科舉制度與中華文化

　　科舉制度是中國歷史上考試選拔官員的一種基本制度，「是朝廷開設科目，士人可以自由報考，主要以考試成績決定取捨的選拔官員的制度」。創始於隋朝，確立於唐朝，完備於宋朝，興盛於明、清兩朝，廢除於清朝末年，歷經隋、唐、宋、元、明、清。從隋朝大業元年（605 年）的進士科算起到清光緒三十一年（1905 年）正式廢除，整整綿延存在了 1300 年。

　　科舉制度最初不過是一種官吏選拔制度，但在古代社會中，科舉制度以一種相對公平的方式為朝廷選拔大量優秀的統治人才，為大量普通讀書人提供一個進入仕途、提高地位的途徑，因此對於古代中國社會影響極大，極為深遠。美籍華人著名歷史學家許倬云把它稱之為中華文化三原色之一3。用《儒林外史》裡馬二先生的話來說就是，孔夫子到了今日，也一樣要趕考。

　　在科舉制產生以前，中國古代有著源遠流長的選官制度，在介紹科舉制度以前，我們先簡要介紹一下此前的選官制度。

一、科舉制度確立前的選官制度

　　夏朝的官制已無可詳考，商代的官制可以透過甲骨文、金文窺見一斑，官名有臣正、亞箙、多射、衛、戍、尹、乍（作）冊、葡、工、史、吏等約20 多個，大體可分為執行政務的官、武官和史官幾大類，具體制度尚不清楚。

　　周代官制，如果依據《周禮》的表述，有三公（太師、太傅、太保）、三孤（少師、少傅、少保），都是天子的顧問。負責政務的官員有六官：天官塚宰，總理國政，有大宰、小宰、宰夫等；地官司徒，掌民政教育，有大司徒、小司徒、鄉師等；春官宗伯，掌祭祀選官，有大宗伯、小宗伯、肆師等；夏官司馬，掌軍事，有大司馬、小司馬、軍司馬等；秋官司寇，掌刑獄，有大司寇、小司寇、士師等；冬官司空，掌百工土木，但《周禮》中此一部分缺失，其官屬失載。六官排列非常整齊，組織嚴密，一般認為它是經過後人想像補充的結果。

　　從官吏的選拔制度來看，夏、商到西周主要是世卿世祿制。世卿世祿制度又稱世官制，是一種主要以血緣關係的親疏遠近選拔官員的制度。當時的最高統治者——王按宗法制原則，分封諸侯、卿、大夫、士；這些諸侯、卿、大夫、士或父死子繼，或兄終弟及，世襲其職，世受其祿。也就是說，從最高統治者到各級貴族，權位都是由其後代世襲繼承的，世世代代佔據政治權位，享受各種特權。所謂「公門有公，卿門有卿」，遵循的是先「親親」，後「尊賢」的制度。選賢任能大多只在卿、大夫以下的低級官吏中實行，特殊情況比如商湯重用伊尹，武丁用傅說為相，周文王任用姜尚，成就一時功業，這都屬於破格任用。從夏、商到周，世卿世祿制度實行了大約一千八百年；秦漢以後的恩蔭制度（又稱任子、門蔭、蔭補等），則是世卿世祿制度的變種或殘餘。

　　考試選拔制度在這一時期也已出現，但只是作為世卿世祿制的輔助。根據《周禮》、《禮記》的記載，先由鄉選拔為「秀士」，鄉大夫將其履歷上交司徒，稱為「選士」，選中者進入國學，稱為「俊士」，國學分小學和大學兩個階段，俊士必須完成大學學業，透過考試，由司馬推薦給周王，稱為「進士」，考核後由國王任命官職。由諸侯選拔推薦給天子的稱「貢士」，貢士經天子考試合格者即可為官。進士、貢士及鄉舉士被舉薦到朝廷後，由周王主持進行大型的考核，稱為「大射禮」。這種考試制度為沒有繼承權的嫡子和庶子提供了入仕的機會。

　　到春秋戰國時期，社會面臨重大變革，由夏、商以來的世卿世祿制逐漸衰微，薦舉、養士、對策或獻策、軍功入仕等選拔官吏的制度相繼出現，體現出「任人惟賢，因功受祿」的新趨向。這一時期，各諸侯國的開明國君為富國強兵，用人大多不拘一格，如齊桓公不計前嫌任用管仲，秦穆公任用「五羖大夫」百里奚，吳王闔閭任用楚國人伍子胥、齊國人孫武，等等，都可以看出這一時期官員選拔任用制度與思路的明顯改變。

　　到戰國時期，養士已經成為一種社會風氣。國君及貴族平時召集一批有才能學問的「士」在門下，供養他們生活，聽取他們對國家大政及統治策略的建議，隨時從中選拔官員，或派遣他們擔任臨時性的政治使命。比如齊國有著名的「稷下學宮」，代表人物有淳於髡、荀況、鄒衍等，對當時政治形

勢、思想學術影響頗大。蘇秦、張儀鼓吹「合縱」、「連橫」，在戰國錯綜複雜的形勢中體現了自己的價值。秦國的客卿李斯直接推動了秦滅六國、統一天下的歷史進程。這些士是當時新興的知識階層代表，或者是有一技之長，他們主要是靠自己的才能被主上賞識而得以登上政治舞臺，是當時政治舞臺上一支最活躍的力量。

春秋戰國時，一些將士透過軍功可以得到重用和提拔，打了敗仗就要受到處罰，這逐步發展成軍功入仕的制度。其中秦國透過商鞅變法，獎勵耕戰，大力推行軍功爵制，也就是按照作戰功勞的大小授予爵位，「利祿官爵專出於兵，無有異施也」（《商君書》），最後發展為二十等爵制。

另外，薦舉是指朝中大臣和郡縣長官依據德、功、能等標準向國君推薦人才，由國君視其才能授予官職。對策或獻策是指國君發出策問徵詢對策，言中對策者即可官居要職；主動向國君獻策，受到國君賞識的也可以授官。

到秦漢時期，靠軍功、養士選拔官員已經不再適應封建中央集權制度的需要了，這一時期的官吏選拔主要有察舉、征辟、任子等幾種形式。

察舉又叫薦舉，是自下而上考察和推薦人才為官的制度，是漢代選官的一種主要做法。具體做法是由三公九卿、地方政府長官等高級官員根據考察，將德行高尚、才能出眾的人才選拔出來推薦給朝廷，經朝廷考核任命官職。察舉的辦法在漢代是逐步形成制度的，漢高祖十一年頒行的《求賢詔》為西漢察舉制度奠定了基礎，漢文帝時明確規定了察舉的科目和對策應試方法，至漢武帝時期，察舉制度發展為一種比較完備的入仕制度，確立了在兩漢選官制度中的主體地位。察舉的名目繁多，主要科目有孝廉、秀才（東漢時避光武帝劉秀諱改為「茂才」），每年舉行，稱為常科，另外有賢良方正、賢良文學、明經、明法、至孝等科，但不經常舉行，為特科。

漢代被薦舉的人，須先試任一年，勝任職守則轉為正式官職，否則撤換，推舉他的人也要受到處罰。察舉制度從西漢文帝開始創立，直至隋文帝開皇年間（581—600 年）被廢除，實行了將近八百年。西漢至東漢中期，察舉制度在實行過程中比較嚴格，能夠選拔一些有用之才，但到東漢後期，政治混

亂，察舉日益謬濫，弄虛作假之事頻出，造成所謂「舉秀才，不知書；察孝廉，父別居。寒素清白濁如泥，高第良將怯如雞」的荒唐情形。

漢代還實行中央或地方官府自行選拔錄用屬吏的征辟制度，由皇帝直接聘為官員的，叫作「征」；中央或地方官府的低級官吏，可以由長官自行聘請任職，叫做辟或辟除。皇帝徵召的名士是道德高尚、學識淵博、在地方享有很高聲望的人。所以皇帝經常用「安車蒲輪」、「束帛加璧」等禮儀徵召某些年老體弱的名士，以示特別優禮。比如著名科學家張衡，因精通天文曆算，善為機械巧作，被征為郎中，後升為太史令。

任子制度是指勳臣子弟依靠父兄的官秩和功勞而被保任為官。漢代二千石以上的官員，任期滿一定年限（一般三年），可保舉自己的子弟一人為郎官，充當皇帝的扈從侍衛。比如蘇武，因為父親做過代郡太守，所以他和兩個兄弟「少以父任，兄弟並為郎」。任子制度是統治者給予官僚貴族子弟的一種政治特權，後來發展為「蔭封」制度，產生了一批世家大族。

魏晉南北朝主要的選官制度是九品中正制，也稱九品官人法。從曹操「唯才是舉」不拘一格選拔人才，到曹丕當政時正式確立。具體做法是，各州郡置中正官負責考察本州人才，中正官的選擇標準是：本地德高望重的上品人。由中央的司徒尚書選擇「賢有識鑒」的中央官員兼任原籍的各州、郡、縣的中正官，也有司徒或吏部尚書直接兼任州大中正的。中正官最基本職責是考核同籍士人，根據家世、行狀給士人評定品級，綜合他們的門第、德、才定出「品」和「狀」。品分為上上品、上中品、上下品、中上品、中中品、中下品、下上品、下中品、下下品共九品。狀是根據士人的德才行為下一個簡短的評語，一般只有一兩句話。以此作為政府選官的依據。中正官對士人評定品級，品和狀寫好後呈報吏部，供吏部授官時參考，並不具備授予官職之權。

九品中正制在曹魏初期，按照「唯才是舉」的原則，確實選拔了一批賢人能士，所謂「蓋以論人才優劣，非謂世族高卑」（《宋書恩幸傳序》），「曹魏因此制度，而用人漸上軌道」，對於曹魏政權的建立與鞏固和北方社會的強盛起到了很大的作用，也對西晉的統一產生過積極的影響。但此制度的實行使士人一意追求名譽，造成「全務清談虛名，不能像漢代吏治風尚厚重篤實」的弊端，易長浮競虛華之風氣。加之後來九品中正制逐漸被門閥士族所

把持，各級中正官也由他們任命或直接擔任，把門第作為品評的唯一標準，變為世家大族壟斷高官顯爵的工具，堵塞了庶族入仕的路途，激化了士族與庶族之間的矛盾，造成了一個「上品無寒門，下品無士族」（《晉書》卷45《劉毅傳》）的選拔制度。左思《詠史》之「鬱鬱澗底松」篇中有「世冑躡高位，英俊沉下僚」的不平與慨歎，正是對這種不合理的揭露。

二、隋唐以後的科舉制度

隋統一天下後，曾一度實行九品中正制。但這時世家大族勢力日趨沒落，寒門地主力量上升，為適應這種社會變化的形勢，到隋文帝開皇年間，以分科舉人代替了九品中正制。據唐杜佑《通典》卷十四載，煬帝時「置明經、進士二科」，以「試策」取士，這是科舉制度真正的雛形。當時的明經、進士兩科考試的內容主要是策問。策問即出一些有關時事政務、經義等方面問題，由士子做答，以確定優劣。科舉制是古代選官制度的一大創舉，它使得更多的士人能夠透過相對公正公平的競爭進入仕途，擴大了王朝的統治基礎，也有利於選拔人才，一經推出就體現出它的優越性。因此唐王朝建立後，繼續實行科舉取士，並使科舉制度更為完善。

唐代科舉主要有常舉和制舉兩種形式。所謂常舉是指每年分科舉行的科舉；制舉是指由皇帝臨時下詔舉行的科舉。由於常舉和制舉選拔人才的目的不同，因此在考試內容、考生來源、考試方法上有很大區別，而常舉以其長期性、固定性的優點成為了科舉中最重要的部分。常舉每年十月開始，至次年三月結束。參加科舉者的主要來源有兩個：生徒、鄉貢。唐代中央設有國子監、弘文館、崇文館等學校，地方州縣也都有學校，每年冬天各級官學都要將經考試合格的學生送尚書省參加考試，這些考生稱為生徒。此外，不在官學學習的人也可以向州縣「投牒自舉」，書面提出申請，考試合格後送尚書省參加考試，這些考生稱為鄉貢。唐朝對「鄉貢」報考者的要求並不太嚴格，除作奸犯科者外，只要求商人或工匠不得參加，是比較開明的。

唐代科舉考試科目有秀才、進士、明經、明法、明書、明算、童子、道舉等，明經、進士兩科最為重要。隋時，此兩科的主要內容是試策，唐初不斷變化增加。玄宗天寶年間規定：明經先試貼經，次試經義，最後試策；進

士先試貼經，次試詩賦，最後試策。至此明經、進士兩科開始有所側重，明經重「貼經墨義」，進士重詩賦。明經考試中，所謂「貼經」是指將一句經書的兩端掩上，中間留一行，又將此行中的三個字用紙糊上，讓考生填寫，類似於今天的填空。「墨義」是考經文及注疏，初為口試，後因容易被人作弊，改為筆試，故名墨義。試策即考官出一道有關政治、經濟、軍事等方面的問題要考生做答，類似如今的論述題。進士科中除試策以外，另一個重要的內容是詩賦。唐高宗永隆二年開始，要求考生當場作雜文兩篇，主要指箴、銘、論、表等實用文體，後逐漸改為專考詩賦。試策可見士人對政治大關節的把握，當然有其長處，但這一類問題總有範圍，可以準備，久之則不易辨優劣高下，則詩賦出題無盡，可見其「吐屬之深淺，亦可測其胸襟之高卑」，「在當時不失為一項最好的智力測驗與心理測驗的標準」。

從錄取比例看，當時「進士大抵千人得第者百一二，明經倍之，得第者十之一二」（《通典·選舉三》），進士科錄取人數較明經為少，每次最多三十來人，及第入仕後升遷較快，故被時人視為「士林華選」，玄宗以後，進士科尤其被人看重，所謂「搢紳雖位極人臣，不由進士者，終不為美」（《唐摭言》卷一），當時也有「三十老明經，五十少進士」的說法，中進士者被比做「登龍門」。著名大詩人白居易27歲中進士，做詩云「慈恩塔下題名處，十七人中最少年」（徐松《登科記考》卷十四引），像他不到而立之年就得中進士的實在是少之又少，難怪他如此得意。

唐代科舉考試並不糊名，應考者名字對主考官是公開的。主持考試的本來是吏部考功員外郎，但在玄宗二十四年的考試中，吏部考功員外郎李昂被舉人責罵，玄宗認為員外郎職位較低，於是改由禮部侍郎主持，後來成為定制。有時皇帝臨時委派其他官員任主考官，稱為「知貢舉」。科舉考試錄取稱為「及第」，或「擢第」、「登科」、「登第」，進士第一名稱為「狀元」或「狀頭」。放榜後，及第者從此揚名天下，為了顯示新進士的榮寵，有聞喜宴、曲江宴、雁塔題名等許多活動要參加，這也是新得中的仕子們與達官貴人們互相結交，為此後的仕途發展建立關係的重要活動。

在唐代，科舉及第只是取得了做官的資格，要想正式步入仕途，尚須經吏部主持的銓選，稱之為「釋褐試」。吏部試的主要內容為身、言、書、判，

具體就是考察考生的體貌、言辭、楷書、批審公文四項內容。四項皆合格，可以授予官職。吏部試分為博學鴻詞、拔萃等名目。比如柳宗元中進士後，就是透過吏部試「博學鴻詞」授官集賢殿正字一職的，白居易則是以「拔萃」科授予秘書省校書郎的官職。如果吏部考試沒有透過，還有兩條道路可走，一是請權貴推薦任某官職，二是到地方藩鎮去做一段時間的幕僚，再爭取被舉薦。

制舉是由皇帝親自主持的科舉考試，科目極多，比較常見的有直言極諫、賢良方正、博學鴻詞等，不定期舉行，平民布衣、公卿子弟、常科及第者、現任官吏都可參見，合格者直接授官。制舉是朝廷網羅人才的一種辦法，但在當時不為人所重。比如《封氏聞見記》載「御史張瓌兄弟八人，其七人皆進士出身，一人制科擢第。親故集會，兄弟連榻，令制科者別坐，謂之『雜色』，以為笑樂」，可見其尷尬地位。

宋代科舉基本承襲唐代，但又有發展與改善，規制日趨嚴密。宋代科舉考試的基本特點在於：取士不問家世，限制勢家與寒族競進，嚴防考官營私、考生作弊，全憑經義、詩賦、策論取士，個人知識才能取代門第血統在科舉考試中佔據主導地位。這是唐宋之際各階級階層關係在科舉制度中的反映，對於整個宋代政治、文化的發展都起了巨大的推動作用。

宋代初禮部貢舉的科目較多，設進士、明經、二史、明法、武舉、制科、童子舉等科。王安石變法後，就將多科考試合併成進士一科了。宋初開科時間並不確定，每年或隔年一次，英宗以後確定為三年一次，後來一直沿襲下來。考試內容方面，宋初進士科重詩賦，其他各科重墨義，不能真正選拔人才。范仲淹、王安石等有識之士都起而改革貢舉，使宋代科舉逐漸體現出更重視對經書義理的理解與闡述的特點，王安石變法後偏重於經義和策論，後來雖多有變化，但基本上是詩賦與經義並重。從考試程式看，宋代科舉分府州試、省試、殿試三級。唐代由學館或地方推薦即可參加禮部試，宋代規定省試前，必須先經州府考試合格。

州府試考中的考生（被稱為舉子、貢生）到京城參加省試，省試合格後，再參加由皇帝主持的殿試。唐代武則天曾舉行過一次殿試，但只是偶爾為之，到宋時太祖趙匡胤始規定省試後必須進行殿試，乃形成定制，其目的在強化

中央集權，革除考官錄取不公之弊。唐時無殿試，主考官是考生的「座主」、「恩門」，宋代經過殿試後，及第者都稱「天子門生」，對於消解師生結黨之風、加強皇權有直接的作用。宋初殿試時總有三分之一到三分之二的人被黜落，自仁宗嘉祐二年（1057 年）後，凡參加殿試者一律不加黜落，只排定名次。錄取名額少則二三百，多則五六百人，遠遠超過唐代。這些都體現出宋代科舉制度對吸引士人進入統治階層的積極作用。

宋代科舉制有幾項重大變革，可見其制度之嚴密：一是取消了唐五代時通行的「公薦」（近要大臣向考官推薦考生）、「納公卷」（考生在考試前將平時詩賦文章先送禮部，作為錄取參考）的做法，創立了「糊名」、「謄錄」制度，以杜絕請托，嚴防舞弊。二是進士分等級。宋初分一至五甲，每甲人數不定，宋太宗時，將殿試錄取的進士分為三甲，即賜進士及第、賜進士出身、賜同進士出身。三是進士及第後無須吏部考試就直接授予官職。

除了通常的進士科之外，王安石變法中曾實行三舍法，把國家最高學府國子監的學生分為外、內、上三舍，按考試成績依次升級。上舍上等可以直接授官，上舍中等可以直接參加科舉殿試，上捨下等，可以直接參加科舉省試。哲宗時又擴大到地方各州學校也實行三舍法。徽宗崇寧三年（1104 年），完全以三舍法取代了原來的科舉考試。直到宣和三年（1121 年）才又恢復了科舉制，並規定三舍法只在國子監實行。為安撫士人，體現皇上的恩典，宋時對於省試中多次落選的人，另立名冊上奏皇帝，稱「特奏名」，批准後以「附試」的名義直接參加殿試。

與宋先後並立的遼、金，都實行了科舉取士的制度，基本上借鑒宋代的制度，又結合自己的民族特點與統治思想，有所變化。

元朝時，蒙古貴族不經考試即可做官，因此開國之初並不重視科舉考試。元中葉後，統治者為籠絡漢人，才恢復開科取士，但還是對漢人處處限制。元代科舉也是三年一次，分鄉試、會試、禦試三級。各級考試，都分左右榜，蒙古人、色目人為右榜，鄉試、會試只考兩場，題目也比較容易。漢人、南人為左榜，題目較難。禦試時，蒙古人、色目人策問僅限 500 字以上，漢人、南人要求 1000 字以上。考試內容一律以朱熹的《四書章句集注》為據，考生對經義的闡述也必須以之為準。

明、清時代是科舉制的極盛階段，兩代制度大體相同，清代更為完備，體現出制度嚴密，考試內容及文體固定化等特點。

明清科舉制度中最重要的是進士科，正式考試分院試、鄉試、會試和殿試三級。院試是科舉考試的第一級，但考生在院試前，還須透過由本縣知縣主持的縣試（多在二月舉行）及由知府主持的府試（多在四月舉行），取得「童生」的身份，才有參加院試的資格，可以看作科舉前的預備性考試。有人考了多年才成為童生，有的童生多次參加院試都沒能透過，所以「童生」的年齡不一定都很小，有時有白髮蒼蒼的老童生，《儒林外史》第一回中在薛家集做私塾老師的周進，就是一個年近六十的老童生。

院試又稱童生試，是科舉考試的最初一級，在府城或直屬省的州治舉行，由學政（又稱學台、宗師）主持，是由皇帝任命進士出身的翰林院、六部等官員到各省任職，任期二年。院試包括歲試和科試兩種。歲試的任務一是從童生中考選出秀才，二是對原有秀才進行甄別考試。《儒林外史》第三回寫周學道「先考了兩場生員。第三場是南海、番禺兩縣童生」。前兩場就是鑒別秀才的考試，第三場是考選秀才。童生透過歲試，就算是「進學」了，成為「生員」，俗稱秀才或相公，他們在名義上被安排在府、縣學學習，稱作入泮，但實際上不一定到那裡去讀書。歲試成績優良的生員，才可以參加科試，科試透過，才准許參加更高一級的鄉試，叫做「錄科」。

鄉試在京師及各省省城（包括京城）的貢院舉行。每三年一次，考期多在秋季八月，所以又稱「秋闈」。此外也有在國家慶典比如皇帝登基、生日時加考的「恩科」。清代鄉試有正、副主考官，由皇帝任命翰林及進士出身的部、院官充任。鄉試共考三場，分別在八月九日、十二日、十五日舉行。貢院是鄉試的考場，因為用荊棘遍置圍牆之上，所以又稱「棘闈」。貢院內建有一排排的號房，考生在每場考試前一日經點名搜檢，進入號房，鳴炮三響後，號房柵門和貢院都上鎖封閉，考試後一日即入闈後第三天，方許交卷出場，整個過程食宿、答題都在其中。鄉試中舉稱乙榜或乙科，放榜在正值桂花盛開的九月，故稱「桂榜」，考中者為舉人，第一名叫解元。考中舉人，就有了做官的資格，士人的地位大大提升，比如《儒林外史》中寫範進中舉

後，馬上有張鄉紳來拜會，送銀錢與房子，範進本人則高興得發了瘋，可見中舉人對於明清的讀書人來說，已經意味著境遇前途有了本質的改變。

會試和殿試是明清科舉考試的最高一級，會試具有決定性，因為殿試只排名次，不加黜落。會試一般在鄉試第二年的二、三月舉行，故稱「春闈」，因是由禮部主持的，故又叫「禮闈」，考試地點在京城貢院。會試的主考官由翰林內閣大學士或六部尚書充當，清代稱為大總裁。應試考生都是各地的舉人，被錄取者叫「貢士」，第一名叫會元，放榜時正值杏花開放，所以又稱「杏榜」。殿試在四月舉行，名義上由皇帝親自主持，有讀卷提調、監試等官協助，考試內容只有策問一道，考中者分為三甲：一甲取三名，賜進士及第，為狀元（又叫殿元）、榜眼、探花，合稱「三鼎甲」；二甲若干名，賜進士出身；三甲若干名，賜同進士出身。殿試榜又稱作甲榜，考中者無論一、二、三甲的人都稱作進士。考試後皇帝賜新中進士宴，朝廷還要賜給銀兩、彩花等，進士的名字都立石刻在國子監內，稱為題名碑。明代科舉殿試後即授官，清代按照規定，一甲三名殿試揭曉後立即授職，其餘人還要參加一次朝考，才能授予官職。進士是科舉的終點，也是仕途的起點，許多高官權貴都是進士出身，即使不為官，進士也有很高的社會地位。在科舉時代，進士為人所重，主要原因即在於此。

八股文是明清兩代科舉考試中規定寫作的文體，又叫「制藝」、「時藝」、「八比文」等。八股文有一套固定的格式與規則，文章的字數也有規定。每篇文章由破題、承題、起講、入手、起股、中股、後股、束股八部分組成。自起股至束股的四段中，都各有兩股排比對偶的文字，合起來共有八股，故稱八股文。題目主要出自《四書》，所闡釋的內容嚴格限於朱熹《四書集注》的內容，考生只能依據題意，「代聖人立言」，八股取士無論從形式還是從內容上都對讀書人進行著約束與禁錮。對於八股文，五四以來多持批評態度，近代以來的研究，則著重從制度層面、歷史文化的高度對八股文進行重新審視與客觀評價，取得了豐富的研究成果。明代科舉不考詩賦，清代則從乾隆二十二年開始逐步在鄉試、會試及院試中考詩賦，形式有嚴格的規定，內容也不外乎歌功頌德、粉飾太平，這種試帖詩是毫無文學價值可言的。

三、對科舉制度的歷史功績及其弊病的反思

　　科舉制度的產生是歷史的一大進步，因為它至少樹立並堅持自由報名、公開考試、平等競爭、擇優錄取的原則，對中國古代社會的選官制度，特別是對漢代的察舉和征辟制、魏晉南北朝的九品中正制，是一個直接的替代和否定，為廣大中下層士人和平民百姓透過科舉而入仕，改變自己的命運境遇，提供了一個相對比較公平的機會和條件。統治階層科舉制度吸納大批的人才進入統治體制，擴大了統治的階級基礎，促進了政治的清明和社會的穩定。科舉選拔的競爭作用還激起了各階層的上進心和創造性，促成了興學重教的社會風氣，從而能夠激發社會活力，促進社會進步。

　　因此說，科舉制度是中國歷史上，也是世界歷史上最具開創性和平等性的官吏人才選拔制度。孫中山先生認為科舉制度「是世界各國中所用以拔取真才之最古最好的制度」（《五權憲法》），西方則將中國的科舉制度稱之為「中國第五大發明」，都可以看出它對中華民族，對全人類文化發展的巨大貢獻。

　　就實際效果來說，在漫長的 1300 年的科舉考試中，據不完全統計，曾產生出 700 多名狀元、近 11 萬名進士、數百萬名舉人以及至於不計其數的秀才。隋唐以後，幾乎每一位士人都與科舉考試有著直接密切的關聯。這裡面也產生了一批善於治國安邦的名臣名相，一批有傑出貢獻的政治家、思想家、文學家、藝術家等，比如張九齡、裴度、韓愈、柳宗元、白居易、柳公權、范仲淹、包拯、司馬光、歐陽修、蘇軾、沈括、朱熹、文天祥、張居正、顧炎武……等等，不勝枚舉。在南京大學歷史系編的《中國歷代名人辭典》中所載唐代至「五四」時期的一千四百八十多位名人中，進士出身者占 60% 以上，這都說明科舉制在選拔人才方面的客觀功用。

　　可以說，科舉制度在隋唐以後選拔了古代社會政治、經濟、學術、思想的主要力量，許多對中國的文化、政治、經濟產生重大影響的關鍵人物，都是透過科舉考試而躋身於社會上層並由此獲得了做出其傑出貢獻的基礎。相對公平公正的科舉考試對於封建國家的統一、社會的穩定、各民族的團結和融合、文化教育的發展，對於中華文明的傳播，都曾產生過巨大作用。我們著重申述以下兩點。

（一）科舉制度在古代社會發揮著統合作用

科舉制度並不是一個單純的考試制度，在其實行的過程中，它一直在發揮著無形的統合功能，將文化、社會、經濟諸領域與政治權力的結構緊密地聯繫起來，形成一個多面互動的整體，這是科舉在古代歷史上的一大功用。

自漢武帝以後，士人已脫離了「遊士」的階段，一方面，與宗族、親戚、鄉黨等建立了越來越密切的關係，另一方面則開始在鄉土定居。士人以雄厚的社會經濟基礎為憑藉，在所居郡縣往往具有很大的影響力。因此最初科舉制度的創立，一個重要的功能就是消解門閥大族對國家的政治影響力，與秦漢以後逐步佔據了中下層社會主體力量的士人階層建立起一種廣泛的合作關係，以降低世家大族對皇權的威脅，發揮中下層士人連結社會主體的巨大作用。具體表現就是在中國社會形成了一個士紳階層，緩衝官民間的矛盾，維繫社會結構的穩定。

從文化上來講，科舉考試的基本內容是相對穩定的主流意識，透過士人的廣泛參與，使得王朝的基本意識形態、國家文化大傳統的基本價值得以傳播到各地，特別是文化、經濟較為落後的地區，使得國家大傳統與地方小傳統能夠互相交流，以歸於正，從而取得中國性的政治、文化統合的效用，而且這種效果是上令下行式的政令發佈所不可比擬的。比如到宋代以後，科舉制度體現出越來越向一般民眾開放的趨勢，雖然仕宦、詩禮、富家子弟在科舉競爭中常常佔有很大的優勢，雖然有學者強調「還是等級社會，還是少數統治」，但從整個歷史進程看，至少到明、清時科舉已非任何特權階層所能壟斷了，就像顧炎武在談到明末科舉取士的情況時所說的「科舉所得，十人之中八九皆白徒」。確切的數字，據何炳棣統計，明清兩代的進士，平均約有 42.9% 出身於從未有過功名的家庭。所以我們看到，唐、宋以後的科舉制度已經成為國家統治系統的一大支柱，無論是對士人懷著很深敵意的朱元璋或是異族入主的蒙元、滿清王朝，都不能不借重科舉的統合功能來擴大統治基礎、鞏固王朝統治。

因此說，古代的科舉制度是一個涉及政治、社會、文化各層面的複雜制度，對於王朝的統治，社會的穩定，不斷更新的活力與生命力，至為重要，

是古代社會中最值得注意的基本制度。（二）科舉制度對古代知識份子的重要影響

　　在古代中國，作為一個國家，一個民族代表的知識份子，孕育他們的土壤就是科舉制度，其精神面貌、精神狀態都是由科舉制度塑造出來的。可以說，科舉制度的存在，對中國古代知識份子的精神狀態和文化品格產生了重要影響，知識份子身上體現的積極向上、清正廉明、苦讀向學等美德，曲學阿世、鄉願懦弱等鄙習，都能從科舉制度中探尋到根源。

　　科舉制度創立之初，自然有其現實的政治目的，據說當唐太宗李世民看到新進士從端門列隊而出的時候，高興地說：「天下英雄入吾彀中矣！」在他看來，科舉制度不過是他籠絡人才的一種手段。但科舉制度把讀書、應考、做官三者緊密聯繫起來，使普通的士人看到了進身入仕的希望，使廣大讀書人為了「朝為田舍郎，暮登天子堂」的幻想而整日埋頭苦讀，自覺自願地向著統治階層規定的思想意識與倫理道德努力，這一方面促進了士人的積極向學，追求「致君堯舜上」的功業理想，另一方面，一切以科舉為依歸，也逐步喪失了作為士人的獨立意識與自由精神。在這一點上，科舉制度對中國古代知識份子文化品格的影響是極大的。

　　古代士人的一生路途圍繞科舉展開，也為科舉所禁錮，許多讀書人苦讀一生，都是為了科舉及第後的富貴榮華，為了書中的「顏如玉」、「黃金屋」，參加科舉得中後的士人，成為統治階層中的官僚，成為皇權的附庸和統治的工具。就像唐代詩人趙嘏所說的「太宗皇帝真長策，賺得英雄盡白頭」。當然還有許多人就如《儒林外史》中的老童生周進一般，到老還是個秀才，把自己一輩子都消磨在「八股文」之中，消磨在科舉考試之中。

　　科舉考試發展到明清以後，內容以僵化保守模式化的八股文為主，逐步成為嚴重束縛讀書人思想的枷鎖，暴露出種種弊端。

　　其一，讀書人在功名的誘惑下，只知反復揣摩八股文這塊敲門磚，不知關心天下大事、社會現實，真正成為百無一用的書生，在《儒林外史》中我們看到的范進、周進等可憐又可笑的文人形象，是那個時代為科舉所害的文人典型；更有甚者，為科舉利祿所誘導，墮入奸貪之途，昏聵之境。

其二，由於科舉考試形式與內容的僵化與狹隘，造成文人知識結構偏狹，思想僵化、固步自封，也間接強化了對科學技術的漠視，本來應該是透過科舉選拔英才，卻大多成為文不能治國、武不能安邦的庸才，這一弊端明清以後愈發明顯。

其三，科舉制度越來越功利化的趨勢，消蝕著士氣，敗壞著世風，士人的精神境界越來越卑下，耽習空洞的時文，不究學業之根本，文風、學風越來越浮薄。科場弊案禁而不絕，冬烘學究遍佈朝野。到清朝末年，廢除科舉，興辦新式學堂，建立新式官吏選拔制度，已成為歷史的必然。1905 年清政府頒佈了停止科舉的上諭，至此，1300 年的科舉制度宣告結束。

現在我們回過頭認真思考科舉在中國歷史上發揮的巨大作用，可以看到科舉制度不但影響了中國歷代的政治進程，而且還塑造了中國知識份子的價值取向、文化心態及性格特徵，無論是從積極的方面還是消極的方面來說，它對中國歷史的影響都是極為深遠的。「科舉制度成了影響傳統中國人一個最重要的社會化變數，因科舉制而累積的心理現象、文化現象、教育現象與社會化效應，也是導致近代以來東西方在知識、思想與信仰等方面產生差異的一個基本原因。」從對世界文化的影響來看，科舉制度從宋元以後逐步東漸西傳，亞洲的越南、日本、朝鮮，都較長時間仿照中國推行過科舉制度；西方的法國、美國、英國等國選拔官吏的政治制度也都直接受到中國科舉制度的作用和重要影響。西方現代的文官選拔制度、中國現代的教育制度和幹部選拔制度都是中國古代科舉制度的繼承和發展。因而，對於古代科舉制度的功過及其深遠影響，將是一個還需深入探討研究的話題。

第十三講 經書與中華文化

▋一、古代典籍的經、史、子、集四部分類

經、史、子、集，是中國古代圖書的四大類別，凡乎囊括了自先秦至清代前期留存的所有文化典籍。在介紹經書之前，有必要先簡單介紹一下經、史、子、集四部分類的由來。

古代圖書的編目、分類始於西漢的劉向、劉歆父子。劉向是西漢王室，博學多才，歷仕宣、元、成、哀四朝，官至光祿大夫、中壘校尉。漢成帝有感於當時宮中藏書多有亡佚散亂，召令劉向領校宮中圖書。劉向每校一書，「輒條其篇目，撮其旨意，錄而奏之」，撰《別錄》二十卷，這是中國古代目錄學的開端。劉向校書未竟即去世，其子劉歆受命卒成其事。據《漢書·藝文志》記載：「歆於是總群書而奏其《七略》，故有《輯略》、有《六藝略》、有《諸子略》、有《詩賦略》、有《兵書略》、有《術數略》有《方技略》，今刪其要，以備篇籍。」《輯略》是總序，是所著錄諸書的總要，其餘六略為「六藝、諸子、詩賦、兵書、術數、方技」六類圖書的書目。《七略》是中國第一部圖書分類目錄，後來此書亡佚，基本內容保存在《漢書．藝文志》中。

《漢書·藝文志》的分類依據劉歆的《七略》，採取「六分」法，收錄了先秦至東漢前期的圖書書目。這種在史書中記錄一朝書目的做法，後世多有繼承，稱為史志目錄。《漢書．藝文志》的分類反映了當時的尊經觀念，以六藝居首，而以經統史、經史合類，將《春秋》「三傳」、《國語》、《戰國策》和《太史公》（即司馬遷的《史記》）歸於「六藝」類下的「春秋」小類，等等，也都反映出當時的學術面貌和藏書狀況。

西晉時，秘書監荀勖依據曹魏時鄭默的《中經》，撰《中經新簿》，總括群書，分為四部。「一曰甲部，經門六藝及小學等書，二曰乙部，有古諸子家、近世子家、兵書、兵家、術數；三曰丙部，有史記、舊事、皇覽簿、雜事；四曰丁部，有詩賦、圖贊、《汲塚書》。」這是中國目錄學史上第一部按四部分類的圖書目錄。按甲、乙、丙、丁四部劃分圖書，把史書從經書中分離

出來，都體現出對劉歆以來「六分」法的改變，但四部的排列順序及每部包括的內容跟後來的經史子集四部分類不盡相同。

到唐代，魏徵修《隋書》，其《經籍志》就是在《中經新簿》以來四部分類法的基礎上改進而成的，調整了甲乙丙丁四部的排列順序和各部所包括的圖書，第一次以經、史、子、集的概念統屬四部，確立了以經、史、子、集四部分類的體例。自此以後，宋元明清的官修史書和圖書目錄大都沿襲這種分類方法著錄圖書，尤其以清代乾隆年間纂修的《四庫全書》為集大成之作，在經史子集的基礎上，分類更為細密，代表了古代目錄學的最高成就。後來《四部備要》、《四部叢刊》等大型叢書的相繼問世，表明經、史、子、集已由古代目錄術語轉化為古代典籍的代名詞，它們凝聚著中華民族在古代各個時期、各個領域所取得的精神成果，成為中國古代精神文化的寶庫。

無論是《七略》、《漢書 . 藝文志》的「六分」法，還是《晉中經》和《隋書·經籍志》的「四分」法，乃至其他未成主流的「七分」法等，都將儒家經典列於首位，反映出儒家思想在傳統文化中重要而恒久的地位，反映出中國古代文化尊經重道的特點。

▌二、經書概說

（一）儒經的發展

「經」字之義有二，東漢許慎《說文解字》中說：「經，織也。」清人段玉裁注解說：「織之從（縱）絲謂之經，必先有經而後有緯。」也就是說，經字的本義是指織布時的「縱絲」，只有先把「縱絲」固定好，才能用橫線織成布。章太炎認為經是以絲編綴竹簡，本為書籍之通名，後來指典籍的精華，與許慎說有些關係。劉熙《釋名·釋典藝》說：「經，徑也，常典也。如徑路無所不通，可常用也。」由此引申為「恒常」的意思，古代社會把儒家重要典籍稱為「經」，就是取「恒常」之義，認為儒家思想是統治秩序得以維持的根本保證，是不變的法則、恒久的道理。《文心雕龍·宗經》說：「經也者，恒久之至道，不刊之鴻教也。」就是這個意思。

　　實際上，先秦時期的經書並非專指儒家著作，把典籍稱之為經，最初也並不始於儒家著作，莊子就把墨子著作稱為《墨經》，只是在西漢武帝「罷黜百家，獨尊儒術」後，統治階層出於政治上的需要，逐漸把經書限於儒家的重要典籍，即便如此，後來的佛教、道教典籍也都還可以稱為「經」。因此，「經」作為一個名詞，可以是泛稱，也可以是專稱，既可泛指古代儒、墨、道、法各家及佛道兩教的經典，也可專指儒家《詩》《書》《禮》《樂》《易》《春秋》等經典。

　　就儒家的「經」來說，也有一個發展的過程。最初只有六部，即《莊子·天運》中孔子所說的六經，「丘治《詩》、《書》、《禮》、《樂》、《易》、《春秋》六經，自以為久矣」。這六部典籍的作者問題，歷來有不同觀點，今文經學派認為六經是孔子根據古代文獻資料整理、編著而成的，先有孔子而後有六經；而古文經學派則認為在孔子之前已有六經，孔了只是對經典進行刪定而已，這是經學史上的大問題，但就今人之觀點來看，多認為經書是古已有之的文獻，孔子做了搜集、整理、刪定的工作，我們今天更需注重的是六經本身的歷史文獻價值。《樂經》據說在戰國後期已失傳，所以漢武帝時只立了《詩》、《書》、《禮》、《易》、《春秋》等五經博士。

　　此後，隨著儒家地位的不斷提高，被稱為「經」的儒家典籍不斷增多，到東漢，又在《詩》、《書》、《禮》、《易》、《春秋》五經之外再加上《論語》、《孝經》，擴大為「七經」。

　　到唐代，在國家官辦學校的學習科目中以及科舉考試項目中，又有「九經」之稱，就是《詩》、《書》、《易》、《周禮》、《儀禮》、《禮記》、《春秋公羊傳》、《春秋穀梁傳》、《春秋左氏傳》等九部經書。唐文宗開成年間（836—840 年），朝廷下令刻九經以及《論語》、《孝經》、《爾雅》於石碑上，稱為「十二經」，這就是著名的「開成石經」，現在還保存在陝西西安碑林博物館中。

　　在宋代，由於理學的興起，《孟子》也進入經書的行列。宋仁宗朝刻「嘉祐石經」時就包括《孟子》，從此儒家的經典就成了「十三經」。

對於這十三部經書，漢代學者作了大量的注釋工作，稱之為注、箋，後來又出現了對經傳正文和前人舊注進行解釋和闡發的注釋作品，習慣上稱之為「疏」或「正義」。南宋以後，有人把十三經以及比較好的注、疏、正義合刻在一起，形成一套叢書，稱為《十三經注疏》，現存最好的《十三經注疏》版本是清代阮元校刻的，中華書局有影印本，北京大學出版社有標點整理本，可以參考。

值得一提的是，宋代把《孟子》提升到經的地位後，又把《禮記》中的《中庸》、《大學》兩篇與《論語》、《孟子》相配合，合為《四書》，作為理學的重要思想資源。到南宋孝宗時，朱熹撰成《四書章句集注》，更是奠定了其在政治統治及思想文化中的重要地位，成為封建王朝科舉取士的標準讀本，其影響甚至超過了《詩》、《書》、《禮》、《易》、《春秋》等其他的傳統經書。

（二）十三經簡介

1、《周易》

原稱《易》，又稱《易經》，是一部占筮用書，經過儒家的闡述發揮，其哲理內涵被充分揭示，成為一部古代哲學思想名著。古代的卜卦分為以龜甲占卜和用蓍草占筮兩種，以龜甲占卜的記錄，就是近代以來在河南安陽附近發現的大量殷商甲骨卜辭，而周人習慣用蓍草來占卜吉凶，占卜時取草莖若干根，排成各種卦形，然後參照占筮書的記述判斷吉凶。《周易》就是這類占筮書的一種。

對於「易」之含義，鄭玄《六藝論·易論》說：「易一名而含三義：易簡，一也；變易，二也；不易，三也。」之所以稱「周易」，鄭玄說：「周易者，言易道周遍，無不包也。」《易緯》的說法，則認為史因朝代而得名，以區別於夏易《連山》、商易《歸藏》而言。這些流傳下來的說法也還有助於我們對《周易》的理解。

《周易》由符號和文字兩大部分組成。「—」和「——」是兩個最基本的符號，代表陽和陰，分別稱為陽爻、陰爻。把一和——疊列三層，可以形成八種組合形式，叫做八卦，又稱經卦。卦象分別是，（乾）、（坤）、（震）、

（巽）、（坎）、（離）、（艮）、（兌），其中每一卦象又代表某種事物，如乾為天，坤為地，震為雷，巽為風，坎為水，離為火，艮為山，兌為澤。對於每一卦象的含意還可以進一步引申，例如乾既代表天，又可以代表國君、朝廷、君子、男人、剛健、陽氣等，而坤除了代表地外，還可以代表臣子、女人、柔弱、陰氣等等。

用八卦的卦象兩兩重疊，又能組合成六十四卦，稱為別卦。

文字部分包括「經」和「傳」。「經」，或稱《周易古經》，包括說明卦象的卦辭和說明卦中每一爻的爻辭。它們是《周易》的正文部分，都是配合卦形闡明象旨，使《周易》成為一部符號與文字有機結合的特殊哲學著作，使卦形、爻形內涵的象徵旨趣也更為鮮明、生動。「傳」則包括解釋經文的七種共十篇文字，稱為十翼，由《彖傳》上下、《文言》、《繫辭》上下、《說卦》、《序卦》、《象》上下、《雜卦》等十部分組成。《易傳》解經各有一定的側重點或特定角度。其中，《文言》解說乾、坤二卦的象徵意旨，《彖傳》上卜分釋六十四卦的卦名、卦辭及一卦大旨。《象》上下闡釋各卦卦象及各爻爻象。《繫辭》上下對《易》經文各方面內容作了較為全面的辨析、闡發，涉及八卦、六十四卦及卦爻辭之大義。《說卦》闡述八卦象例。《序卦》解說六十四卦的編排次序，揭示諸卦相承的意義。《雜卦》則打散卦序，將六十四卦重新分成三十二組，兩兩對舉，概括卦旨。

關於卦象及卦、爻辭的起源問題，過去說法較多。傳統上說伏羲創立八卦，文王演為六十四卦，只是一種傳說而已，並沒有什麼證據。至於卦、爻辭的作者，過去也有周文王或周公的說法。但近代學者根據卦辭、爻辭記載的一些歷史材料，推斷可能是西周初年的作品，可能出於周代執掌占卜的史官之手，但具體作者仍然難以判斷。還有作者根據出土甲骨、金文、陶文等材料，推斷易卦可能早至商代。

至於十翼的作者，歷來也是紛爭不已。有人認為出於孔子之手，有人認為只有《彖辭》、《象辭》、《繫辭》是孔子所作，還有人認為並非孔子所作。現在大家一般認為，作者並非一人，而且也不是作於同一時代。《彖傳》寫作最早，在春秋、戰國交替之際，其餘的則是戰國至西漢初年的作品。十

翼對《周易》的解釋並不都符合經文原意，因此我們不能完全依賴它們去理解《周易》正文。

《周易》本是一部占卜書，反映了先民的神秘主義的唯心觀念，但是書中也反映出積極的哲理思想，比如其對自然界的看法就體現出一種樸素的萬物生成的唯物主義觀念，在講到陰陽二者之間的矛盾變化時，則反映了古人的某些樸素辯證法的觀點，具有很高的思想價值。古人說「《易》道廣大，無所不包」，其文化智慧意蘊是非常豐富而深邃的，「天人合一」的原始思維，也反映出中華古代文化智慧的一些基本特點。西方人把《周易》看作所謂「東方神秘主義」的代表之作，其思想價值在近代以來逐步被發掘，在西方世界有也很大的影響，據說德國的數理邏輯先驅萊布尼茨在完善「二進位算術」的過程中，就曾受到《周易》的影響。

2、《尚書》

《尚書》，又稱《書經》，古稱《書》。尚者，上也，尚書的意思，就是上古的史書。《尚書》是夏、商、周三代歷史檔案文獻彙編。分《虞書》、《夏書》、《商書》、《周書》。其中，《虞書》和《夏書》是商、周時人根據遠古傳說和部分從夏代傳下來的資料追記的，《商書》一部分是商代留傳下的文獻，一部分經過後人的加工，《周書》是周代的檔案文獻。

相傳在孔子時代，這些文獻有三千多篇，孔子曾對此有過刪減，具體情況已經無人能夠考證清楚。

《尚書》的文體，大多篇章是記言，少數篇章是記事或記言兼記事。按照近人的看法，一般分為六類：典，如《堯典》，記載堯舜的事蹟與言論；謨，如《皋陶謨》，記述堯、舜、皋陶等人討論政治的談話；訓，如《伊訓》，記載商大臣伊尹訓誡商王太甲的言論；誥，如《康誥》、《召誥》等，記載執政者對臣民的號令、訓誡與指示，大多記錄當時口語，晦澀難懂；誓，如《湯誓》、《泰誓》等，多指征伐、戰爭之前的誓師詞，語句簡潔，多有節奏韻律；命，如《文侯之命》等，多為君王獎賞臣子時宣佈的命令。

《尚書》的傳授在古代經典中是最為複雜的，從漢代開始，就有所謂的今古文之爭，延續到後來，《尚書》內容的真偽問題，一直是學術界爭論的大問題。

最初《尚書》中保存的歷史文獻是很多的。至西漢初年，由山東人伏生傳授下來的《尚書》只有 28 篇了。這部《尚書》是用漢代通行的隸書文字抄寫的，所以漢朝人稱它為「今文尚書」，傳授今文《尚書》的學者們常常利用陰陽五行的觀點闡發他們的思想，形成了《尚書》的今文經學派，並且由朝廷立為博士官。

西漢中期以後，又多次發現先秦時期用大篆等古文字體抄寫的《尚書》，人們稱之為「古文尚書」，比今文《尚書》多 16 篇。東漢學者賈逵、馬融、鄭玄等人對古文《尚書》做了大量的注釋工作。他們多從名物制度、文字訓詁等角度來解釋經文，形成了《尚書》的古文經學派。在漢朝，古文《尚書》未被朝廷所承認，沒有能立於學官，以致西晉以後它全部散失，現今只能看到它的篇目名稱了。

東晉時期，豫章內史梅賾向朝廷貢獻了一部《尚書》，共 58 篇。梅賾根據一些散逸的《尚書》文字，編撰成所謂古文《尚書》25 篇，後人稱之為「偽古文尚書」。梅賾同時又吸收了原來今文《尚書》的 28 篇（離析為 33 篇），共 58 篇。這就是現今通行的《十三經注疏》本《尚書》，它實際上是由今文《尚書》和偽古文《尚書》兩部分合成的。

古文尚書重新傳世後，引起了學者的懷疑，宋代以後，對古文尚書的辨偽工作一直持續不斷，直到清初的閻若璩《尚書古文疏證》，古文尚書之偽似乎已成為定論，有清一代，學者所做的工作大都是延續閻若璩的工作，繼續尋找證偽的證據。但這一問題的探討遠未結束，近代以來，一直有學者對閻若璩的辨偽提出駁正，應該還有繼續研究的必要。

3、《詩經》

又稱《詩》或《詩三百》，是中國最早的一部詩歌總集，春秋時被尊奉為經，稱為《詩經》。《詩經》收上起西周初年（西元前 11 世紀）下至春秋中葉（前 6 世紀）約五百年間的詩歌，保存到現在的作品共 306 篇，另有

六篇有目無辭，稱為笙詩。關於《詩經》，有所謂風、賦、比、興、雅、頌、六義的說法，具體含義眾說紛紜，一般認為風、雅、頌指詩的類別，賦、比、興是表現手法。風是十五個封國和地區的民歌，即《周南》、《召南》、《邶風》、《鄘風》、《衛風》、《王風》、《鄭風》、《齊風》、《魏風》、《唐風》、《秦風》、《陳風》、《檜風》、《曹風》、《豳風》等，共 160 篇。「雅」即正，指朝廷正樂，西周王畿的樂調。雅又分為大雅和小雅。大雅 31 篇是西周的作品，大部分作於西周初期，小部分作於西周末期，主要是頌揚周統治者的文治武功；小雅共 74 篇，除少數篇目可能是東周作品外，其餘都是西周晚期的作品，內容以反映王室統治狀況的政治詩為主。頌是宗廟祭祀之樂，莊重、肅穆。周頌 31 篇，是西周初期的詩。魯頌 4 篇，據說產生於春秋中葉魯僖公時。商頌 5 篇，可能是春秋時宋國的宗廟祭祀樂歌。

對於詩的來源，過去有「王官采詩」、「孔子刪詩」等不同說法，其中對於孔子刪詩的說法，歷代學者多有考辨，基本不可信，就現在的研究來看，《詩經》包括了公卿列士所獻之詩，採集於各地的民間之詩，以及周王朝樂官保存下來的宗教宴饗中的樂歌等。

《詩經》流傳至漢代，有齊、魯、韓、毛四家，前三家屬於今文詩學，西漢時得以立於學官，至魏晉以後逐漸衰亡。毛《詩》相傳為西漢初年毛亨、毛萇所授，屬於古文經學，東漢以後影響漸廣，現今傳世的就是毛《詩》。

《詩經》是儒家經典，因此漢代以來的《詩經》研究以經學為主體，以宣揚儒家教義為主要內容，鄭玄《毛詩傳箋》、孔穎達《毛詩正義》、朱熹《詩集傳》、馬瑞辰《毛詩傳箋通釋》、陳奐《詩毛氏傳疏》代表了古代《詩經》學的研究成果，或箋釋字詞，或考訂典制，或疏解詩義，各有成就，雖然不免有各自的時代局限性，但仍是我們今天進一步學習研究《詩經》必須參考的經典著作。

4、《儀禮》

古代所言禮，含義包括甚廣，是社會生活之總成，既包括社會禮俗，也包括典章官制。十三經中有「三禮」，即《周禮》、《儀禮》、《禮記》。孔子傳授弟子的《禮》即《儀禮》。《周禮》原名《周官》，又名《周官經》，

西漢末年才改稱《周禮》。《禮記》是儒家所傳的禮學論文集。東漢末年鄭玄給這三部書作注，開始稱「三禮」。

《儀禮》，原來只叫《禮》，漢代人稱為《士禮》，又稱《禮經》，到晉代改稱《儀禮》。

禮在周代頗為繁雜，所謂「經禮三百，曲禮三千」之說，雖是虛數，也可以見出在當時禮儀制度是非常繁瑣細緻的。《儀禮》現存十七篇，只是當時禮儀的一部分記錄。

《儀禮》是孔子傳授弟子的重要課程，也是儒家傳習最早的一部書。這部書出於何人之手，古文學家和今文學家的說法不一致。後人大多認為是春秋末年孔子采綴周、魯各國殘存的禮儀加以整理記錄後成書。《儀禮》的流傳也有古今文的問題，現在保留下的本子是今文十七篇。從內容上來說，《儀禮》十七篇可分為四組：

第一組：冠昏（婚）之禮，包括《士冠禮》、《士昏禮》、《士相見禮》三篇。

第二組：鄉射之禮，包括《鄉飲酒禮》、《鄉射禮》、《燕禮》、《大射禮》四篇。

第三組：朝聘之禮，包括《聘禮》、《公食大夫禮》、《覲禮》三篇。

第四組：喪祭之禮，包括《喪服》、《士喪禮》、《既夕禮》、《士虞禮》、《特牲饋食禮》、《少牢饋食禮》、《有司徹》七篇。

這些篇章詳細記載了當時諸侯、卿大夫等貴族在社會生活的各個層面需要遵循的一些詳細的禮儀，有些去古已遠，有些對於我們現在的生活已經毫無用處，現代人讀來可能缺乏興趣，但考察古代社會文化風俗，探尋習俗變化之源流，仍有重要的史料價值，比如《士冠禮》、《士昏禮》中記載冠昏（婚）之禮，《鄉飲酒禮》、《鄉射禮》中記載鄉射之禮，《喪服》中記述「五服」制度等，對後來的政治、法律、民俗等都有深遠的影響。因此透過《儀禮》的記載，我們可以瞭解周代社會生活的一些側面，可以作為考察周代社會的具體材料，也是研究社會學、民俗學的重要材料。

5、《禮記》

《禮記》最早並不是經，「記」是指對經義的說明補充和發揮，《禮記》就是對《禮經》經義的闡發，可以看成是儒家關幹禮學的一部論文集。它原來並沒有單獨成書，只是附在《儀禮》的後面，與《儀禮》一同流傳，是《儀禮》傳習的長期過程中儒家學者寫作的釋經文字，到東漢末始獨立成書，後來地位越來越高，到明清時遠遠超過了《周禮》、《禮記》。

漢代傳授《禮記》的有戴德（大戴）、戴聖（小戴）、慶普三家，東漢時鄭玄給《小戴禮記》49 篇作注，使之廣泛流傳，其他兩家漸漸式微，慶氏所傳後不存，《大戴禮記》仍有傳本，但不為學者所重。

《禮記》49 篇，內容極為豐富，包括儒家社會觀念、人生哲學、政治理想、禮治思想，以及教育、音樂、天文、考據等等，涉及門類比較龐雜。大致可以分為以下幾類：

一、解釋《儀禮》中某一篇或某一專題，闡發儒家禮治思想。比如《冠義》、《昏義》、《鄉飲酒義》等，就是分別解釋《儀禮》中的《士冠禮》、《士昏禮》、《鄉飲酒禮》等篇，《曾子問》、《喪服小記》、《喪大記》等都是解釋《儀禮》中有關喪葬專題的。

二、考述古禮。如《王制》、《禮器》、《月令》、《曲禮》等，所考述的內容既包括爵祿、授時等有關國家政治的，也包括日常生活禮節、禮器用具等方面。

三、雜記孔子及其弟子言論。如《仲尼燕居》、《孔子閒居》、《哀公問》、《檀弓》等。

四、闡述儒家思想的專題論文。如《禮運》闡述了以禮治為中心的國家政治制度理想，《大學》論述了儒家「修身齊家治國平天下」的人生哲學，《中庸》論述了儒家的道德準則和思想方法，《學記》闡述了儒家的教育理論與經驗，等等。

6、《周禮》

在先秦文獻中，《周禮》是一部極為重要但又面目模糊的典籍。《周禮》是中國上古時代唯一的一部具體而系統地敘述政治、經濟制度的典籍。從西漢末年起，就不時有人把它作為政治制度或經濟制度的理論依據，直到明、清兩代，政治機構的設置，仍然參考《周禮》。自從它立為儒家的經典以後，又成為封建士大夫治國平天下的理想藍圖。

《周禮》原名《周官》，相傳是西漢時期河間獻王劉德從民間搜集來的一部古書，獻給朝廷。最初並未受重視，西漢後期劉向、劉歆父子整理秘府圖書，發現了它。後來王莽攝政，以周公自比，模仿周制，任劉歆為國師，把這部書改稱《周禮》，在行政上照搬它記述的各種制度。王莽失敗後這部書又遭到冷遇，直到東漢末年鄭玄為它作注，才通行天下。

按古文經學家的說法，這部書是西周初年周公姬旦「制禮作樂」的作品。今文經學家認為這部書是「偽書」，是劉歆為幫助王莽建立新政權而偽作的。近人經過研究，多接受本書不成於一時之說，它採用了西周舊制的一些材料，有些材料及其思想體系，又是戰國時代的，所以最後成書當在戰國後期。作者也不是一個人，應該是成書後又陸續有人增補。

《周禮》的內容包括《天官》、《地官》、《春官》、《夏官》、《秋官》、《冬官》六篇。其中《冬官》在西漢重新發現時已經亡佚，以《考工記》代替。六官分別是：天官塚宰，為六官之首，管理朝廷大政及宮中事務；地官司徒，管理土地和戶口，負責分配土地、收取賦稅；春官宗伯，管理祭祀、禮儀，掌吉、凶、軍、賓、嘉五禮以及「九儀之命」等；夏官司馬，管理軍制、步騎、兵甲、田獵等有關事項；秋官司寇，管理刑獄、司法、治安等政務；冬官司空，管理工程、溝洫、水利等。把天地、四時與六大官署相聯繫，構成國家行政機構體系，取其囊括一切無所不包的意思。

《考工記》的內容，前一部分是總論部分，論述百工之重要，後一部分記載各種工匠，對研究先秦社會經濟和手工業的發展，都是珍貴的史料。

從全書內容來看，《周禮》所記述的職官、政治制度和經濟制度在西周、東周和戰國都沒有完全實行。《周禮》既利用了從西周到戰國的許多材料，又加以理想化，是關於國家政治體制和經濟體制的設計藍圖。從這個意義上

來看，它具有更多的思想史料的價值，是研究無秦政治思想和經濟思想的重要材料。

7、《春秋》及其三傳

「春秋」曾經是東周各國史書的通稱，《孟子·離婁下》說：「晉之乘，楚之檮杌，魯之春秋，一也。」現存的《春秋》一書是在魯國國史的基礎上修成的，記述了魯隱西元年（前 722 年）至魯哀公十四年（前 481 年）共 244 年間的魯國歷史，是中國最早的一部編年史書。根據記載，孔子曾對《春秋》進行修訂、整理，並且把它列為六經之一，教授弟子。《春秋》在古代經學家眼中有著重要地位和價值，孟子在提到《春秋》時說孔子「作」春秋，就是因為他相信孔子寓褒貶大義於史筆之中，是有其獨特思想的。相傳孔子在修訂《春秋》時，曾經運用一些隱微的言辭，暗喻某種深遠的「微言大義」，後世儒家將這種曲折而意含褒貶的文筆稱為「春秋筆法」，致力於對這種「春秋大義」的理解與闡釋。例如《春秋》經在魯隱西元年記載「鄭伯克段於鄢」，質實不文。

《左傳》則解釋說，由於共叔段的表現違背了做弟弟的身份，所以《春秋》不用「弟」字稱呼他而直接稱其名「段」，本是兄弟相爭卻如同兩個國君之間爭權，所以用「克」字，由於共叔段的覆滅是因鄭莊公蓄意縱容造成的，所以《春秋》不稱鄭莊公的諡號，而稱爵位「鄭伯」，來批評他對弟弟有失教誨的錯誤。雖然後人的解釋並非絕無道理，但實際上，《春秋》的這種「微言大義」有被後人過分渲染、誇大，過度闡釋的嫌疑。

據記載，古代為《春秋》經作的傳有五部，流傳下來的有《春秋左氏傳》、《春秋公羊傳》和《春秋穀梁傳》三部。

《春秋左氏傳》，又稱《左氏春秋》或《左傳》。相傳作者為春秋時的左丘明，近代學者們根據《左傳》中所述史事，認為它成書時間大致在戰國初年。《左傳》編年起於魯隱西元年（前 722 年），終於魯悼公四年（前 464 年），比《春秋》經多出 17 年。《左傳》所記史事更延至魯悼公十四年，比《春秋》經晚 27 年。

《左傳》的特點在於以大量史實補充、說明了《春秋》，也訂正了《春秋》的一些錯誤。《左傳》以敘事為主，有助於我們進一步瞭解《春秋》記載的那些概括、簡略的史實，為後人提供了豐富的古代史料。前人對《左傳》的評價，多著眼於其敘事藝術與語言特色，比如晉范寧說：「《左氏》豔而富」（《穀梁傳序》），唐韓愈說「《春秋》謹嚴，《左氏》浮誇」（《進學解》），都是著眼於其敘事生動，語言簡潔，富有特色，《左傳》可以說是古代著名的史學和文學著作。

《春秋公羊傳》，也稱《公羊春秋》或《公羊傳》。《春秋穀梁傳》，也稱《谷梁春秋》或《穀梁傳》。它們的編年都與《春秋》經一樣。古代學者一般認為《公羊傳》和《穀梁傳》分別為戰國時學者公羊高和谷梁赤所作，現在來看這種說法缺乏足夠的證據。二書在戰國時只是口傳心受，直到西漢初年才用隸書字體寫定，都屬於今文經。

《公羊傳》和《穀梁傳》的撰寫宗旨主要是闡釋《春秋》中所謂的「微言大義」，內容著重於解釋《春秋》經文，很少述說史事，內容冗長空洞，所講「大義」未必都符合《春秋》原旨。因此它們與《左傳》不同，並不是史書，沒有給我們提供新的史料，同《左傳》相比，也沒有多少文學價值。二者比較，《公羊傳》發揮春秋大義為多，比如「三世」說、「三科九旨」說等對後來影響很大。漢代及以後歷代的今文經學家經常利用《公羊傳》來發揮自己的政治觀點，把它們作為議論時事、解決當時困境的理論依據，漢代的如董仲舒，清代的如劉逢祿、龔自珍、康有為等。因此《公羊傳》及《穀梁傳》的價值主要體現在思想史層面上，在中國古代經學史、思想史上具有一定的影響。

8、《論語》

《論語》是孔子弟子及其再傳弟子關於孔子和他的少數學生的言語行事的記錄。孔子名丘，字仲尼，是儒家學派的創始人，也是春秋末期著名的思想家、政治家、教育家，是對古代中國社會影響最大的文化人物。《論語》是研究孔子思想和儒家早期學說的最基本的依據，也是研究中國古代思想史、教育史、文化史的重要文獻。《論語》不是某人在某一時間編成的。《漢書·藝文志》說：「當時弟子各有所記，孔子既卒，門人相互輯而論纂，故謂之《論

語》。」一般認為，它是由孔子的弟子和再傳弟子編定的，延續了一兩代人，前後達三、五十年的時間，成書時間大致在戰國初期。最後總的編定人可能是曾參的學生。

從《論語》看孔子的主要思想，其一是強調「仁」的思想，「仁者愛人」。其二是強調禮治，強調「君君、臣臣、父父、子子」的秩序，希望借助周禮重新建立井然有序的統治制度。

《論語》一書傳到漢朝時，已經有三種不同的本子，即今文本的《魯論》、《齊論》以及古文本的《古論》。現今傳世的《論語》，是東漢學者鄭玄參照上述各種本子整理而成的，共 20 篇。《論語》全書二十篇，為了稱說上的方便，每篇有個篇名。篇名是根據這篇開頭一句話中的某兩三個字起的，它與本篇的內容是沒有關係的。

《論語》在西漢時還只作為經書的輔翼，被看作是傳、記一類的著作。到東漢時列入「七經」之中，《論語》成為讀書人的必讀之書，對社會的影響越來越大。理學家朱熹把〈論語〉同《孟子》、《中庸》、《大學》合為《四書》並為之作集注，使《論語》在宣揚封建禮教方面，處於更加突出的地位。清末學者唐晏在《兩漢三國學案》中評價《論語》說：「按《論語》之為經，乃群經之鎖鑰，百代之權衡也。」可以看出《論語》在古代儒生心目中的地位。「五四」以後，伴隨著政治體制、文化範式的變化，《論語》不復有往日的風光。但不可否認，《論語》畢竟是古代社會豐厚的文化遺產，在當今社會，《論語》在弘揚傳統文化價值，促進倫理道德規範方面仍然有其重要價值，近年來重新興起的「論語熱」也說明了現代人對其價值的重新發現。

9、《孟子》

《孟子》是一部記錄孟軻言論行事、包括他和當時人及門人弟子們相互問答的談話錄，今存七篇。主要是由孟軻的門人萬章、公孫醜二人所記，可能孟軻本人也親自進行過潤色。書中記載了孟子的政治活動、政治學說及其哲學、倫理、教育等思想。

孟子名軻，字子輿，是戰國時期的思想家、政治家、教育家，曾受業於孔子之孫子思的門人，是孔子學說的繼承者和發展者。孟子在政治上提倡「仁

政」學說，宣揚「民貴君輕」的民本思想，提出了「義」的觀念、人性本善的思想以及「養浩然之氣」等一系列在古代思想史上有重要影響的命題，強調仁義內在，重視道德實踐，在儒家哲學中形成了一個新的理論體系。另外，《孟子》所提出的「以意逆志」、「知人論世」等觀點也影響了古代文藝理論的發展，可見《孟子》對傳統文化的多方面影響與豐富價值。

在漢代，《孟子》同《論語》一樣僅被當作「傳」、「記」類著作。直到宋代，《孟子》才由理學家們作為經書列入「十三經」之內。南宋朱熹把它編入《四書》，並為之作集注，成為後來儒家文人最為注重的經典之一。

10、《孝經》

《孝經》一書，被認為是古代經典中「字數最少，內容最淺，影響最大，爭議最多」的一部典籍，確實，《孝經》全文不過 1799 字，內容有許多地方系抄撮《左傳》、《孟子》、《荀子》等書而成，但自西漢時被列為博士官後，歷代影響不絕。但對於其作者、產生時代諸問題，卻爭議頗多，莫衷一是。

今人總括有關《孝經》作者的說法，凡八種：孔子、曾子、曾子門人、子思、孔子門人、齊魯間儒者、孟子門人、漢儒等，折中論之，「孔子、曾子和他的學生（或學生的學生）都是《孝經》的作者」，《孝經》的成書，至遲不完於西元前 241 年，因為此年修成的《呂氏春秋》中已經引用了《孝經》中的文字，最後由西漢劉向校定成書。實際上，先秦典籍成書皆經歷一段較長時期，有時也不必以今日著述慣例來審視上古典籍之形成過程。

今本《孝經》共分為十八章，基本內容是儒家宣導的封建孝道，宣揚「孝，德之本也」，「夫孝，始於事親，中於事君，終於立身」等封建說教。《孝經》提倡行孝，但更核心的思想是由講孝進而勸「忠」，主張孝子對待國君應該忠貞不二。因此，歷代統治者對於《孝經》都十分重視，西漢文帝始立《孝經》博士，東漢時列為「七經」之一，甚至成為學校課本，成為選拔官吏的考試科目，唐玄宗甚至親自作注，大加宣揚。一直到明清，《孝經》都是要求讀書人必須熟讀的經典。

《孝經》是歷史上最重要最普及的經典，作為「道德之淵源，治化之綱領」（黃道周《孝經集傳》），是人倫百行的綱紀，倫理道德的規範，又是科舉仕宦的階梯，影響深遠，以至於朝鮮、日本、越南等周邊各國。今天對於「孝」，應該摒棄糟粕的成分，發揚精華的部分，尊老、敬老、養老，強調後代對前代人的義務與責任，凸顯人類文明中人生價值的持續與傳承，從而建立起和諧、美好的人倫關係。

11、《爾雅》

《爾雅》是一部對古代經典中的詞語進行解釋的書，是古代訓詁知識的彙編。《爾雅》與其他經書性質不同，它沒有思想價值，只是歷代經學家用來解說儒家經義的工具書，現在已成為考證古代詞義和古代名物的重要資料，有著重要的學術價值。將《爾雅》列入經書，實際上體現出古人一個悠遠的經典闡釋傳統，就是後來清儒所反復闡述的「讀九經自考文始，考文自知音始」（顧炎武《答李子德書》）、「由字以通其詞，由詞以通其道」（戴震《與是仲明論學書》），等等，經典的研讀、闡釋首先有賴於文字音韻訓詁之學，這些是求經典之道的前提與基礎。

《爾雅》共十九篇。前三篇《釋詁》、《釋言》、《釋訓》為一般詞語的解釋，其餘則按各種名物分類解釋，如《釋親》、《釋器》、《釋山》、《釋草》、《釋鳥》、《釋畜》等等。

關於《爾雅》的作者，傳統的說法是周公或孔子及其弟子所作，但缺乏足夠的證據，並不可信。現在一般認為，《爾雅》並非一人一時之作，而是綴輯多家訓詁材料彙編而成的。《爾雅》大約在戰國時期初具規模，後來又經過漢初學者的增補潤色，才形成今本的面貌。有關《爾雅》的注釋，最早有晉人郭璞注，清代郝懿行《爾雅義疏》、邵晉涵《爾雅正義》，搜羅宏富，訓釋詳明，都是可參考的注本。

12、《四書》

對古代中國人影響巨大的傳統儒家經典中，除了「十三經」之外，還有所謂的「四書」。「四書」的說法出現在宋代，二程（程顥、程頤）已經主張把《論語》、《孟子》與《禮記》中的《大學》、《中庸》兩篇相配合研讀，

到南宋，理學家朱熹祖述二程的觀點，對它們進行注釋並且加以闡發，於是始有「四書」之稱。

《大學》是《禮記》中的一篇，程頤認為這篇文章是「初學入德之門」，是士人修身之根基，其內容主要是提出格物、致知、誠意、正心、修身、齊家、治國、平天下等條目，認為個人只有首先修養自己的道德，才能進而達到治國、平天下的目的，為古代士人提供了一條可以履行的成就人生的道路。

「中庸」是指處理事情不偏不倚、無過無不及的天下正理，是儒家提出的最高道德標準，作為儒家的一種倫理道德觀念，在《論語》中已有類似表達，在《中庸》中得到集中闡述。《中庸》肯定「中庸」是道德行為的最高準則，認為「誠」是世界的主體，並且提出了「博學之，審問之，慎思之，明辨之，篤行之」的學習過程和認識方法。

四書合在一起，實際上反映了從孔子經由曾子、子思而到孟子的儒家傳授系統，所以到宋人標舉《四書》，體現出儒學思想的發展脈絡。

自從朱熹作《四書集注》，「四書」逐漸風行，在現實與學術上的影響越來越大。到明代，科舉考試有以「四書」作為科目，「四書」對讀書人的影響就更為明顯。《大學》、《中庸》提出的以個人內心修養為出發點向整個自然展開的倫理觀和政治觀，以「至誠」為中心的一系列原則，成為古代知識份子的處世宗旨和人生追求，一直到今天還有其影響。

三、中國經學的發展歷程

(一) 早期經學

在中華文化史上，孔子開創私人講學的先河並產生深遠影響，但在春秋戰國諸子百家中，孔子所創的儒家學派，只是其中一家，當時並沒有顯露出它在學術、政治上的特殊地位。孔子在當時也很不得志，到處奔走，但沒有諸侯賞識他，「累累若喪家之犬」。最後，孔子透過傳授自己的學說來展開儒家的學術世界。他「述而不作」，以整理前代經典文獻為主，透過對《詩》、《書》等經典的解釋與傳授來闡述自己的思想，使「六經」逐漸成為傳述儒

家思想最為根本的經典，從這個意義上說，孔子又是古代第一個經師，是古代經學的開闢者。

孔子之後，儒家學派在傳授過程中逐漸分為八個流派。《韓非子·顯學》中曾提到戰國時期「有子張之儒，有子思之儒，有顏氏之儒，有孟氏之儒，有漆雕氏之儒，有仲良氏之儒，有孫（荀）氏之儒，有樂正氏之儒。」他們闡述孔子及自己思想的著作在《漢書藝文志》的《諸子略》中有記載，比如《子思子》、《曾子》、《漆雕子》、《孫卿子》（即《荀子》）等，有些已經亡佚不存，但子思的學說，近年出土的郭店楚簡中有發現，能夠使我們重新審視早期儒家的思想面貌。八派之中，以孟子和荀子兩派影響最大，《史記·儒林傳》說：「孟子、荀卿之列，咸遵夫子之業而潤色之，以學顯於當世。」不過他們在孔子思想的基礎上有不同的發展。孟學強調人的主觀精神作用，主張人性善，在孔子「仁」的觀點的基礎上，宣揚王道，反對霸道，主張「法先王」。荀學主要發揮儒家的禮治思想，主張「法後王」，強調「禮」是區別貴賤尊卑的規矩、準繩，宣揚以禮治來端正等級名分，用刑法對付各種反抗行為，容易同名、法學說合流。孟子與荀卿二人，「荀卿傳經之功甚鉅」，《毛詩》、《魯詩》、《韓詩》、《左氏春秋》、《谷梁春秋》、大小戴《禮記》、《易》等，都有賴於其所傳，以致「漢初傳其學者甚盛」。孟子對經書的傳習，見於記載者也有《詩》、《書》、《春秋》等。可見在經書流傳時代，孟荀各有貢獻，後人多注重其思想之闡發，往往忽視其對經書之傳承，此種關節實可注意。

（二）經學在漢代的發展

秦朝滅亡後，西漢統治者在繼承法家統治思想的同時，信奉黃老道家思想，吸取秦朝覆滅的教訓，從道家「清靜無為」思想出發，採取了休養生息的政策，使社會生產得到恢復和發展。二十世紀七十年代在山東銀雀山漢墓以及長沙馬王堆漢墓出土的西漢前期的典籍，多以法家、道家、兵家文獻為主，可看出這一時期統治思想的好尚。但同時，西漢統治者也比較重視儒家對秦朝暴政的批評，贊成儒家宣導的仁政。比如儒生叔孫通制訂的君臣禮儀，陸賈從儒家思想出發，對秦失天下、漢得天下以及古代興亡成敗的全面總結，賈誼興禮樂的主張，也逐漸使統治階層認識到儒家學說對於統治的作用。因

此，有學者也認為，不應過分誇大漢初統治者對黃老之學的推崇，此一時代，儒家思想仍然是有其市場的。

黃老無為的統治思想，使漢王朝面對地方諸侯王國勢力的日益增長而無所作為，諸侯王國的勢力逐漸膨脹到威脅王朝統治的地步，景帝二年（前154年）的吳楚七國之亂，就是這一矛盾的集中體現。叛亂平定後，儒家學說逐漸成為統治者宣揚的主要統治思想，尤其是董仲舒大力宣揚的「君權神授」、「大一統」等思想足以來加強帝國的統治，漢武帝時期實行的「罷黜百家，獨尊儒術」，正是適應西漢統治策略轉變、加強中央集權的歷史必然。此後，儒家學說逐漸被尊奉到唯我獨尊的地位，成為中國封建社會的主要統治思想。

兩漢時期，經學發展的主要特徵是今古文之爭。先秦時期的儒家經典，經過秦始皇焚書坑儒，絕大部分被銷毀不存，到西漢建立，這些典籍的先秦古文舊本大都沒有傳下來，主要由學者們透過口傳心受流傳下來。漢朝建立後，這些口耳相傳的經典被書之於竹帛，用的是當時通行的隸書，因而稱為今文經，比如《公羊傳》，經過公羊氏五世口傳，到漢初才被寫定記錄下來。古文經的來歷則主要是西漢時期重新發現的一些用六國古文字書寫的古本儒家經典，比如漢景帝時魯恭王壞孔子宅，在牆壁中發現古义《尚書》、《禮記》、《春秋》、《論語》、《孝經》等儒家經典。無論是今文經還是古文經，最初只是書寫字體不同，間有文字、篇章差異，但是後來卻形成了今文經學派和古文經學派兩個學術上的派別，兩派各立門戶，各有師法，它們對孔子的評價、對六經的解釋以及研究方法目的等方面都存在很大分歧。

對於六經的作者，今文經學派認為六經皆為孔子所作，先有孔子然後有六經，孔子是經學的創始人。古文經學派則認為，六經皆史，只是古代流傳下來的史料文獻，並非始於孔子，六經是周公等先聖所撰。今文經學派把孔子看作政治家、教育家，認為六經寄託了孔子的政治思想，用以垂教萬世，「托古改制」，因此今文經學家十分注重從六經的「微言大義」中去探求、發現治國安邦的道理。古文經學派則是把孔子視為史學家，孔子述而不作，只是對六經這些歷史資料進行整理，然後傳之後人。

　　從研究宗旨來看，今文經學家標榜經世致用，強調經書的直接簡單化的實用目的，比如西漢今文家以《尚書·禹貢》治河，以《春秋》治獄等，另外有多言陰陽災異，宣揚天人感應，把儒學神化，從而為現實政治服務，解說經書往往牽強附會。而古文經學派多從通語言文字入手，以求對經書本身作確實的理解，學術性較強，但有些注釋也不免流於煩瑣。

　　從學術觀點上看，今文經學派以《公羊傳》為闡發其主要思想的經典，主要代表人物董仲舒大力宣揚《公羊傳》中的「大一統」思想，提出「君權神授」的觀點，認為最高統治者皇帝是上天之子，皇帝的統治地位和權力是上天的安排，皇帝的言行是上天意志的體現，所以一切臣民都應該絕對服從。這些觀點從意識形態上為封建帝王的統治權力提出了理論根據，得到統治者的欣賞和大力支持。但是今文經學也講「天人感應」、「天人合一」，把人世社會的政治安危同自然現象的變化聯繫起來，要求皇帝要實行仁政，否則就會被上天警告和懲罰，這對帝王的統治也起到一定的勸誡警醒作用。

　　西漢時期，今文經學受到封建統治者的尊崇，在思想學術領域佔據著統治地位。今文經被立於學官，在朝廷設立五經博士。古文經學派則一直處於被貶斥的地位，未能立於學官。直到西漢末漢平帝時，古文經才由於劉歆的建議、王莽等的支持而立於學官，以與今文經博士相抗衡。

　　東漢建立後，統治者又重新提倡今文經學而廢除古文經博士。東漢的今文經學除了講災異外，還增加了讖緯等迷信說教。讖緯是假託天神、先聖之言，詭為隱語，預決吉凶之兆的一些迷信做法，它是西漢末年從陰陽五行學說演變而來的。分開來講，讖是指宣揚天命迷信的預言、秘笈。緯是相對於經而言的，今文經學家們利用天上星象的變化來預卜人事的吉凶，並以此來解釋儒家經典，其著作稱為「緯書」，緯學實際上就是被方士神化了的經學。東漢時，讖緯的影響很大，多為統治者所利用，甚至朝廷在施政和任用官員時，也都依讖緯作出決定。

　　今文經學在東漢統治者的支援下，得到充分發展的同時，也變得越來越煩瑣。據桓譚《新論·正經》記載，今文經學家秦近君在注解《尚書》時，僅對《堯典》這篇目二字，就解說達十余萬字，令人無法卒讀。當時對於一部經書的解說，總要幾十萬字，甚至多達上百萬字。同時，今文經學用讖緯迷

信內容去附會經義，更顯得荒誕不經，使今文經學逐漸喪失其生命力。東漢中葉後，古文經學逐漸發展起來，賈達、服虔、馬融、許慎等學者，都是很有影響的古文經學大師。他們不滿今文經學的荒誕虛妄，強調用訓詁的方法去理解經書，認為「訓詁不明，經義不彰」，使漢代經學發生一重大變化。

到東漢末年，兼通今、古文經學的一代經學大師鄭玄在古文經學基礎上遍注群經，兼採今文經學的一些觀點，刪裁繁蕪，刊改漏失，考定是非，擇善而從，自成一家，成為漢代經學的集大成者，使長期以來今、古文經學激烈鬥爭的局面為之改觀，「自是學者略知所歸」（《後漢書·鄭玄傳》）。

（三）魏晉到唐代的經學

1、魏晉南北朝時期的經學

從漢末開始，中國又進入幾百年的分裂局面，舊的秩序遭到破壞，儒家思想逐漸失去在政治和學術中的統治地位，但是動亂的政治環境並沒有阻斷學術文化的發展，「學術尚有傳統，人物尚有規儀，在文化大體系上，小多創辟」。代之而起的是儒家經義同老莊思想相結合的產物——玄學思想，到南北朝隨著佛教的盛行，佛學又得到統治者的大力提倡，這一時代在經學史上往往被視作是衰落分裂的時代。

但經學在魏晉仍然有其政治文化上的影響，呈現出王肅（學）與鄭（學）相爭的局面。在魏代，鄭學為天下所尊崇，鄭玄學派融合古文經學與今文經學之長，充實發展諸經注疏，進入到興盛發展的時代。王肅為東漢經學家馬融的後學，他排斥鄭玄經傳，依據馬融經說為古文經重作注解，批評鄭學破壞了古文經學的家法，與鄭學形成長期的論爭。由魏入晉後，王肅憑藉自己的政治地位（他是晉武帝的外祖父），對鄭學取得壓倒性的勝利。但王學漠視鄭學博採眾長的特點，堅守落後的古文經學家法，抱殘守缺，雖然取得一時的優勢，但隨著政治地位的喪失，王學影響逐漸式微，鄭玄的傳注卻因其學術上的價值而流傳後世，成為通行的注本。

南北朝時期經學發展的主要特點是南學、北學之分，如《隋書儒林傳序》所說：「南北所治，章句好尚，互有不同。江左《周易》則王輔嗣，《尚書》則孔安國，《左傳》則杜元凱。河、洛《左傳》則服子慎，《尚書》、《周易》

則鄭康成。《詩》則並主於毛公，《禮》則同遵於鄭氏。大抵南人約簡，得其英華，北學深蕪，窮其枝葉。」此種情形，《北齊書》、《南史》、《北史》等書之《儒林傳》皆有所記載，比如《世說新語·文學》記：「褚季野語孫安國云：『北人學問淵綜廣博。』孫答曰：『南人學問清通簡要。』支道林聞之，曰：『聖賢固所忘言。自中人以還，北人看書如顯處視月，南人學問如牖中窺日。」近人劉師培《南北經學不同論》也曾論述：「魏晉以降，義疏之體起，而所宗之說，南北不同。北儒學崇實際，喜以訓詁章句說經。南人學尚誇誇，喜以義理說經。」大抵南北學風不同是當時及此後學者的一般認識，北朝儒生比較多地保留東漢的學風，「北學者悉康成（鄭玄）之術」，注重講習儒學經義，受老莊思想影響較少，比較樸實，而南朝經學則更多地繼承了魏晉學風，用老莊虛無玄遠的思想來改造儒家的經義比較突出，因此更注意文辭，學風比較虛浮。經學史上也一般都把這種玄學化的南方經學視為這時期的經學主流。但客觀來講，南北學術之差異，應是就大體而言的。實際上南學之中有北學，北學之中亦有南學，南北學術不斷交流，互不偏廢，最終才逐漸趨向融合。

　　2、隋唐的義疏之學

　　隋唐時期結束了以前的分裂割據局面，使中國重新實現統一。唐朝是中國歷史上經濟繁榮發展的時期，也是文化高度發達的時期。政治上的統一必然要求文化學術上的統一，所謂「天下統一之後，經學亦統一」。唐王朝為了加強文化思想的專制統治，採取各種措施來改變此前經學多門、章句繁雜、師法各異的狀況，包括在中央與地方設置學校、發展儒學，任命著名學者在內廷分班輪值，為皇帝講論經義，確立科舉中考試經書等，其中最重要的措施就是統一經說，唐太宗詔令國子祭酒孔穎達等人對過去的各種經注進行整理工作，對經傳文本也進行了統一，最後編定了一套統一的解說——《五經正義》，凡一百七十卷，並於永徽四年頒佈天下，每年明經依此考試，成為讀書人學習經書、參加科舉考試的標準讀本。

　　孔穎達等編定的《五經正義》，作為官方認可的經學注疏，主要特點就是調合了前代的南、北之學，是南北經學融合之必然結果，並體現出統一王朝所崇尚的中正持平思想。其中《易》用三國魏王弼注，《書》用偽孔安國傳，

《毛詩》用西漢毛公傳、鄭玄箋,《禮記》用東漢鄭玄注,《左傳》用西晉杜預注,孔穎達等所撰《正義》是在此基礎上對經書原文及舊注所作的進一步解釋。除《五經正義》外,賈公彥的《周禮疏》、《儀禮疏》、楊士勳的《谷梁疏》、徐彥的《公羊疏》也體現出相似的特點,也有較高的學術成就,合起來成為《九經正義》。唐朝學者們的「正義」和「疏」總結了自漢代以來的經學,對南北朝以來的「義疏之學」作了規範和統一,對各種經說做了統一工作,並且成為當時科舉考試的基本內容,成為士人學習經典的典範讀本,這是唐代經注的價值所在;另外學者在南北朝後文獻淪亡之際,要保存漢代經學、繼承鄭玄等漢代經學之精華,也是舍此書而無他,這是唐代經注的另一價值。但是,唐代經學堅守「疏不破注」的原則,自然不免有曲徇注文之處,也體現出墨守傳統和強調正統的特點,如劉師培所說「乃專守一家舉一廢百之學也」(《國學發微》),學術的創造性不高,唐代經學未能有較多的新發展,與此是有很大關係的。

(四)宋明經學

1、宋代經學的變古

宋初的經學,仍然以沿襲漢唐經傳為主,無論是對待經典的態度還是經學研究的方法都是如此,皮錫瑞說:「經學自唐以至宋初,已陵夷衰微矣。然篤守古義,無取新奇;各承師傳,不憑胸臆;猶漢、唐注疏之遺也。」慶曆之後,宋代經學的特點開始顯露出來,其一是疑傳辨經風氣的興起,其二就是性理之學的產生。正因為此,皮錫瑞將這一時期的經學特點概括為「經學變古時代」。對於宋學與前代學術的區別,鄧廣銘先生說:「漢代的儒家學者,在其傳授經典時,都是著重在章句訓詁之學。而且師弟子代代相傳,也都注重師法(也叫做家法);門弟子遞稟師承,訓詁相傳,莫敢同異,篇章字句亦恪守所聞。這樣的學風,從漢代一直沿襲到唐代。唐代前期的儒家們所編纂的對諸經書的注疏,依然是承襲了南北朝以來正義、義疏的繁瑣章句之學,與漢代的儒家們並無多大變化。宋代的學者,則大部趨向於義理的探索,而視名物訓詁為破碎瑣屑。」漆俠說:「在中國古代學術發展史上,宋學確實開創了學術探索的新局面,並表現了它的新思路和新方法。」宋學在

許多方面都為後來的學術發展開啟了方向，這基本代表了現在學界對宋學發展的特點與價值的一般看法。

雖然自中唐以來啖助、趙匡等就有棄傳求經的主張，但對傳統漢唐傳注乃至對《詩》、《書》、《禮》、《易》、《春秋》等傳世經書的全面疑辨還是體現出宋儒懷疑經典的徹底性與廣泛性。宋代經學的疑辨思潮既包括宋人對漢唐傳注的批評與駁難，對儒家經典的懷疑與考辨，還包括對漢唐強調傳注訓詁的解經方法的反思與超越。值得一提的是，宋儒懷疑古經傳的深層目的並不是要打倒經典的權威，而是要恢復被淆亂了的聖賢經傳的原貌，重新找回儒家文化的內在價值。而宋代學者在此過程中形成了一種舍傳求經、義理至上的新的經學解釋方法，更注重對對經典「本文」的研究，從而超越漢唐，對儒家經典進行重新詮釋，通經致用，建立了一套以「心性論」為核心的「道德性命之學」，也即理學。

理學是經學在宋代的新發展，創始人是北宋的周敦頤、程頤、程顥等人，至南宋時，朱熹為集大成者，建立了一套比較完整的客觀唯心主義理學體系。朱熹說：「未有天地之先，畢竟是先有此理。」（《朱子語類》卷一）「宇宙之間，一理而已。天得之而為天，地得之而為地，而凡生於天地之間者又各得之以為性。」（《朱子文集》卷七）這個理是其哲學體系的最高範疇，它先於萬物、高於萬物，是產生萬物的本源，又是萬物賴以存在的宇宙本體。這個理不僅流布於自然界，而且也適用於人類社會，「父子有親，君臣有義，無非此理」，由此朱熹把宇宙論的「理」和倫理學的「理」疊合在一起，建立了以倫理道德為核心的新的經學形態，並逐漸被後世統治者提到儒學正宗的地位。

宋學除了程朱理學一派之外，還有始於北宋邵雍、程顥至南宋陸九淵而集大成的心學，實際是思孟學派的心性學說與佛禪思想結合的產物。陸九淵針對朱熹「理」在人心之外，「即物」才可「窮理」的理論，提出「發明本心」、「求其放心」的「簡易」、「直接」的主張，強調「人皆有是心，心皆具是理，心即理也」（《與李宰》），認為心理不容有二，心是世界的本體，客觀世界的一切都存在於心。陸九淵強調主觀精神的作用，提倡自作主宰，「宇宙便是吾心，吾心即是宇宙」（《象山全集》卷三十六），反映了人的主體

意識的自覺，也是經學走向空疏的開端。朱陸之間有長達十五年的論辯，傳統上講是「道問學」與「尊德性」之別，哲學上強調客觀唯心主義與主觀唯心主義的對立，實際上是經學在面對新的政治社會變化之時激起的不同反應，發展的不同路途，都深深影響了後來學術思想的發展。

2、元明經學的僵化

元明經學是宋學的繼續，但又重新走到因循保守的老路上，成就愈下。皮錫瑞批評說：「論宋元明三朝之經學，元不及宋，明又不及元」，「元人則株守宋儒之書，而於注疏所得甚淺。……明人又株守元人之書，於宋儒亦少研究。」元代確立了朱熹的道統，程朱理學成為官方哲學，朱熹的經注成為對經書的最權威的解釋，整個元代儒生的著述都是對朱熹傳注的進一步疏解，比如陳澔的《禮記集說》等，空疏固陋，沿襲為主，創見不多，清人朱彝尊《經義考》目為「兔園冊了」。

明代繼續以朱注為正宗，再加上專制的文化政策的影響，使有明一代經學愈顯空疏，進入僵化衰頹的時代，用皮錫瑞的話來講，就是「經學積衰時代」，「五經掃地，至此而極」。這一點《明史·儒林傳》早有定評：「有明諸儒專門經訓，授受源流，則270餘年間，未聞以此名家者。」確實，雖然明代也有像宋濂、胡應麟、焦竑等學問廣博的飽學之士，但甚至沒有一部可以流傳後世的經注。明成祖時胡廣等纂修《五經大全》，頒行天下，規模上仿佛唐孔穎達等《五經正義》，但水準相差深遠，以致後來顧炎武批評說：「自八股行而古學棄，《大全》出而經說亡」（《日知錄》卷十八），也可見出經學的衰敗了。

明代學者中影響最大的是繼承陸九淵之學並發揚光大的王陽明，他繼承了陸九淵「心即理」的基本命題，提出「良知說」，認為良知是心的本體，良知就是天理，集思孟學派以來主觀唯心主義哲學之大成，形成陸王心學的完整體系。王學強調心傳，在直覺體悟中啟發理性，解釋宇宙萬物，提出所謂「六經注我」，這在一定程度上已經超出了經學範疇，墮入空疏一路，到王學末流，愈演愈烈，對經學之發展為害甚大。

（五）清代經學的繁榮與衰落

清代經學是中國傳統經學更新遞進的重要發展階段，大致經歷了清初經學考據的初創、乾嘉時期考據學的繁榮、道光前後今文經學復興等三個演變過程。

明代的滅亡是當時士人心頭一大創痛，空疏的學風被一些有識之士看作導致明亡的重要原因，因此轉而積極宣導經世致用的實學。顧炎武、黃宗羲、王夫之是其中的傑出代表，三人學術思路不盡相同，但無論是顧炎武的經學即理學、黃宗羲的經史兼通還是王夫之的遍注群經以針對現實，都體現出經世致用的一致傾向，「凡文不關六經之指，當世之務者，一切不為」（《亭林文集·與人書二》），這是清初學術的最突出特點。其中顧炎武強調經學的核心地位，強調從實證出發去探究古代經傳的本真內容，廣泛運用文字、音韻、訓詁及名物考證、版本校勘等方法，恢復五經的本來面目，提倡嚴謹、客觀、實證的學風，從而奠定了後來乾嘉學派的基本研究方法與學術思路，可以說是清代考據學的開山之人。

隨著政治環境及社會風氣的變化，清初學術也在逐漸發生變化。一方面，統治者重新提倡程朱理學以加強統治，比如康熙朝御纂《性理大全》等書，用空洞無物、毫無學術價值的說教來控制人們的思想。另一方面，在學術界清初學者的經世精神逐漸被淡化，學術研究逐漸專門化、精緻化，考據方法應用到經學、史學等各個領域，最終形成乾嘉考據學派。

乾嘉學派遠紹東漢許慎、鄭玄等的古文經學，體現出嚴謹務實的純樸學風，所以又稱樸學，亦稱漢學。具體來說可分為兩大學術系統，一是以蘇州人惠棟為中心，江聲、王鳴盛、錢大昕等為代表人物的吳派；一是以徽州人戴震為中心，段玉裁、王念孫、王引之等為代表人物的皖派。吳皖之別，錢穆在《中國近三百年學術史》中有精當的論述：「今考惠學淵源與戴學不同者，戴學從尊朱述宋起腳，而惠學則自反宋復古而來。……清初諸老尚途轍各殊，不數十年間，至蘇州惠氏出，而懷疑之精神，變為篤信辨偽之工夫，轉尚求真，其還歸漢儒者，乃自蔑棄唐宋而然。故以徽學與吳學較，則吳學實為急進，為趨先，走先一步，帶有革命之氣度。而徽學以地僻風淳，大體

仍襲東林遺緒，初志尚在述朱，並不如吳學高瞻遠矚，劃分漢宋若冀越之不同道也。」兩大系統之外，還有以焦循、汪中等為代表的揚州學派，以及以全祖望、章學誠為代表的浙東學派。這些學派在為學宗旨、治學領域及具體研究方法上雖略有差異，但都體現出考辨嚴謹、注重實證的特點，所以可以歸為一派。

乾嘉考據學是清代經學繁榮的體現，考據學家從各個角度考辨群經，大大推動了文字、音韻、訓詁、版本、目錄、校勘之學，產生了像惠棟《周易述》、戴震《孟子字義疏證》、段玉裁的《說文解字注》、王念孫的《讀書雜誌》、《廣雅疏證》、焦循《孟子正義》等一大批經學著作，《清經解》收錄經學考據之作 157 家 188 種 1408 卷，其中大多數都是乾嘉時代的著作，因此乾嘉樸學可以稱為中國經學史上的鼎盛時代，也對其他各領域的學術研究產生了深刻的積極影響。

鴉片戰爭以後，面對社會的變化，今文經學又重新興起。龔白珍、魏源等是社會改良的先驅，他們從今文經學中尋求啟蒙思想的資源，將學術與政治緊密結合，著力發揮春秋公羊學中的托古改制思想，倡言義理，批評時政，對於開啟近代社會啟蒙學術思潮，具有積極的影響。到康有為，其今文經學的經世致用色彩就更加濃重，他的名作《新學偽經考》、《孔子改制考》，批評古文經學，宣揚今文公羊學的「三世說」，主張「托古經，定新義」，利用古代經典為現實的政治改良服務，將孔子尊為托古改制的教主，實際上已經失去了經學的本來意義，康有為等今文學家的經學思想更多地體現出其歷史價值與思想史意義。今文經在近代的復活，有其內在之因、外在之緣。從學術發展看，清代考據學發展深入，取得成績同時也不免於瑣碎，今文家探求微言大義，是學術發展在治學思路上所尋求的必然變化。從外緣來看，道、鹹以後，內亂外患使清朝統治顯露危機，今文經學從漢代起就有與政治聯繫的傳統，此時興起倡言救國，也屬對社會變化的必然反應。

清末以來，隨著新文化、新思潮的引入，舊學逐漸衰落。經學在近代的式微沒落，有兩方面的原因，一方面是外在因素，即面對西方近代思潮的衝擊，經學無法有一個積極的反應，無法建立一個合理的接受機制；另一方面是內在因素，經學自身陷入了發展的困境，就像梁啟超在《清代學術概論》

中所說的，這時的學術已經進入了「生、住、異、滅」的最後一階段──衰落期（滅）。作為曾經的帝王之學，經學在王朝體制崩潰後失去了其制度依託和社會價值，比如科舉制度廢止，經學所賴以維持的體制因素也就此消失；比如社會巨變，經學也不再是士人安身立命的根本，等等。而經過新文化運動激烈的反傳統，經學更是受到了致命的打擊。諸般因素綜合在一起，經學的衰落以至於最終湮滅也就是一個必然。

經書及對經書的理解，數千年來相沿不絕，文人讀書作文，學者治學研究，人們日常行為，無一不受經書之影響，可謂深入國人骨髓。馮友蘭先生講古代哲學，一分為二，漢代以前為子學時代，漢代以後直至清末為經學時代，可謂源遠流長。因此要瞭解中國古代的固有文化傳統，繼承古代學術思想，瞭解古代文化風俗、典章制度之基本常識，必須要對經書有一基本認識。但是對於經書，五四以來，我們的看法總是難言客觀，新文化運動的激進思想將儒家經書視為中華文化落後的根源，愚昧的淵藪，它們禁錮著中國人的靈魂，因而必須推翻、打倒，這種簡單的邏輯一直影響著我們的判斷，經書中的精華被視而不見，其本初的意義價值也被掩蓋，借用西方的諺語，倒洗澡水的時候將孩子也一併倒掉了。近些年來，經典熱、國學熱又風起云湧，提倡讀經的聲音不絕於耳，似乎經書又成了弊端多多的現代社會的唯一濟世良方，其實又何嘗是一種理性的態度呢。對於經書，不能忽視其在長達兩千多年的中國古代社會中，統治階層把它奉為統治思想，鞏固統治禁錮思想的歷史事實，也要看到其作為中國傳統文化主流思想的合理性與價值所在，古為今用，發揮其核心合理價值，以建立新時代的文明文化。

第十四講 中國古代史學傳統與中華文化

何謂歷史？學者們從不同的角度有不同的解釋。梁啟超說歷史是「記述人類社會賡續活動之體相，校其總成績，球其因果關係，以為現代一般人活動之資鑒者也。」李大釗說「歷史這樣東西，是人類生活的形成，是人類生活的連續，是人類生活的變遷，是人類生活的傳演，是有生命的東西，是活的東西，是進步的東西，是發展的東西，是周流變動的東西。」表述語言有嚴謹與靈動的不同，但都認為歷史是對過去人類活動的記載，歷史是延續人類活動的重要途徑。也有學者講，歷史的過去與現實之間實有一條可以通達之路，否則我們將無從認識過去，也無從向未來發展，歷史是連接過去與現在的一條文化線索。

人類從童年開始就已經在回憶和述說，中國古人，更是有著悠遠的記錄回憶述說的傳統，沒有什麼比歷史更能夠寄託中國人的智慧與情感。因此中華民族是具有深刻的歷史意識的民族，也是史官文化最為發達的民族，有著源遠流長的史學傳統。許倬云探尋其因，認為：「中國的親緣關係上追祖宗，下至子孫，在時間上是一連線，在組織上是文化的基石，時間的延續表現於歷史觀。……這種心態反映於對歷史的重視，所以中國成為世界上歷史書籍最多的國家，不但國有國史，家有家乘，墓誌銘和行狀也是歷史，中國人求三不朽便是基於這一心態，不同於埃及金字塔的木乃伊只求時間的凍結，中國人的不朽要求的是時間的延續。」

也因此，「中國於各種學問中，惟史學為最發達；史學在世界各國中，惟中國為最發達。」西方學者雖然多認為中國古代無有所謂「史學意識」，但對於中國史籍之豐富，則印象深刻，黑格爾說：「中國『歷史作家』的層出不窮，繼續不斷，實為任何民族所不及。」李約瑟說：「中國所能提供的古代原始資料比任何其他東方國家、也確比大多數西方國家都要豐富。譬如印度便不同，它的年表至今還是很不確切的。中國則是全世界偉大的有編纂歷史傳統的國家之一。」

中國古代的修史工作是相對獨立的，自成一體，幾乎不受朝代及政權更替的影響，余英時指出：中國的編史工作有兩個主要特徵。一個特徵是它有悠久的歷史，另一個特徵是編史工作的傳統自成體系，沒有被政治及社會變遷所干擾。從古代目錄學的著錄情況來看，從《隋書·經籍志》開始正式確定經、史、子、集四部書的名目與順序，直至清代編《四庫全書總目》，史部書一直位居第二，史書修撰延綿不絕，數量也極為豐富，足以見出史學在中國傳統文化中的地位。歷史著作作為史學的社會表現形態，具有記錄、綜合人類文化創造、積累和發展的職能。歷史著作涵蓋了中華文化的方方面面，也涉及到中國傳統精神的養成與積澱。要瞭解中國傳統文化，理解悠遠的史官文化、熟悉歷代的歷史典籍就是一個基本的前提條件。

▌一、中國古代史學發展簡介

中國歷史的記載源遠流長，在文字出現之前，我們的先民對歷史的記憶、認識和傳播，僅僅依靠口耳相傳，輔以結繩刻木，這可以說是中國史學的源頭。有了文字，歷史記載方成為可能。《說文解字》：「史，記事者也，從又持中。中，正也。」吳大澂《說文古籀補》說：「史，記事者也，象執簡形。」史字從甲骨文、金文字形上看，都是以手持簡冊（也有人認為像筆形）記事的象形，因此，章太炎《文始》說「記簿書也」，王國維《釋史》說「史為掌書之官」，闡明了史與載籍之關係。在中國古代，凡是文字記載皆被稱為「史」，象梁啟超所說的：「中國古代，史外無學，舉凡人類智識之記錄，無不叢納之於史。」章學誠說：「盈天地之間，凡涉著作之林，皆是史學。」（《報孫淵如書》）都是這個意思。

中國古代很早就有史官的設置，《後漢書班彪傳》說：「唐虞三代，《詩》、《書》所及，世有史官，以司典籍」。商朝的史官，甲骨文中有記載，作「作冊」、「史」、「尹」、「太史」、「內史」等，擔當起草公文、記錄時事、保管文書之責，也擔任一些宗教活動，巫史合一。從載籍來看，《周禮·春官》中有「大史」「小史」「內史」「外史」「御史」等職官，「史掌官書以贊治」。《漢書·藝文志》說：「古之王者，世有史官，君舉必書，所以慎言行、昭法式也。左史記言，右史記事。事為春秋，言為尚書。帝王靡不同之。」大抵

史官最早是神職，溝通人神之間的一種職位，後來神職功能漸弱，記言記事職能凸顯，成為專門記錄史實以資統治的職官。

唐虞三代的史書不得而見，甲骨卜辭和金文，是目前所知最早的歷史記載。這些記載已包含時間、地點、人物、事件等後世歷史記載所必須具備的基本因素，因而可以被看作歷史記載的萌芽。甲骨、金文之後，《尚書》作為古代檔案文書的存留，所記皆殷、周王朝的大事，是較早具有官書性質的歷史記載。

西周末年，周王室和各諸侯國都有了國史。《孟子·離婁下》中記載，當時各國各有國史，魯國有「春秋」，晉有「乘」，楚有檮杌，名稱雖然不同，實質則一。到春秋末年，孔子以魯國國史為基礎，編撰成《春秋》一書。《春秋》作為中國古代第一部編年史，它的出現具有劃時代的意義。雖然由於經典化的原因，後人看待《春秋》已有些神秘和崇高，所謂「《春秋》成而亂臣賊子懼」，所謂「微言大義」，等等，大多都是對這部史書的過度闡釋。「孔子之修《春秋》，實為整齊官府之舊典，以下之於庶人，並以所創之義法，開後世私家撰史之風。此則功在百世不可泯滅者也」，孔子開闢了中國史學的道路，可以說是中國古代第一個大史學家。孔子之後，戰國時代私人歷史撰述有了大的發展，著名的有《左傳》、《國語》、《戰國策》等。

秦漢時期是中國史學的成長時期。這一時期史學的突出成績是規模巨集富的紀傳體通史和斷代史的出現。但在漢代的目錄分類法中，史書附於「春秋類」，還處於經書的附庸地位，還未取得完全獨立的學術地位。《史記》創造了中國古代史學上紀傳體的撰述形式，以其宏大的通史視野概括了從傳說中黃帝到漢武帝太初年間共三千年的歷史事實，經濟、政治、軍事、民族、思想、文化、社會風俗等等，都在《史記》中一一得到展現，生動而深刻地揭示了人類歷史發生、發展與演變規律，從而奠定了中國古代史學發展的基礎。《漢書》繼承《史記》而有所創新，以班固為主經班氏一門二世三人（班彪、班固、班昭）完成，首創斷代紀傳史一體，並開創了皇朝史撰述之先河，成為後來官修史書的典範。此外，荀悅發展《春秋》、《左傳》體例而撰成的《漢紀》，開創了編年體斷代史的先河，劉向、劉歆父子撰《別錄》、《七略》，成為中國目錄學的開端。

　　魏晉南北朝是中國古代一個思想解放的時代，經濟文化繁榮，統治者對史學高度重視，這些都促使史學得到空前發展。無論在史官制度的完備上，還是在史書體例的發展上，或是在史書數量的增加上，以及史家隊伍的壯大上，都出現了秦漢無可與之比擬的局面，從而使此期成為中國古代史學發展史上第一個燦爛輝煌的時期。這一時期史學已經從經學中獨立出來，擺脫了經學附庸的地位而蔚為大國，成為一種獨立的學問。《漢書·藝文志》「春秋類」下所收史部著作只有十一種三百五十多卷，到梁阮孝緒《七錄》「記傳錄」所收，增至一千零二十種，一萬四千八百八十八卷。就史學門類而言，除了傳統的紀傳、編年體外又有方志、家史、譜諜、別傳以及史學批評理論、史書注釋等紛紛出現，顯示出這一時期史學多途發展的面貌。但由於這一時期王朝更迭頻繁，兵燹、水火之災不斷，造成存留下來的史籍寥寥無幾。

　　隋唐五代時期，中國史學進入高度自覺的時代，形成了以史為鑒、經世致用的史學傳統。唐代統治者重視修史，設史館為常設機構，始隸屬門下省，後歸中書省管轄，以宰相監修國史，另有史官修撰、直館等官員，並有楷書手、典書、裝潢直、熟紙匠等相關工作人員，史官制度完善，官修史書成績斐然。官修史書制度的確立與統治者的重視有關，唐太宗曾說「以史為鑒，可以知興替」，代表了這一時期統治階層對史書價值的認識，二十四部正史中有八部成書於唐初，是這一時期官修史書發達的一個例證，此後前代史書由後代設館纂修就成為一種慣例。

　　除編修前代史書外，唐代還形成了編纂起居注和實錄的傳統，現存溫大雅《大唐創業起居注》和韓愈《順宗實錄》，即為此類著作的代表。這不僅開創了一種新的史書體例，而且為保存當朝史料和後來的正史編纂奠定了基礎。總結性史學著作的出現，是此期史學發展的又一個特點。劉知幾《史通》對以前的歷史著作進行系統的論述，提出了一整套編纂史書的原則和方法，成為中國第一部史學理論專著。杜佑《通典》創立了政書體例，是歷代典章制度的通史性專著，為史學的發展開闢了一條新的途徑。

　　宋元時代，史學發達，史家輩出，堪稱盛世，史學的各種門類都有所發展。不僅官修史書仍然興盛，而且產生了大批私家史著，別史、雜史、野史與地理志著作蔚為壯觀。歐陽修《新五代史》，歐陽修、宋祁《新唐書》，

是正史編撰中的名著。司馬光的《資治通鑑》史料取捨謹慎，考證細密，筆法謹嚴，是編年體通史的典範之作。袁樞的《通鑑紀事本末》以事為主，按類編纂，開創了史學的一種新體裁——紀事本末體。這一時期還出現了大量的別史、雜史和野史，葉隆禮的《契丹國志》、錢易的《南部新書》、徐夢莘的《三朝北盟會編》等是其中的代表作。金石學是宋代學者新開闢的領域，歐陽修的《集古錄》、趙明誠的《金石錄》、薛尚功的《歷代鐘鼎彝器款識法帖》等，體現出以古代實物史料為研究物件來開展史學研究的範例。此外如政書、官修實錄、國史、會要（記一朝的典制）等史書，也皆較前代為詳。

明清史學的繁榮，首先表現在史學理論體系的建立與完善上。黃宗羲為首的浙東學派已經將史學提高成為與經學同等地位的歷史哲學，到章學誠更提出「六經皆史」的觀點，認為「盈天地之間，凡涉著作之林，皆史學」，極大地提高了史學在傳統學術中的地位，他在劉知己強調史家需具備「才、學、識」之外，又加上「德」的要求，也體現了他對史家史德的重視。這些史學理論家的觀念體現出這一時期學者對史學認識的新境界。

其次體現在各體史書著述的繁富以及新的史學門類的發展上。明清的史學撰述中不僅有《元史》、《國榷》、《明史》、《續資治通鑑》等官修私修史書名作，方志、學案等史書體裁也迅速發展起來。《元史》是明代所修最大的一部史書，以元代十三朝「實錄」為基礎修成，保存了許多有價值的史料。《明史》是清代官修正史，是「二十四史」中除「前四史」外最為精當的史書，史料豐富，整理有序。白明代中後期後，方志書大量湧現，發展為史學的一個重要分支。黃宗羲《明儒學案》以及未完成的《宋元學案》，是古代最早的學術專史，為中國史學的發展開闢了一個新的領域。清代中期之後，乾嘉學者以其扎實的學風、深厚的學識對中國有史以來的學術文化進行了一次大規模的清理與總結，反映在史學方面，著述甚豐，學者如林。體現在學術風格上，由經世史學轉向考據史學，或考證文字，或考釋典制，或以史證史，成就較著者有錢大昕《廿二史考異》、王鳴盛《十七史商榷》、趙翼《廿二史劄記》、梁玉繩《史記志疑》等。

▌二、中國古代史學的成就

中國古代史學的發展源遠流長，內容豐富，形式多樣，制度完備，理論完善，史家輩出，史籍繁富。中國古代史籍的豐富，不僅表現在數量，而且表現在記載的連續性和體裁的多樣性。下面按照古代史學的主要體裁對其偉大成就做一簡單的介紹。

中國史學的發展早期，史官記載多為文獻檔案，撰著不多，形式也比較簡單，主要有記言、記事兩種，史書還從屬於經書，在劉歆的《七略》和班固的《漢書·藝文志》中，史籍沒有形成獨立部類，附於「春秋類」中。魏晉南北朝以後，史學有了長足的進步，史書編撰形式逐漸豐富，史籍的數量、體裁蔚為大觀。西晉時荀勖在《中經新簿》中設丙部收「史記」、「舊事」、「皇覽簿」、「雜事」等。除皇覽簿為類書外，其餘皆為史書。史書自成部類，說明史籍數量之多，流布之廣，已在各類典籍中佔據了較為重要的位置，有了獨立部類的雄厚基礎。繼荀勖之後，南朝梁時阮孝緒又在《七錄》中根據史書的體裁內容進行了分類，唐初完成的《隋書·經籍志》，在阮孝緒《七錄》基礎上將史部典籍分為 13 類，即正史、古史、雜史、霸史、起居注、舊事、職官、儀注、刑法、雜傳、地理、譜系、簿錄。正史指紀傳體。古史，實際上就是後來的編年類。雜史，根據《四庫全書總目》的解釋，就是體例雜，內容雜，所述大抵皆帝王之事，不象正史那樣完整，頗涉瑣事遺文，後來稱別史。霸史，特指十六國的記注。起居注，指「錄紀人君言行動止之事」之書，到《新唐書·藝文志》時把歷朝實錄、詔令都放在起居注類。舊事、職官、儀注、刑法大都是有關制度的史書。雜傳是關於世俗、佛、道各種人物的傳記。地理記載州郡、山川、物產、風俗等，譜系紀姓氏，簿錄著文獻目錄。

後來隨著史學的發展，新的史體也不斷出現，門類又有新的變化。門類劃分的不同既是體現史家的不同觀念，同時也是史學發展的客觀體現。劉知幾撰《史通》確立了史評體，中晚唐出現典制體、會要體，宋代創立了紀事本末體和綱目體，明清有學案、圖表、史論的發展，等等。因此到乾隆時期編《四庫全書總目》，史部分類就更為細緻，分為 16 類，即正史、編年、紀事本末、別史、詔令奏議、傳記、史抄、載記、時令、地理、職官、政書、目錄、史評。這些豐富的歷史內容和多樣的編纂形式的有機結合，全面、連

貫地反映了中國歷史的進程。貫通古今、上下連接的各類史籍,為我們提供了豐富而系統的歷史資料,是研究中國古代歷史的基礎。

(一) 編年體

中國古代史籍最早的編纂形式是按年月編排史事的編年體。它以時間為中心,按時間順序記載史實,是編寫史書最基本的體例。編年體的優點是史事和時間緊密結合,給人以明確的時間觀念,容易明瞭歷史事件發生、發展的時代背景及因果關係,缺點是歷史記載容易被割裂,不容易對事件、人物等建立起較完整的把握。《春秋》是中國現存的第一部史學著作,也是中國現存最早的編年體史籍。據傳《春秋》一書是孔子在春秋末期依據魯國國史——《魯春秋》,兼采列國史料,以魯國十二位國君世系為序整理編纂而成的,記事以魯國為主,兼及同周王室和其他諸侯國。《春秋》「以事系日,以日系月,以月系時,以時系年」的編撰方法,初步創立了編年體史書的規模。《春秋》文句簡短,措詞隱晦。後來者逐漸將其看作是一部帶有鮮明政治色彩的史書,孔子用「春秋筆法」來表現他的思想觀念,講究「屬辭比事」,字裡行間滲透「微言大義」,蘊含褒貶意圖。這種寫史方法影響了後來兩千年的史家。繼《春秋》之後出現的編年體史著是產生於戰國中後期的《左傳》,它被看作是解釋《春秋》的著作,但《左傳》無論在編撰形式上還是在內容上,都是編年體史籍不斷完善的一次飛躍。從編撰方法上看,《春秋》記事非常簡略,《左傳》在敘述歷史活動時詳略得當,對主要歷史事件必交待其前因後果,記事詳盡、完備。從內容上看,《左傳》的取材比《春秋》更為廣博,涉及政治、經濟、軍事、社會風俗等各個方面。《左傳》還創造了「君子曰」等史評形式,表達作者對歷史事件、歷史人物的看法,這種方式為後代史家所借鑒,如《史記》有「太史公曰」,歷代正史也多有史官的評論。

東漢末,漢獻帝因為紀傳體《漢書》篇帙浩繁,讓荀悅依《左傳》體例改寫《漢書》,荀悅撰《漢紀》三十卷,約為《漢書》五分之一,「辭約事詳」,大行於世。《漢紀》在歷史編纂學上對編年體作了改進和完善,採用類敘、追敘、補敘等方式使記事相對集中,備載歷史人物、歷史事件和典章制度,從而擴大了編年史書的記敘範圍,克服了編年體記事的不足,增強了史籍的可讀性。

魏晉南北朝期間又先後有一批編年體史籍問世，如東晉袁宏的《後漢紀》，孫盛的《晉陽秋》，幹寶的《晉紀》，北魏崔鴻的《十六國春秋》等。其中《後漢紀》記東漢一代歷史，在《漢紀》「通比其事，例系年月」的基礎上，採取「言行趨舍，各以類書」的敘事方法，擴大了編年史的容量，而其書中論贊，論政治風俗、經史思想，可見史家論史之宗旨，多有卓識。直至唐初官修八部前朝史，紀傳體史書體裁得到充分發展，編年史才退居次要地位。

到北宋，司馬光打破斷代格局，撰寫編年通史《資治通鑑》二百九十四卷，上起戰國（西元前 403 年三家分晉），下終五代（西元 959 年後周顯德六年），是中國史學史上一部劃時代的名著。《資治通鑑》著重敘述歷代重大政治事件和戰爭，也記載一些重要人物的事蹟、言行，兼及有關典章制度和文化狀況，是一部以政治為中心、比較全面反映歷史內容的通史。《資治通鑑》網羅宏富，材料來源除紀傳體正史外，其他雜史、譜牒、文集、碑狀等不下三百種，取材嚴謹，考證精詳，成為一部體大思精的編年體通史，可與紀傳體通史《史記》相媲美，後人因之將兩書的作者並稱「史學二司馬」。

《資治通鑑》的偉大成就，影響了此後編年體史書的發展，重新掀起撰寫編年史的高潮。到南宋，出現了李燾《續資治通鑑長編》、李心傳《建炎以來系年要錄》、徐夢莘《三朝北盟會編》等編年史名著。清代畢沅在李燾等人著作的基礎上，參用宋、遼、金、元四史材料，撰成《續資治通鑑》。雖然《續通鑑》的水準不能同《通鑑》相比，但這部宋元編年史在諸多《通鑑》續作中仍然算是上乘之作，因而後人把它同《通鑑》合刊，稱為《正續資治通鑑》。

作為編年體變體的綱目體史書，創始於南宋朱熹的《資治通鑑綱目》，後續著作有明代商輅的《資治通鑑綱目續編》等，對於史學知識的普及，起到了很大的作用。

漢以後的編年體史書還有一個重要系列，就是歷朝的「起居注」和「實錄」。「起居注」按照時間順序記載帝王的言行，「實錄」是歷代所修皇帝在位期間的編年大事記，它們是很寶貴的第一手材料，常被史家采入正史，但因為是記錄當朝史料，往往有所避忌，所以並非都可以作為信史來看待。

（二）紀傳體

　　紀傳體史書是繼編年體而興起的史書體裁。編年體史書雖然有時間明確、脈絡清楚的優點，但每一時間單位不可能容納太多內容。紀傳體以多種史書寫法囊括各方面史事，從而克服了編年史的這種缺陷，實質上是一種綜合體。紀傳體由西漢傑出的史學家司馬遷《史記》所創，分為本紀、表、書、世家、列傳五體，到班固《漢書》整齊為紀、表、志、傳四體，班書以下，表、志或有缺略，但一定有紀有傳，故稱紀傳體。紀傳體以人物為記載中心，便於記述各類人物的活動情況，歷史容量更為寬廣，便於通觀歷史發展的複雜局面，也便於讀者閱讀。因此，紀傳體逐漸成為古代社會最流行的史書體裁。

　　《史記》原稱《太史公》，又稱《太史公書》、《太史公記》等。共一百三十篇，分十二本紀、十表、八書、三十世家、七十列傳。司馬遷自稱編撰《史記》的宗旨是「究天人之際，通古今之變，成一家之言」（《報任安書》），可見探索宇宙自然與人生之間的關係，總結歷代興衰成敗的歷史經驗，樹立自己通達全面的歷史觀念是其遠大的追求，體現出史家開創史學新局面的氣魄與追求。司馬遷廣泛搜求大量古史經傳、諸子雜著，還親身到實地考察，「網羅天下放失舊聞」，對幹豐富的材料，排比考訂，疑者傳疑，因此班固說《史記》「其文直，其事核，不虛美，不隱惡，故謂之實錄」（《漢書·司馬遷傳》）。

　　東漢班固繼承《史記》的體例，進一步完成了紀傳體的正統化和規範化。《漢書》一百卷，專記西漢一代歷史，記載系統完備，體現了「文贍而事詳」的特點。由於斷代史具有起迄斷限分明、興衰過程清晰的優點，為後世紀傳體史書所遵循，雖然班固的史觀有濃厚的正統意識和天命思想，這一點多為今人詬病，但自《漢書》以後，斷代史成為紀傳體史籍的主流，並獲得正史的地位，為後代史家「共行鑽仰」（司馬貞語）。

　　自唐代開始，官修斷代紀傳史成為改朝換代後的一項重要任務，歷代繼作，前後相續，形成了一套系列紀傳史叢書——「二十四史」。宋代時，曾把《史記》《漢書》《後漢書》《三國志》《晉書》《宋書》《南齊書》《梁書》《陳書》《魏書》《北齊書》《周書》《隋書》《南史》《北史》《新唐書》《新

五代史》定為十七史。到明代，又把元、明修的《宋史》《遼史》《金史》《元史》加上，刊刻了「二十一史」。清乾隆初年，《明史》修成，又有「廿二史」之稱。清代有武英殿「二十四史」刻本，是加上《舊唐書》和從《永樂大典》中輯出的《舊五代史》，合為「廿四史」。「二十四史」凡三千二百九十四卷，約四千萬字。

除「二十四史」外，還有兩部重要的紀傳體史書。一是清末學者柯劭忞所作的《新元史》，曾被北洋軍閥政府總統徐世昌定為正史。另一部是民國初由趙爾巽、柯劭忞等人編修，專記清代歷史的《清史稿》。這樣加上《新元史》和《清史稿》，又有「二十六史」之稱。「二十六史」記載了從傳說中的黃帝到清代共 4000 多年的歷史，成為一部銜接不斷、包羅宏富的巨著，完整而系統地記錄了中國古代歷史波瀾壯闊的發展歷程，成為我們繼承傳統文化的重要歷史文本。

（三）紀事本末體

紀事本末體是以歷史事件為中心的一種史書體裁，是繼編年、紀傳體之後出現的第三大史書體裁。紀事本末體以南宋袁樞的《通鑑紀事本末》為起端，是一種以記事為主，每事一篇，有獨立標題，自具首尾的編纂形式。袁樞「常喜讀司馬光《資治通鑑》，苦其浩博，乃區別其事而貫通之，號《通鑑紀事本末》。」（《宋史·袁樞傳》）《通鑑紀事本末》將二百九十四卷的《通鑑》，剪裁改編為四十二卷，將《通鑑》所記歷史總括為二百三十九個題目（另附相關事件六十六項），每題一事，每事一篇，詳記始末，使人們對某一事件的本末都能夠一目了然。袁樞的選錄剪裁具有敏銳和嚴密的眼光，也體現出因類編纂、組織零碎史料為一完整事件的史學才能，並不僅僅是抄撮之作。紀事本末體解決了編年體將一事分載數年而紀傳體則在本紀、列傳、書志中反復敘述一事的矛盾，比編年、紀傳的記事方法更進一步，如清代學者章學誠所說：「文省於紀傳，事豁於編年」（《文史通義·書教下》）。在《通鑑紀事本末》的影響下，明清兩代，頗多仿效之作，著名的有宋楊仲良《皇朝通鑑長編紀事本末》，明陳邦瞻《宋史紀事本末》、《元史紀事本末》，清谷應泰《明史紀事本末》，李有棠《遼史紀事本末》、《金史紀事本末》，張鑒《西夏紀事本末》，高士奇的《左傳紀事本末》，近人黃鴻壽《清史紀

事本末》等，逐步形成史書的另一個系統，成為繼編年、紀傳體史書以後的另一大流派。

（四）典制類史書

除編年、紀傳、紀事本末等三大體裁的史籍外，典志體史書專記數代或一代典章制度，也是自成系統的重要史籍。中國古代史家歷來重視典章制度的記載，《史記》有「八書」記載天文、地理、經濟、律曆等制度，後來《漢書》沿襲「八書」體制，設十志以記歷代典章制度，逐漸成為紀傳體史書的通例。但制度的演變有很大的繼承性和延續性，斷代為書有時無法闡明原委，有時記載過於繁複。到唐代杜佑打破這一局限，撰成第一部專記歷代經濟、政治、文化等典章制度沿革的專史《通典》。

《通典》共二十卷，分食貨、選舉、官職、禮、樂、兵、刑、州郡、邊防九門，每門又分若干目，目下以朝代先後為序，依次記述上起黃帝、堯舜，下迄唐玄宗天寶末年的典章制度。記述制度的沿革興廢，內容翔實，源流分明，義例謹嚴，考訂有據，既補歷代紀傳體史書中志書之未備，又能會通古今，顯示出其淵博通達的史學才能，時人以為「禮樂刑政之源，千載如指諸掌」。

杜佑之後，典志體史書相繼而出，先有「三通」，後有「九通」，最後形成「十通」。「三通」指《通典》、南宋鄭樵《通志》、元代馬端臨《文獻通考》。鄭樵《通志》共 200 卷，本紀、列傳多為抄撮史料而成，價值最高的是「二十略」，包括氏族、六書、七音、天文、地理、都邑、禮、諡、器服、樂、職官、選舉、刑法、食貨、藝文、校讎、圖譜、金石、災祥、草木昆蟲等，有許多能夠填補古代史學乃至古代學術文化的空白。馬端臨《文獻通考》共 348 卷，擴大杜佑《通典》的體例編纂而成，分為二十四門，上起三代，下至南宋嘉定末年，也是一部記載歷代典章制度的通史。「三通」後，學者有續書「續三通」、「清三通」，合起來稱為「九通」，再加上《清朝續文獻通考》，合稱為「十通」。「十通」卷帙浩繁，貫通中國幾千年典章制度的歷史，成為後人研究古代典章制度發展，研究古代社會經濟、政治、文化史的最重要史料之一。

《通典》、《文獻通考》等屬於通史範疇,此外歷朝還有專詳一朝典章制度的史書。私人撰修的,多稱「會要」;出於官修的,多稱「會典」。「會要」初創於唐德宗時蘇冕撰寫唐代九朝典制的《會要》,唐宣宗時又命人撰成《續會要》。北宋初王溥將兩書重新整理,合成《唐會要》一百卷,是專記一代典制的第一部會要體史籍。後來的會要體史書,著名的有《西漢會要》、《東漢會要》、《五代會要》、《宋會要》等。

元、明、清三代,朝廷都組織人編修過會典類史書,如元朝編有《經世大典》、《元典章》兩書,明代有《明會典》,清代有《清會典》,這些都是記載一代典章制度的重要典籍。「會要」、「會典」這些斷代制度史書,與貫通古今的制度通史配合,相得益彰。

(五) 其他史著

在中國古代,地理誌是史學的一部分,正史中有「地理誌」,典志史中有州郡或輿地。作為專門記載地理沿革變遷的典籍,地理類史書在魏晉南北朝就開始發展起來,據統計當時的地理著作有三百種之多,最著名的有裴秀《禹貢地輿圖》、陸澄《地理書》、顧野王《輿地誌》、酈道元《水經注》等,其中大部分亡佚,僅有《水經注》流傳下來。隋唐以後,地理書續作不斷,著名的有唐代李吉甫《元和郡縣圖志》,宋代樂史《太平寰宇記》、歐陽忞《輿地廣記》、祝穆《方輿勝覽》、王象之《輿地紀勝》、王存《元豐九域誌》,清初顧祖禹《讀史方輿紀要》、顧炎武《天下郡國利病書》等。尤其《讀史方輿紀要》,是顧祖禹積 30 年之功而撰成,共 130 卷,據正史以考訂地理,舉凡山川形勢險要之所,古今戰爭攻守之處,記載詳盡,成為後人治史地之學必不可少的一部參考文獻。

史評類著作可分為兩類,一類重在評論史事,一類重在評論史書。評論史事者是指對於歷史事件和歷史人物加以評論,《左傳》的「君子曰」、《史記》的「太史公曰」已經發其端,後來紀傳體正史以及編年史都繼承了下來。西漢初賈誼的《過秦論》,是較早的專篇史論。唐宋以來,評史之風頗盛,產生了大量史論之作,比如柳宗元、杜牧、蘇洵、蘇軾、王安石等的史論文章,都以見解深刻、評論出奇而著稱,也出現了如宋代呂祖謙《東萊博議》、

明代張溥《歷代評論》等史論專著。清代王夫之的《讀通鑑論》、《宋論》，是以評論歷史的形式來發表自己政治主張和歷史哲學的史論專著，對歷史事件和歷史人物進行分析和評論，總結歷代政治得失，蘊含有深刻的歷史哲學思想。

評論史書者主要指對史家、史書或某一種史學現象、史學思想的評論。司馬遷《太史公自序》首先開端，《漢書·司馬遷傳》、《文心雕龍·史傳》續有發展，至於成熟的史學評論專著，則以唐代劉知幾《史通》和清代章學誠《文史通義》為代表。

《史通》是中國古代第一部史學理論專著，作者劉知幾是唐代著名的史學理論家，《史通》今存二十卷，分為內、外兩篇，內篇主要評論史書體裁、體例及史書編撰方法的得失；外篇主要論述史官制度、正史源流，並評論史家、史著之得失歷史著作。其中涉及到史料的搜集、鑒別和取捨、史書編纂的物件、體例、態度及方法等。《史通》是對唐以前史學理論之系統而全面的總結，是史學思想和史學理論發展的新轉折，標誌著中國古代史學理論的確立。

清代著名學者章學誠的《文史通義》是中國古代史學理論的巔峰之作，是一部縱論文史、品評古今學術的著作。該書闡明了史學的意義，評論了文史著作編纂等方面的得失以及當時的學風流弊、世教民俗，對清初以前的史學從理論上進行了比較全面的總結。章學誠主張史學要「經世致用」，提出了「六經皆史」說，明辨「史法」與「史意」的區別，論「史德」與「心術」等等，對古代史學理論的成熟做出了傑出的貢獻。

清代學者錢大昕的《廿二史考異》、王鳴盛的《十七史商榷》、趙翼的《廿二史劄記》、崔述的《考信錄》等史評著作，是乾嘉考據學在史學方面的代表成果。前兩種屬於考據類著述，尤以《廿二史考異》考訂翔實，旁徵博引，成就最高，也最為著名。《廿二史劄記》體例稍微不同，不但對二十四史作了全面介紹和評價，而且能把握重大歷史事件，探究一代政治利弊和興衰變革的原因，溯源貫流，旁徵博引，評論得失，體現出一位史學通才的論學旨趣。《考信錄》則是對先秦古史做系統考證之第一人，對後來的古史辨派影響甚大。這些史家都認為前人的史學撰述、歷史文獻，不少存在可商榷、考

論的地方，只有經過嚴格的考辨，才能認識到歷史之真實，這種求實的態度、考信的方法，既是乾嘉學風的影響，也反映出史學之發展，「在文獻學方面對中國古代史學作了總結」。

三、中國古代史學的優良傳統

在中國古代史學的發展過程中，逐漸形成了許多優良傳統，唐代史學家劉知己與清代史學家章學誠所先後標舉的史才、史學、史識以及史德，就集中體現了古代史家的優良傳統。用錢穆的話來講，史才就是貴能分析，又貴能綜合。史識則是須能見其全，能見其大，能見其遠，能見其深，能見人所不能見處。史德就是要求史官能不抱偏見，不作武斷，不憑主觀，不求速達。而錢穆未提及的所謂史「學」，就是指具有淵博的歷史知識，掌握豐富的歷史資料，這是修史的前提與基礎。

（一）會通之觀念

史家的觀念、視野是決定一部史書品質的最主要標準。古代有代表性的史家及其撰述，一般都具有恢廓的歷史視野和敏銳的歷史眼光。他們的撰述往往學兼天人，會通古今，以闡述歷史的發展過程、探究歷史的前因後果為最高目標，並不僅僅是纂集抄錄史料之作。錢穆說：「治史要能總攬全域，又要能深入機微。初看好像說故事，到家卻須大見解。」會通的觀念、全域的意識是傳統上對史家素質的基本要求，用《禮記經解》中的話來講就是「疏通知遠」，依據自己的歷史知識來觀察當前的歷史動向，提出自己對未來的想法，這是中國史學的重要特色，來源於先秦諸子對歷史發展的觀察和對歷史知識的運用，後來形成中國古代史學「通」的概念。《史記》就是有這樣一種貫通古今的大觀念，所以我們讀《史記》，不僅要看到《史記》的筆法細緻入微、栩栩如生，更加不能忽略其會通的「大見解」。

從司馬遷撰《史記》時就明確提出「究天人之際，通古今之變，成一家之言」的著史宗旨，為後來許多史學家奉為圭臬，都力圖在史著中展示其學兼天人和會通古今的恢宏氣象，鄭樵闡述「會通之義」，章學誠強調「通史家風」，都反映出史家對廣闊遼遠的史學視野的追求。就史著來說，《史記》、

《資治通鑑》、《通典》、《通志》、《文獻通考》、《通鑑紀事本末》這樣的通史之作自然是視野恢宏的，貫通古今，網羅宏富。《漢書》等正史斷代為史，記載時間上不如通史長遠，但也大都是氣度恢宏，視野廣闊，體現出一種會通的精神。即使不推崇通史撰述的劉知幾也寫出了《史通》這樣一部古代史學批評通史。可以說，中國古代史家的這一傳統，不僅促進了中國古代史學的繁榮，而且造就了許多旨趣視野超出群倫的通人、名家。

（二）經世之傳統

會通古今的目的在於鑒古知今，也就是「以古為鏡」，「古為今用」，這是古人一直都在講的。在中國古代，修史是繼承聖人開創的偉大事業，透過研究歷史可以瞭解人們在治世或亂世的不同遭遇，有鑑於此，則利於個人及社會的發展。孟子說「孔子成春秋而亂臣賊子懼」，司馬遷說「前事不忘，後事之師」，都是強調歷史對於現實以及後世的意義所在。中國史學這一悠久的歷史和傳統，來自中華民族「察古而知今」，「鑒往而知來「的自覺意識。

自古以來，對於歷史的經驗教訓，都非常重視。《易經》早就告誡人們要「多識前言往行，以蓄其德」（《易·大畜》）。唐太宗曾說：「以銅為鏡，可以正衣冠；以古為鏡，可以知興替；以人為鏡，可以明得失。」（《舊唐書·魏征傳》）可見以史為鑒是歷朝統治者都非常注重的，所謂「欲覽前王之得失，為在身之龜鏡」，成為古代史學的一個重要的傳統。比如司馬光編《資治通鑑》，明確提出作史之目的，是「鑒前世之興衰，考當今之得失，嘉善矜惡，取是舍非，足以懋稽古之盛德，躋無前之至治」（《進通鑑表》）。希望能夠鑒往知來，從歷史上的治亂興衰中吸取歷史上經驗教訓，也是強調以史為鑒的作用。

以史為鑒，目的是經世致用。用王夫之的話來說，就是「為史者，記載徒繁，而經世之大略不著，後人欲得其得失之樞機以效法無由也，則惡用史為？」（《讀通鑑論》卷六）章學誠也說「文章經世之業，立言亦期有補於世」（《文史通義·補遺》），明確提出「史學所以經世」的觀點，就是要史學為政治統治服務，為現實社會服務。實際上，關注歷史興衰，提倡經世致用一直是中國古代史學之中心。總結歷史朝代更迭及興替之原因，「明治亂

之本」，「謹勸戒之道」，或以為法，或以為戒，成為古代一切史家修史的根本目的與追求。這一點從孔子作《春秋》，「世道衰微，邪說暴行有作，臣弒其君者有之，子弒其父者有之。孔子懼，作《春秋》」（《孟子·滕文公下》），到杜佑撰《通典》，自謂「實采群言，征諸人事，將施有政」（《通典》自序），到司馬光說「專取關國家盛衰，系生民體戚，善可為法、惡可為戒者，為編年一書」（《資治通鑑》自序），都說明古代史家撰述歷史，有著自覺的經世致用的社會目的，矯正世道人心，服務現實政治。翻開二十四史這樣的正史，此類表述比比皆是，即使是一些私家著述，甚至野史筆記，也以經世致用作為自己的最高目標。比如南宋末周密曾撰述大量筆記，其中也有類似的考慮，就是以史為鑒，謀求經世，不單以保存史料為宗旨。

（三）良史之精神

中國古代的修史具有載道、承續傳統、提供借鑒的意義，其最高境界就是不受政局變化及意識形態潮流的影響。也就是獨立、客觀，不虛美、不隱惡，從歷史事實出發，秉筆直書，這是中國古代史家歷來推崇的最高道德規範。「中國自遠古時代，設立史官，逐日記錄天下事，這是一種綿密的記事制度，發生過的往事，有計劃的被大量存留下來。記事既成為一種制度，紀實的原理，遂相應而出。」因此「君舉必書」，「書法不隱」，「信以傳信，疑以傳疑」，就成為史家所遵循的原則，逐漸積澱成所謂的「良史」精神。史家為了堅守史家之精神，不畏君王權貴，甚至不惜生命，湧現了無數令後人敬重景仰的良史。據《左傳·宣公二年》記載，晉趙穿弒靈公，太史董狐書曰「趙盾殺其君」，以示於朝。宣子（趙盾）曰「不然」。董狐曰：「子為正卿，亡不越境，反不討賊，非子而誰？」孔子曰：「董狐，古之良史也，書法不隱。」非常推崇其秉筆直書的史德。《左傳·襄公二十五年》也記載了齊國太史、南史氏秉筆直書不惜生命的故事，崔杼弒齊君，齊國太史記錄下來，崔杼殺之，他的弟弟繼續記載這一史事，同樣被殺，他的另一弟弟繼續記錄，於是崔杼不得不放棄。

南史氏聽說齊國太史都死於直書史實，於是執簡前往，聽說史實最終被記錄下來才回去。這種秉筆直書的精神在當世為人敬仰，也成為後世史家遵循的優良傳統。三國時史學家韋昭，撰修《吳書》，當時的吳國國君孫皓要

求為父親作紀，但韋昭因為其「不登帝位，宜名為傳」（《三國志韋曜傳》）。而不同意。南宋史家袁樞在國史院撰修國史時，章惇的後人曾以同鄉關係請求對章惇加以文飾，袁樞回答：「子厚（章惇）為相，負國欺君。吾為史官，書法不隱，寧負鄉人，不可負天下厚實公議。」時人謂之「無愧古良史」（《宋史·袁樞傳》）。

這樣的一種獨立精神、客觀態度，有時連皇帝也不能左右，從慣例來講，也有「天子不觀史」的說法，目的是為了避免權勢地位影響干擾修史。唐初褚遂良負責記載唐太宗言行，太宗想索取過目，褚遂良說「不聞帝王躬自觀史」，加以拒絕，太宗問他是否有不善之事一定記錄下來，褚遂良毫不猶豫，說自己作為史官，當然是「君舉必記」，並不因為皇帝親自過問就有所回護。甚至少數民族政權中，史官也嚴守這一原則，《遼史》載遼帝出獵，熊虎傷人，故而要求史官不作記載，史官堅決不肯受命，只好說「史官當如是」。從這些事例中可見古代史官的秉筆直書的傳統影響之久遠，已經成為真正的史官在史書編纂中自覺堅守的基本準則，不會為了服務政治而犧牲史官之職責。這一點，從朝廷、帝王來說，也往往有所認識，如康熙曾對史臣說：「史書永垂後世，關係甚重，必據實秉公，論斷得正，始無偏頗之失，可以傳信後世」。

唐代史學家劉知幾在《史通》中，有專篇來論述直書、曲筆，要求史官寫史要「愛而知其醜，憎而知其善」，要「不掩惡，不虛美」，「善惡必書」，嚴厲批評那種「事務憑虛，詞多烏有；或假人之美，藉為私惠；或誣人之惡，持報己仇」的曲筆現象，推崇「烈士殉名，壯夫重節，寧為蘭摧玉折，不作瓦礫長存，若南、董之仗氣直書，不避強禦，韋、崔之肆情奮筆，無所阿容」，表彰南史、董狐等人的史官精神。清代章學誠又特別標舉「史德」這一最高標準，所謂「史德」，即「著述者之心術」。他認為史官撰史要力求做到「善惡褒貶，務求公正」，不能憑私意進行褒貶。經過歷代史家的自覺繼承與史學家的理論總結與推養，秉筆直書這一反映中國史代史學求實精神的優良傳統得以不斷發揚光大。

客觀、獨立是中國古代歷史學的追求，但「歷史的解釋不能避免記述者自己視角的影響」，「沒有一個歷史學家可以完全脫離時代」，總有一些因

素阻礙歷史的客觀與科學，比如史家的思想意識、觀念，以及史家所受的政治、文化影響等等。中國古代史學就在這種對立中始終堅持著自己客觀獨立的理想，並成為其重要的特點和精神。

第十五講 先秦諸子與中華文化

　　春秋戰國時期，學者輩出，各自著書立說，因為學者不止一人，流派不止一家，故稱之為「諸子」，又稱「諸子百家」，稱此種現象為「百家爭鳴」，為中國古代文化史上學術自由繁榮的第一個重要時期，並深遠地影響著後來中國思想文化的進程，學者借用雅斯貝爾斯的理論，往往稱之為中國思想文化的「軸心時代」。

▌一、先秦諸子的起源問題

　　先秦諸子時期是中國古代思想文化的發軔期，有關諸子的起源問題是中國學術發展史上爭論最大且最久的問題之一。

　　最早《莊子》認為儒家經典《詩》、《書》、《禮》、《樂》、《易》、《春秋》是先秦學術思想之源，諸子百家是流，諸子是在繼承六經的基礎上發展而成一家之言的，「（六經）其數散於天下而設於中國者，百家之學，時或稱而道之。」（《莊子·天下》）在《漢書·藝文志》「諸子略」中也有類似表述，所謂各家之說「合其要歸，亦六經之支與流裔」，這一說法隨著儒家地位的提高影響越來越大，後來劉勰說諸子「繁辭雖積，而本體易總，述道言治，枝條五經」（《文心雕龍·諸子》），就是基於這樣的認識。唐代古文運動領袖韓愈、柳宗元從散文發展的角度主張諸子散文淵源於六經，清代學者章學誠撰《文史通義》，探討學術原委，持「戰國之文，其源皆出於六藝」之觀點，基本上都屬於莊周一派。

　　班固的《漢書·藝文志》繼承劉向、劉歆父子的看法，在追溯諸子淵源的時候認為各家皆出於王官，比如「儒家者流，蓋出於司徒之官」，「道家者流，蓋出於史官」，等等，到《隋書·經籍志》明確同意《漢書·藝文志》的觀點，此後班固等人的看法逐漸為人所接受。清代諸子學中興，汪中、龔自珍、章炳麟、劉師培等學者都支持班固的說法，仍然主張諸子「大抵出於王官」（章炳麟《諸子略說》）。諸子出於王官說，傳承久遠，幾成學術界的定論。但自古至於今，仍有學者提出不同看法。

　　西漢淮南王劉安及其門客所編《淮南子·要略》就認為諸子之學皆起於救世之弊，應時而興，將諸子學術思想的產生與特定的政治社會條件聯繫起來。這種觀點長期以來不為人所重，一直到近代，才得到胡適的認同與提倡。胡適作《諸子不出於王官論》，以及《中國哲學史大綱》（卷上）的相關論述，就是揭示發揚《淮南子·要略》的看法。在胡適看來，「古者學在王官是一事，諸子之學是否出於王官又是一事。」先秦諸子學說博大宏富，其思想價值遠在王官之學之上，諸子之學與王官之教不可同日而語，且存在對立之處，因此，「諸子自老聃、孔丘至於韓非，皆憂世之亂而思有以拯濟之，故其學皆應時而生，與王官無涉。」「諸子之學皆春秋戰國之時勢世變所產生，其一家之興無非應時而起。」這表明胡適雖然沒有從社會歷史條件深入闡發諸子的起源問題，但已經清醒地意識到社會環境對學術思想的深刻影響，較之前人僅僅從學術傳承角度研究學術史具有更廣闊的視野，從而加深了對這一問題的認識。胡適對傳統學術觀點的挑戰，在當時引發了一場關於諸子起源的討論，也推進了對這一問題的研究探討。比如馮友蘭就修正發展《漢志》「諸子出於王官說」，提出「諸子出於職業說」，認為諸子直接出於職業，間接地出於王官。呂思勉折中前說，總結先秦諸子興起有兩個原因，一曰出於王官之守，官、師分離，二曰出自救時之弊。

　　蔣伯潛也認為，「在學術本身者，謂之因，在當時之環境者，謂之緣」，「西周學術皆在官府，官師合一，至春秋而天子失官，官師之學遂分裂成私家之學，是謂前因；諸子書多為匡正時勢之言，知其為應時而起，是謂之後緣。」（《諸子與理學》）侯外廬等人依據歷史唯物主義觀點，闡明社會經濟的變革是諸子興起的「主要的物質基礎」（《中國思想通史》第 1 卷），令人耳目一新。在討論中，學者們從不同方面談論諸子學的內在淵源，同時又注重春秋、戰國之際的社會歷史條件，使諸子起源問題逐漸明晰化。五四以後，仍堅持「諸子出於王官說」的學者已不多見。

　　綜合各家之說，諸子百家的興起是經濟、社會、政治變化的直接結果，既有學術發展的內在理路，也是對政治社會進行變革的內在要求的結果。即如呂思勉所言：「先秦諸子之學，非至晚周之世，乃突焉興起者也。其在前此，

旁薄鬱積，蓄之者既已久矣。至此又遭遇時勢，乃如水焉，眾派爭流；如卉焉，奇花怒放耳。積之久，泄之烈者，其力必偉，而影響於人必深。」

官失其守，學術分裂，由天子而諸侯，由官學而私學，乃諸子百家產生之學術條件。早期中國思想世界中的文化承擔者主要是貴族知識者，比如祝、卜、史等，但是到春秋時代，禮崩樂壞，社會變革，隨著周王朝實力威望的衰退以及諸侯國地位的上升，這種過去被壟斷的思想權力逐漸分散，一些掌握知識文化的王官流落到各諸侯國，就是孔子所感歎的「天子失官，學在四夷」。王官失守，學術下行，逐漸造成諸子百家各執一端、百花齊放的學術局面。

另外，從春秋到戰國時代，政治、社會劇變，「道術將為天下裂」，為諸子學說產生之政治、社會、經濟條件。《漢書·藝文志》「諸子略」說：「諸子十家，其可觀者九家而已。皆起於王道衰微，諸侯力政，時君世主，好惡殊方。是以九家之術，蜂出並作，各引一端，崇其所善，以此馳說，取合諸侯。」闡明了諸子起源的社會因素。古代中國社會最重大的變化就是士階層的崛起，余英時的研究基本闡明了這一時期士崛起的兩種類型，即原屬王官的知識階層下移以及下層士人因受教育掌握文化而上升。崛起與獨立的士階層，面對劇烈動盪的局面，以匡君救世為己任，或遊說列國，或講學著書，或批判現實，或執掌國政，紛紛提出自己的政治主張、思想觀念，多具獨立思考之學風，絕不苟同別人的見解，造成了春秋到戰國時代最為輝煌的諸子百家爭鳴之局面。

當時雖號曰百家，但在眾多學派中，比較重要的是儒、墨、道、法、陰陽等數家。

最早《莊子天下》與《荀子非十二子》，分當時諸子為六派。《莊子天下》所分六派為：一墨翟、禽滑厘，二宋鈃、尹文，三彭蒙、田駢、慎到，四關尹、老聃，五莊周，六惠施、桓團、公孫龍。《荀子·非十二子》所分六派為：一它囂、魏牟，二陳仲、史鰌，三墨翟、宋鈃，四慎到、田駢，五惠施、鄧析，六子思、孟軻。此後著名史學家司馬遷之父司馬談所撰《論六家要旨》（見於《史記·太史公自序》）做了進一步詳細的總結性論述，將先秦學術分為陰陽、儒、墨、名、法、道德六家，並對各家學術思想之特點做了簡要的概括。

此後《漢書·藝文志》（實際上是繼承劉向、劉歆的觀點）又加上縱橫家、雜家、農家、小說家，為諸子十家，「其可觀者」是除小說家之外的九家，所以又謂之九流，總稱「九流十家」，基本上反映了當時學術百家爭鳴的面貌。今人呂思勉認為，按照《漢書·藝文志》所載先秦典籍著述情況，實際上還可以加上兵、醫二家，可概算為十二家。下面就重要的幾個學派做一介紹。

▋二、諸子概說

（一）儒家

儒家是對中國古代文化影響最為深遠的一個學派，從漢儒到近代學者，對「儒家」的起源與發生，論述頗多，意見也不一致，有些看法也是直接承接著諸子起源問題來說的。

關於「儒」之起源，古代比較重要的說法，其一就是《漢書·藝文志》「諸子略」中所言，「儒家者流，蓋出於司徒之官」，認為儒家源於掌教化的司徒之官。另外，《說文解字》「人部」曰：「儒，柔也，術士之稱。」是說「儒」字本義為柔，是術士之稱謂，點明了儒與術士之間的關係。鄭玄承接著來講，說「儒行者，以其記有道德所行。儒之言，優也，柔也；能安人，能服人。又儒者濡也，以先王之道能濡其身。」（見段玉裁《說文解字注》所引）注重解釋儒家道德層面的內涵，對後人頗有影響。

到近代，章太炎認為「儒之名蓋出於『需』，需者云上於天。而儒亦知天文、識旱潦」，「儒本求雨之師，故衍化為術士之稱」（《國故論衡原儒》），以古儒為史巫類術士。此後傅斯年作《戰國子家敘論》，認為「儒家者流，出於教書匠」。錢穆在《古史辯》第四冊序中說：「儒為術士，即通習六藝之士，古人以禮樂射禦書數為六藝，通習六藝，即得進身貴族，為之家宰小相，稱陪臣焉，孔子然，其弟子亦無不然。儒者乃當時社會生活一流品。」二十世紀三十年代胡適作《說儒》，認為最初的儒都是殷的遺民，從殷的祝宗卜史轉化而來，在西周及春秋以治喪相禮為職業，以柔遜為特徵，這在當時引起較大的反響。馮友蘭多有辯難，認為儒指以教書相禮等為職業的一種

人，儒家指先秦諸子中之一派。郭沫若認為稱術士為儒，是秦漢以後對儒名的濫用，沒有證據證明秦以前術士稱儒，儒本是鄒魯之士縉紳先生的專號。

近幾十年來，對於「儒」之起源的探討也在繼續，許多學者利用出土的古文字及古器物，與傳世文獻相互印證，也得出了一些新的觀點。

總之，從前人的研究來看，雖然這些成就卓著的學者的探討為人們認識儒家起源問題開拓了廣闊的思路，但說法紛紜，並沒有取得一致的看法。就我們的認識來看，還是比較傾向於儒出自殷商時代的巫祝術士的說法，他們參與禮儀操持，後來也可能掌管教化，因此，《說文解字》釋為術士，《漢書·藝文志》說「出於司徒之官」，去古未遠，應該是有他們的道理的。只不過隨著儒的發展，較低級的祈禳蔔筮之類技藝漸被摒棄，唯有對儀式、儀禮的敬畏得到保留，道德教化等較高程度的思想成為他們思維的中心。

儒家學派的創始人是孔子，是殷人後裔，先祖孔父嘉是宋國宗室，遭禍被殺，後代出奔到魯國，因此孔子是魯國人。有關孔子的生平行事與思想，《論語》是最可靠的材料，《史記·孔子世家》是最早的一篇傳記，可以幫助我們較全面地瞭解孔子。周王室衰微，典籍禮樂散在各諸侯國，孔子生在保存周禮最多的魯國，有條件繼承傳統開拓新知，他一面廣泛搜求整理古代典籍，一面結合當時形勢發展自己的思想，創立儒家學派。

孔子的思想，最核心的是兩個概念：禮與仁。禮是一個人必須遵守的規範和履行的責任，一方面它是一套外在的制度（即通常所說的「禮制」），一方面它還是一套內在的觀念（即後人常說的「道德準則」。）在周代宗法制度的體系下，禮的作用就是使人各安其分，從而維繫親族關係，維護王朝統治，其內容非常廣泛，涉及婚姻、喪服、朝覲、聘問等社會生活的方方面面。孔子對禮是非常推崇的，《論語》中有49處談到禮，比如「不學禮，無以立」，「非禮勿視，非禮勿聽，非禮勿言，非禮勿動」，等等，《鄉黨》篇還記載了孔子在生活中踐行禮的一些具體情形，虔敬而真誠。孔子對禮的推崇，有著現實的針對性，因為當時王綱解紐，秩序已亂，因此孔子提倡「克己復禮」，確立「君君，臣臣，父父，子子」的名分，希望透過恢復禮來恢復穩定的統治秩序。

　　仁是孔子思想的理論核心，「仁」字在《論語》中出現了 109 次，在孔子看來，「仁」是禮樂文化的核心，是人際關係的根本，所以他強調「仁者愛人」，而「孝悌」是「為仁之本」，「忠恕」之道（己所不欲，勿施於人）是實現仁的主要方法與途徑，體現在政治方面就是德治，所謂「泛愛眾」，「博施於民而廣濟眾」，在這樣一個由親親之愛到「泛愛眾」的過程中，作為儒家倫理哲學的中心範疇和最高道德準則的「仁」就樹立起來了。孔子的仁學「為中國發展出一個道德的宇宙，因而也形成了一個以道德為中心的文化」，孔子的思想成為後來中國思想文化的核心。

　　孔子之後，「儒分為八」（《韓非子·顯學》），成為當時的「顯學」，各個流派之間也有一些差異，其中最主要的有兩派，一是曾子、子思一系，後來發展到孟子，以傳道為主，他們仍然堅持禮樂的儀式與象徵作用，但曾子、子思把注意力轉向人性道德（傳說《大學》與曾子有關，而子思撰《中庸》），並用陰陽五行來解釋儒家思想（出土的馬王堆帛書《五行》，學者大多認為與子思有關），體現出一種新的思考路向，後來透過孟子而發揚光大，建立了心性之學，重視道德實踐的修養功夫，形成後世儒學的精髓。二是子夏一系，後來發展到荀子，以傳經為主，注重抉發禮樂文化的意義，偏重於社會政治思想方面的建設，重視經驗知識，代表了儒家的另一發展方向，值得一提的是，荀子的「禮」已經帶有了法的意味，出現了法制化的傾向。先秦儒家的這兩大派別，到後來思孟學派成為主流，尤其孟子，更是接續孔子的主要人物，被稱為亞聖，「孔孟之道」也成為儒家思想的代名詞。

　　先秦時儒家與諸子地位是平等的，在秦始皇時還因「焚書坑儒」而受到重創，但到漢代，由於董仲舒推揚的關係，也由於儒家思想中有符合漢王朝統治策略的地方，逐漸為統治階層所接受，漢武帝「罷黜百家，獨尊儒術」後，儒家基本上確立了一枝獨秀的地位，期間雖略有反復，但都不能改變儒家代表中華民族傳統文化主流的地位，一直到晚清近代，封建王朝積重難返，儒家思想才在「砸爛孔家店」的口號聲中被排除出統治思想的核心。

（二）道家

道家可以說是中國古代最有影響的哲學學派，也是中國古代思想中最具有想像力的。最早司馬談《論六家要旨》說道家「道家無為，又曰無不為，其實易行，其辭難知。其術以虛無為本，以因循為用。」《漢書·藝文志》「諸子略」云：「道家者流，蓋出於史官，曆記成敗存亡禍福古今之道，然後知秉要執本，清虛以自守，卑弱以自持，此君人南面之術也。」可以看出漢代學者對道家思想的基本把握。

老子是道家的創始人，但對其生卒年及其行事，從《史記》時代就已經不清楚了，「老子者，楚苦縣厲鄉曲仁裡人也，姓李氏，名耳，字耼，周守藏室之史也……或曰：老萊子亦楚人也……或曰儋即老子，或曰非也，世莫知其然否。老子，隱君子也」。司馬遷記載了三個老子，但多為不確定之辭，其中比較傾向於李耳是道家創始人老子，時代先於孔子。

對於《史記》的記載，後來學者看法不一，尤其近代以來，對這一問題的爭論更為熱烈。胡適、馬敘倫等繼承司馬遷的說法，梁啟超、馮友蘭、顧頡剛等認為老子其人應當在在孔子之後，唐蘭則主張老聃與孔子同時。錢穆認為老子應在戰國晚期，不但晚於孔子，而且晚於莊子。考證文章雖多，但也沒有特別確鑿的證據與比較可信的結論，老子好像還是那個騎青牛出關的神秘老者的形象。

今傳本《老子》分上下篇，約五千餘言。估計最早的《老子》出現在春秋末年或戰國初年，字數篇章與今本都有不同。《老子》文本在傳衍過程中不斷經過人們加工、編排、整理、豐富，逐步形成了今本的面貌。在流傳過程中，也產生了西漢河上公《老子注》，三國魏國王弼的《老子注》等著名的注本。

近幾十年來有關《老子》的重要考古出土發現，推進了學者對《老子》一書的認識。1973 年，湖南長沙馬王堆三號漢墓出土的帛書《老子》甲乙兩種抄本，均是《德經》在前，《道經》在後，部分章次、文字不同於今本，分屬戰國末年、西漢初年。1993 年，湖北荊門郭店一號楚墓出土《老子》甲乙丙三組，章序與今本、帛書本有較大出入，文字也有不同，是戰國中期的

一種傳本。簡、帛本《老子》的出土，為我們研究《老子》提供了新的材料，也解決了學術史上許多聚訟不已的問題。

老子思想的核心是「道」。《老子》開篇第一章說：「道可道，非常道。名可名，非常名。無名天地之始。有名萬物之母。故常無欲以觀其妙。常有欲以觀其徼。此兩者同出而異名，同謂之玄。玄之又玄，眾妙之門。」如此神秘、玄妙的「道」到底是什麼呢？從《老子》一書來看，「道」首先是宇宙萬物的本原，是「先天地生」（二十五章），「象帝之先」（四章），它雖然無形無名，但卻無窮無盡，是萬物的起源與基礎，就是老子所說的「道生一，一生二，二生三，三生萬物」（四十二章）。

老子的道還是一種人生哲學，一種恬淡平和的狀態，樸素寧和，自然順生。人生要「致虛極，守靜篤」，返樸歸真，追求一種恬淡澄明的心理境界與人生境界。要「持而盈之不如其己；揣而銳之不可長保；金玉滿堂莫之能守；富貴而驕，自遺其咎。功遂身退，天之道」（第九章）。這樣才能順乎自然而存在。

對於社會秩序的安定平和，老子也是強調道的自然無為，「道常無為，而無不為。侯王若能守之，萬物將自化。化而欲作，吾將鎮之以無名之樸。無名之樸，夫亦將無欲。不欲以靜，天下將自定」（三十七章）。無為而治，返本複初，這是老子政治思想的中心。「小國寡民。使有什伯之器而不用。使民重死而不遠徙。雖有舟輿無所乘之。雖有甲兵無所陳之。使民複結繩而用之。甘其食、美其服、安其居、樂其俗。鄰國相望，雞犬之聲相聞。民至老死不相往來」（八十章），則社會就會達到淳樸無爭、安寧平和的理想境界。

老子以後，道家主要沿兩條道路繼續發展，一條是「無為主義」的政治哲學，就是盛行於戰國和西漢初期的黃老學派，主張「無為而治」，另一條是「任自然」的人生哲學，即對後來產生深遠影響的老莊學派。

莊子的身世情況並不比老子更清楚，雖然《史記》上說得很明確：「莊子者，蒙人也，名周。」但蒙地到底屬於楚國還是宋國，司馬遷也不知道。後來學者的研究也很多，基本上可以判定他是生活在西元前 4 世紀後半葉到 3 世紀前半葉，是道的思想在戰國時代的闡發者。

莊子也肯定道在宇宙、社會、人生的本原意義，道是其哲學的基礎和最高範疇，是關於世界起源和本質的觀念。《莊子·大宗師》說：「夫道，有情有信，無為無形；可傳而不可受，可得而不可見；自本自根，未有天地，自古以固存。」可見莊子所說的道是在老子對道的闡述的基礎上發展過來的。

但是老子思想的重心之一是政治哲學，莊子則是人類的生命哲學，對於莊子來說，道還有精神方面的意義，是至人的認識境界，這是老莊不同之處。莊子面對「人為物役」的社會現實，呼籲打破物對人的約束與阻礙，恢復人的「本性」，最高的境界就是《逍遙遊》中「無待」的境界，即無所依賴、無所對待，是指人的思想、行為不受任何條件的限制，一種絕對的自由境界，如果能夠做到「無己」、「無功」、「無名」，人就可以超脫於世俗的功名利祿、得失禍福，達到真正的自由了。莊子的哲學是一種人生美學，這樣一種超越的、自由的人生境界，強調內在體驗，對後來中國文人的精神追求產生了深遠的影響，文人在現實中不得其用，不能追尋儒家「修齊治平」的理想後，往往在道家（或佛禪）中安頓心靈。道家思想，在傳統思想文化中佔據著極重要的地位。

（三）墨家

在先秦諸子中，墨家是獨特的一個流派，其創始人墨翟，人稱墨子，是出身於平民的思想家，這一點不同於儒家、道家、法家等其他諸家，這也直接造成其思想的平民色彩與實用特質。對於墨家的起源，《漢書藝文志》「諸子略」說：「墨家者流，蓋出於清廟之守。」「清廟之守」，意思是管理宗廟事務，掌管各種祭祀禮儀，據此可以推測墨家大概也是出於禮儀之官。

司馬談《論六家要旨》說：「墨者亦尚堯、舜道」，《淮南子·要略》云：「墨子學儒者之業，受孔子之術。」可見墨家與儒家之間的關係，一般認為墨子對儒家學說進行批判和改造從而形成自己的學說，所謂「以為其（指儒家）禮煩擾而不說，厚葬靡財而貧民，久服傷身而害事，故背周道而用夏政。」馮友蘭把墨子視作「孔子的第一個反對者」，可以反映墨子在當時的學術地位。墨家既是一個學術派別，同時又是一個嚴密的組織，墨家崇俠尚武，注重實踐，領導者身體力行，而「墨子之門多勇士」（陸賈《新語思務》），「墨

子服役百八十人，皆可使赴火蹈刃，死不旋踵」（《淮南子·泰族訓》），在相當長的時間內影響巨大，與儒家一起成為當時的「顯學」，一重人文理想，一重現世實用，分庭抗禮，《韓非子·顯學》說「世之顯學，儒墨也」，漢代以後，「罷黜百家、獨尊儒術」，墨學才由顯學逐漸變為絕學。

墨家的學術思想比較豐富，關注的問題非常廣泛，從今本《墨子》來看，其中既有墨家基本思想的闡述，又有墨子及其弟子的言行記錄，還有邏輯學與自然科學的成果，以及軍事技術的記錄。墨家的核心思想主要是「兼愛」，是對孔子思想體系的基本觀念「仁」的改造，孔子講「仁」就是愛人，但由於時代與思想的局限，儒家所講的仁愛具有一種先天性的內在矛盾。墨子提倡「兼相愛」，無差別地愛社會上一切人，這樣就可以「強不執弱，眾不劫寡，富不侮貧，貴不敖賤，詐不欺愚」（《墨子·兼愛中》）。在兼愛的基礎上，墨子提出尚賢，「尊尚賢而任使能，不黨父兄，不偏貴富，不嬖顏色。賢者舉而上之，富而貴之，以為官長；不肖者抑而廢之，貧而賤之，以為徒役。」（《墨子·尚賢中》）墨子認為「尚賢」是為政之本，這種平等思想直接衝擊著當時的宗法世襲制度。墨子還主張「尚同」，「上之所是，必皆是之，上之所非，必皆非之」（《墨子·尚同上》），體現出一種中央集權式的統治方式，有組織嚴密、意志力量集中、效力較高之特點，但不容有個人之自主意識，則是其弊端。

戰國時代的頻繁戰亂給人民帶來深重的災難，墨子基於當時的現實提出「非攻」的思想，對於「好攻伐之君」的不義行為提出嚴厲譴責，並身體力行，帶領自己的弟子四處奔走，多次阻止了諸侯國之間相互攻伐的不義戰爭，所以墨子是當時和平主義的真正實踐者。

此外，墨子節用、節葬、非樂等主張也是基於對儒家重禮儀、重禮樂思想的反撥或矯正而提出的，體現出墨家的平民色彩、實用特質，以及對人文理想的疏離。這種對現世實用的注重使墨家學說中發展出邏輯學、自然技術等偏重理性、實在的學問。這在先秦諸子中是獨樹一幟的。

墨子後學分為三支（《莊子·天下》、《韓非子·顯學》略有出入），對墨子學說各有傳承解釋，故而《墨子》一書中《尚賢》、《尚同》、《兼愛》、《非攻》、《節用》、《節葬》、《天志》等十一篇都分成文字有差異的上、中、

下三篇。墨家後來形成兩種傾向（依胡適《先秦名學史》說），一是向以「鉅子」為中心的宗教組織演化，一是轉向以技術和邏輯為中心的所謂「別墨」。葛兆光進一步歸結出墨家思想式微的根源，認為墨家傳承的人身依附性和團體封閉性消解了思想層面的聯繫紐帶，墨學對個人要求的嚴苛也起到自我瓦解的作用，另外墨學實用色彩過於濃重淡化了人們對於思想的興趣，激發了對技巧和知識的熱情，從而使得墨子一系思想漸漸消退。

（四）陰陽家

作為一個學術流派的陰陽家，《漢書·藝文志》「諸子略」說：「陰陽家者流，蓋出於羲、和之官。敬順昊天，曆象日月星辰，敬授民時，此其所長也。及拘者為之，則牽於禁忌，泥於小數，舍人事而任鬼神。」陰陽家源出於天文曆法之官，司馬談《論六家要旨》列「陰陽家」為六大學派之首，他們觀天象授曆法於民，促成了陰陽觀念的形成及其系統化，後學則陷入禁忌術數等迷信一路，轉向瑣碎的純技術層面，逐漸失卻其學說中最核心的思想。

追溯源頭，「陰陽」的概念最早出現時，可能指某種自然現象，自然變化中的兩種功能和力量，類似太陽被遮蔽及日出，山的南面與背面等，是一般生活經驗中的具體知識的歸納和概括，後來逐漸用它來表示相互對立的事物和性狀，比如男女、大地、日月、剛柔、寒暑、冷熱等。到《周易》中講「一陰一陽之謂道」（《繫辭上》），《老子》中講「萬物負陰而抱陽，沖氣以為和」（《老子》第四十二章），陰陽已經不再是具體的天象、地形，陰陽成為古人對宇宙萬物兩種相反相成性質的一種抽象，也是宇宙對立統一及思維法則的哲學範疇。有學者認為陰陽是中國古代的一種傳統思維結構，在中華文化發展中影響深遠。

「五行」思想的產生也有一個複雜而長期的過程，古人認為最早見於《尚書·洪范》：「五行：一曰水，二曰火，三曰木，四曰金，五曰土」。由於《尚書》文本的複雜性，今人對這一說法多表示懷疑。但洪範五行說在歷史上的影響是巨大的，古人認為，宇宙萬物就是由這五種基本物質構成的，五行中包含著一個非常重要的變動運轉的觀念，這些都體現出古人對宇宙萬物發生發展的認識，也保存了比較原始的科學因素。另一方面，五行本身也充滿著

神秘主義，強調神秘的天人感應。「在五行學說的發展演變過程中，始終有這兩個方面的因素在起作用，一方面是神秘的教義，另方面則是對經驗知識的某種科學的組織、概括和整理。這兩個方面又交互滲透著。」這些都成為後來諸子思想發展的重要資源。

到戰國時代，陰陽和五行思想漸漸合流，形成一種以「陰陽消息，五行轉移」為理論基礎的觀念模式，並進一步發揮為社會政治論，以陰陽五行來解釋政治社會人生現象。《左傳》、《國語》、《管子》中的一些記載反映了這一變化趨勢，陰陽家的代表，是創為「五德終始」之說的鄒衍。

鄒衍早年學儒，後以陰陽之學成名，善言「天人」之學，人稱「談天衍」。鄒衍以儒術幹世而不用，於是「乃深觀陰陽消息而作怪迂之變，《終始》、《大聖》之篇十余萬言。其語閎大不經，必先驗小物，推而大之，至於無垠。

（《史記·孟子荀卿列傳》）他的理論基礎是天文曆法等自然科學知識，融「陰陽說」和「五行說」為一體，以「陰陽消息」、「陰陽轉移」來論述宇宙的變化原因，將本來著眼於自然世界的陰陽五行學說向社會政治理論方面推衍，形成「五德終始說」，目的在論證「天」、「人」間的互動關係，建立一種涵蓋天人、無所不包的宏大體系，在當時影響很大。《史記》中記載說，「騶（鄒）子重於齊。適梁，惠王郊迎，執賓主之禮。適趙，平原君側行撇席。如燕，昭王擁彗先驅，請列弟子之座而受業，築碣石宮，身親往師之。作《主運》。其游諸侯見尊禮如此，豈與仲尼菜色陳、蔡，孟軻困於齊、梁同乎哉！」與孔子、孟子遊說列國的遭遇形成了鮮明的對比。

鄒衍以「五德終始」為王朝的變化模式，將五行說與歷史朝代更迭結合起來，以五行分屬不同朝代，認為各個朝代都以一種「德」為主，只有與金木水火土相應的五種特質中的一種相匹配，才能獲得其存在的合理性和權威性。比如周以火德，代它的新朝將以水德，所謂「土德後木德繼之，金德次之，火德次之，水德次之」，這樣循環往復，五德終始（轉移），天人之間就產生了密切的關係，如果不擁有、不遵循與這種元素相關的特質，就是有悖於天道。「凡帝王者之將興也，天必先見祥乎下民」（《呂氏春秋·應同》），這種天人感應思想體現出鄒衍政治觀念中規範人君的思想，也成為後世災異說的理論基礎。

到漢代，董仲舒以陰陽五行為其理論體系的框架，將儒家傳統的政治倫理主張填充其中，完成了漢代經學的理論改造。在實際政治中，這種學說也極為盛行，秦始皇統一六國，是以水德代替火德，漢朝建立，所秉持的是土德，後來王莽、劉秀先後稱帝，也不得不從中尋求一定的合理性。甚至一直到辛亥革命取消帝制為止，皇帝的頭銜仍然是「奉天承運皇帝」。所謂「承運」，就是承五德轉移之運。

（五）法家

法家是先秦諸子中頗具影響的一個學派，對於法家的起源，《漢書·藝文志》中說：「法家者流，蓋出於理官。信賞必罰，以輔禮制。易曰：『先王以明罰飭法。』此其所長也。及刻者為之，則無教化，去仁愛，專任刑法，而欲以致治；至於殘害至親，傷恩薄厚。」代表的是從法制主義的道路去思考春秋戰國時代社會秩序的一個流派。但法家的核心思想並不是法律與審判，「法家所講的是組織和領導的理論和方法」，當時稱他們為「法術之士」。

葛兆光認為「按照法度和規則管理社會，其實都是對人性之善端失去信心後的想法」，因此申不害主張「仁法而不仕智，任數而不任說」，慎到說「據法倚數」，商鞅說「不可以須臾忘於法」（《商君書·開塞》）、「法任而國治」（《商君書·慎法》），都是考慮到不能再像儒家所說的那樣，依靠人內在的道德自律意識和外在的禮儀象徵形式維持社會秩序，而必須依靠外在的法律約束，從而達成一個嚴格有效的官僚管理系統，形成整齊、規範的社會秩序。隨著社會秩序的越來越混亂，軍事力量的地位越來越重要，國土疆域的擴大對管理的需求越來越迫切，「法」的思想就越來越凸顯出其價值與力量，所以韓非子說：「釋法術而以心治，堯不能正一國。去規矩而妄意度，奚仲不能成一輪。」（《韓非子》卷八）

法家的代表人物有管仲、李悝、商鞅、申不害、慎到、李斯、韓非子等，他們的觀點思路並不盡一致，有的強調君主對權力的控制，有的強調君主在各種權力之間的制衡與操縱，有的偏重法律制度的絕對性與實用性，但共同之處在於側重從法術、制度層面去解決社會秩序問題，維護國君的政治統治，所以也基本反映了法家思想從春秋到戰國後期的一個發展脈絡。

　　管仲被視作是最初的法家，他以輔佐春秋五霸之一齊桓公而聞名。但今存《管子》一書並非春秋時管仲所撰，實際上是西漢劉向依據齊稷下學宮的學術資料彙編而成，其思想傾向也並非全屬法家，混雜有道家、陰陽家、儒家等的思想資料，但他強調明君「置法以自治」（《管子·法法》），「君臣上下貴賤皆從法，此之謂大治」（《管子任法》），已反映出法家的基本思想。

　　此後，李悝在魏國，申不害在韓國，商鞅在秦國相繼推行法家思想進行政治上的變革，稷下學宮的慎到也是這一時期法家的代表人物。其中商鞅、李悝強調「法」，就是要求臣民必須遵守法律、法令，所謂「明主慎法制。言不中法者，不聽也；行不中法者，不高也；事不中法者，不為也」（《商君書·君臣》），如此則強國、利民。申不害強調「術」，實際上是講君主駕馭群臣、掌握政權、推行法令的策略和手段。慎到強調「勢」，指的是君主要獨掌軍政大權，維護君主的權位、權勢，這樣就能「抱法處勢」，無為而治天下，所謂「君臣之道，臣事事而君無事，君逸樂而臣任勞。臣盡智力以善其事，而君無與焉，仰成而已」（《慎子·民雜》），有老子政治思想的影子。

　　商君任法，申子用術，慎到重勢，對三者各有側重。韓非則結合了法、術、勢，成為法家思想集大成者。據《史記韓非列傳》載，韓非為「韓之諸公子」，現代學者相信「這個顯貴的地位和接近權力中心的生活環境對他思想和學說的形成是十分重要的」，因為他生長的環境決定他的學說很難有其他各家那樣顯而易見的平民色彩，其思想也不外是「維護君王地位的鞏固和權勢的獨尊」。韓非認為法、術、勢三者都是「帝王之具」，是君主統治的工具。首先，治國需用法治，法令應該公之於眾，客觀公正，「法者，編著之圖籍，設之於官府，而布之於百姓者也」（《韓非子·難三》），「刑過不避大臣，賞善不遺匹夫」（《韓非子·有度》）。

　　並且必須強制實行，「賞罰使天下必行之」（《韓非子·難一》）。韓非又強調「術」，「術者，因任而授官，循名而責實，操殺生之柄，課群臣之能者也，此人主之所執也。」（《韓非子·定法》）並總結出「無為術」、「形名術」、「參伍術」、「聽言術」、「用人術」等具體的政治權術，君主用以駕馭群臣、實施統治。與法、術相應的，韓非還強調「勢」，「勢者，勝眾之資也。」（《韓非子·八經》），勢是一種強權，一種專政的權力，「國

君只有『操權』、『處勢』，才能制天下、征諸侯」，沒有權勢，則不能鞏固政權、征服天下，具體表現就是善用刑德（或曰刑賞、賞罰）之法，「明主之所導制其臣者，二柄而已矣。二柄者，刑、德也。何謂刑、德？曰：殺戮之謂刑，慶賞之謂德。為人臣者畏誅罰而利慶賞，故人主自用其刑德，則群臣畏其威而歸其利矣。」（《韓非子·二柄》）

韓非綜合前期法家法、術、勢三派的思想，提出了面對當時社會變革的解決思路，其政治理論體現出鮮明的專制性質，秦始皇的暴政及焚書坑儒等措施都與韓非子的理論深有關係。「如就現實歷史的觀點看，無人能否認法家對當時歷史的巨大作用。從周代的封建政治轉變到秦代的專制政治，是春秋、戰國間社會變遷的一個主要部分，促進這一變遷，各家都有程度不同的貢獻，而全力推動這一變遷，並直接有助於完成這一巨變的，是法家。」但是秦朝二世而亡，使得後人對於法家的印象偏於苛法酷刑，所謂「仁義不施而攻守之勢異也」（賈誼《過秦論》）更成為秦朝滅亡的原因，因此，漢代以後直至清代，歷代統治者雖然從未真正摒棄法家思想，但表面上往往尊儒，人抵採用外儒內法的統治策略，儒法互補、交相為用成為中國古代政治文化的一個重要特色，也真正穩固了歷代王朝中央集權的統治。

（六）其他各家

除以上諸家以外，先秦諸子中還有名家、雜家、縱橫家、農家及小說家等。

名家討論「名」（概念）和「實」（存在）的邏輯關係問題，代表人物是惠施和公孫龍，分別代表名家的兩個基本派別。惠施強調實的相對性，強調實際事物是可變的、相對的，公孫龍強調名的絕對性，強調名是不變的、絕對的。名家分析事物的矛盾統一現象，具有深刻的辯證法思想，對古代邏輯思想的發展有很大貢獻，真正接近了「哲學的心臟」。遺憾的是，古代正統文化中，學問的目的是「經世致用」，名辨之學在當時被視為「詭辯」，「苛察繳繞，使人不得反其意，專決於名而失人情」（《論六家要旨》），後來也不受重視，漸成絕學。近代以來，人們才逐漸認識到名家所探討問題在思想史上的價值所在。

　　按照《漢書·藝文志》的說法，雜家「采儒墨之善，撮名法之要」，可見其特點就是綜合諸家之說，兼收並蓄，突出的代表就是《呂氏春秋》。《呂氏春秋》彙集各家學說而成，很難說有多少創見，但它在先秦學術史上也有獨特的價值，就是保留了大量歷史材料，包括諸家學說、科學技術、天文曆法、醫學音樂等，從另一角度來看，雜家的出現反映了戰國末學術文化融合的趨勢，實際上這一趨勢在荀子、韓非等學者那裡已顯露無疑，但結果是，「隨著大一統歷史趨勢的進程，學術的自由空間不斷被擠壓，學者們的創造性思維也不斷萎縮。」最終，雜家之末流不免墜入「漫羨而無所歸心」（《漢書·藝文志》）的境地。

　　另外，縱橫家應戰國時代政治需要而起，面對戰國紛爭的形勢，多直接參與時政，少思想之探索，縱橫捭闔，遊說辯難，在諸子中獨具特色。農家「播百穀，勸耕桑，以足衣食」（《漢書·藝文志》）。小說家雖是小道，但「必有可觀者焉」。先秦諸子在各個領域都閃耀著思想和智慧的光輝。

　　諸子時代的終結是一個令人遺憾的話題，卻也是歷史的必然，隨著遊學、養士土壤的消失，法家專制文化的盛行，以及諸子各家學術思想內在缺陷的凸顯，諸子百家繁榮的時代結束了。「『百家爭鳴』的結束，不僅僅是秦始皇焚書坑儒，也不僅僅是漢武帝罷黜百家，也是由於折衷與融通已經相容了各家，使各家界限日益淡化的結果。　思想的統一往往是以特色的泯滅為代價的，但這是無可奈何的事情，而無可奈何的事情就是歷史。」透過歷史，回望諸子，這是一個令後人無限嚮往的時代，三百年間，一個個大師閃耀在學術的星空，這是人類的群星閃耀時，自由、純淨，激揚、思辨，百家爭鳴，是後人無法企及的思想境界，中國古代學術、中國傳統文化發軔並且達到高峰的時代，多麼神奇，多麼不可思議，變亂的時代造就了最輝煌的學術思想，最自由的思考，最具獨創性的著作，為以後兩千多年的中國學術發展奠定了基礎。千載之後，後人仍然不能超出其籠罩，仍然無法擺脫其影響，與先秦諸子相比，後來者只能夠仰視，只能夠欽服。

第十六講 中國古代書籍形制之演變

　　書籍是人類知識與智慧的載體，是文化的基本要素，是人類文明進步之階梯。有關書籍的定義，有廣義和狹義之分，廣義的書籍包括各種資訊的載體，包括甲骨文、金石文字、手抄印刷的卷軸冊頁等等，但從狹義的角度來講，書籍主要指側重傳播知識經驗、供人閱讀查考的文字記錄。在源遠流長的中國古代文明中，書籍產生的時代很早，不僅承載著豐富的內容，而且不同時期的書籍，由於所用載體材料及樣式的不同，形成不同的書籍制度。古代書籍是五千年中華文化的結晶，研究中國傳統文化，古代書籍制度是一個重要的專題。

　　中國古代書籍形制的發展，源遠流長，學者對書籍形制的認識和總結也多有分歧，我們綜合眾說，可把古代的書籍制度分為三大類，即簡策（冊）制度、卷軸制度和冊頁（葉）制度。以簡策為書籍制度的第一階段，表明了我們的看法，雖然有學者把此前的文字記錄如甲骨文書、青銅器銘文、石刻文字等，都看作書籍，但我們認為，這些材料可以看作廣義的典籍文獻，但從狹義的角度來說，不能將之視為書籍。許多學者也持同樣的看法，黃永年先生認為把甲骨、青銅器視作書寫材料的觀點是不正確的，真正為古人用來書寫的材料是竹木簡，書籍是春秋末年才出現的。錢存訓先生也說：「古代文字之刻於甲骨、金石及印於陶泥者，皆不能稱之為『書』。書籍的起源，當追溯至竹簡和木牘，編以書繩，聚簡成篇，如同今日的書籍冊頁一般。」

▍一、古代書籍的書寫材料

　　書籍形制的變化與書寫材料和書寫方式的變化密切相關。在紙書出現以前，文獻典籍的製作材料經歷了漫長的演進過程，最初的文字記錄，應該從甲骨文書、青銅器銘文、早期石刻文字算起，這些初期文獻典籍的製作材料就是龜甲、獸骨、青銅器、玉、石質等材料，隨著文字記錄的發展，這些材料難以承受或容納更多的內容，於是又出現了竹木簡牘，在竹木簡牘盛行的時代，絲織品中的縑帛也用來作為文獻典籍製作的材料。《墨子．非命》篇中說：「是以書之竹帛，鏤之金石，琢之盤盂，傳遺後世子孫。」正反映了

春秋戰國之際中國文獻典籍的製作材料，確實經歷過金、石、竹、帛等的過程，在相當長的歷史時期內，竹、帛逐漸成為文獻典籍的主要製作材料。

就書籍來說，最初的載體材料主要是竹木簡牘和縑帛。「如今尚不能斷定竹帛用於書寫的確切年代，大致說來，竹、木是較縑帛為先。」隨著紙的發明改進，逐漸體現出適合書寫的特點，成為書籍的主要載體。據馬衡的研究，各種書寫材料之使用，大致可以分為三期：（1）竹簡、木牘：自上古至西元 3 或 4 世紀。（2）縑帛：自西元前 4 或前 5 世紀至西元 5 或 6 世紀。（3）紙：自西元 2 世紀直至現代。

在中國，紙的發明時間較早，根據典籍記載，西漢時已有可以用於書寫的紙，20 世紀 30 年代以來，在中國新疆、甘肅、陝西等地曾多次出土西漢紙，比如 1933 年新疆發現羅布淖爾紙，1957 年西安灞橋出土的古紙碎片，1986 年甘肅天水放馬灘發現的紙質地圖，等等，都證明了西漢時中國已經出現了植物纖維紙。至於進一步改進造紙技術並發現紙作為書寫載體的優點，要到東漢蔡倫。史書中有記載：「自古書契多編以竹簡，其用縑帛者謂之紙。縑貴而簡重，並不便於人。倫乃造意，用樹膚、麻頭及敝布、魚網以為紙。元興元年（西元 105 年）奏上之，帝善其能，自是莫不從用焉，故天下咸稱『蔡侯紙』。」（《後漢書·宦者列傳》）蔡倫對造紙術進行總結、改進、推廣，使紙逐漸成為書籍主要的載體材料，極大地促進了知識的傳播，在古代書籍史上有著重要的意義。

二、古代書籍形制的演變

（一）簡策制度

簡策制度是中國古代書籍制度的第一階段，指竹簡木牘類書籍的形制。所謂簡策，簡單說就是編簡成策，策是冊的假借字。「冊」是象形字，像是繩穿、繩編的竹木簡，也有學者認為是聯綴的龜甲，似不可信。

書籍的起源，最早可追溯到竹簡和木牘，編之以繩，聚簡成篇，才稱之為書籍。竹木是紙發明以前古代最早最普遍的書寫材料，何時應用於書寫已不可詳考，但時間應該很早，被採用的時間，也比其他材料更為長久，即使

在紙發明以後數百年，簡牘仍然被繼續用作書寫的材料，因此簡牘對古代文明的影響甚巨。在中國傳統文化上，簡牘制度也有其極為重要和深遠的影響，不僅中國古代書籍中文字的直行書寫和自右至左的排列順序淵源於此，即使在紙張和印刷術發明以後，古代書籍中「篇」、「卷」等術語，以及版面上的「行格」、「界欄」等形式，也是源於簡牘制度。

從出土來看，戰國以前的簡策尚未有發現，但從典籍記載材料看，用竹木做書寫材料的歷史是很久遠的。比如《尚書·多士》說：「惟殷先人，有冊有典，殷革夏命。」表明早在殷商時代，已用簡牘作為正式公文、檔案等的材料了。

到周代，簡牘的使用更加廣泛，先秦及秦代的簡牘，近年來才開始有出土。但歷史上早就有戰國時代竹簡的發現，西元 281 年，有人在今河南汲郡盜發魏襄王墓，發現大批竹簡，共計書籍 16 種，10 萬餘字，重要的有《竹書紀年》、《穆天子傳》等。近百年來，隨著考古事業的發展，在湖南、湖北、河南、山東、新疆、甘肅、青海等地都有大批簡牘出土，數量達數萬件。其中中原地區出土的多為戰國、秦漢時代竹簡，西北邊地出土的多為兩漢魏晉時代的木簡木牘。

這些資料不僅為研究古代歷史、政治和社會制度提供了新的史料，而且也是現今世界上僅存的一種古代書籍的實物，對古代書籍形態研究、古籍校勘等尤為重要。比較著名的有 1953 年長沙仰天湖出土的楚簡，1975 年湖北云夢睡虎地出土秦簡，1987 年湖北荊門包山出土楚簡，1993 年湖北荊門郭店出土的戰國中期竹簡，等等，其中郭店有《老子》及《論語》等古籍的最早版本，學術價值極大。

作為書寫材料，竹的整治較木料為難。王充說：「斷木為槧，析之為板，力加刮削，乃成奏牘。」（《論衡·量知》）至於竹的整治，則「截竹為簡，破以為牒」，先斷竹為一定長度的圓筒，再剖成一定寬度，然後還須經過「殺青」的處理，即剝去外表青皮，用火烘乾，再加刮治，才適於書寫。劉向《別錄》：「殺青者，直治竹作簡書之耳。新竹有汗，善朽蠹；凡作簡者，皆於火上炙幹之。」

　　古代的簡牘，在形式及用途上都不盡相同。竹木簡的形式狹長，直書一行，編而成冊。木牘為長方及方形，通常不加編聯。其中竹木簡用於抄寫檔案檔、書籍，木牘大都用於公文、律令、地圖、短簡及私人函束。

　　從記載來看，古代簡牘的長度根據抄寫材料的用途和重要性應有一定的規則，近代以來，王國維、勞幹、陳夢家等都曾加以探討，但看法不一，近十幾年來，隨著出土簡牘實物的增多，又有學者進一步探討這一問題，我們綜合各家之說，略加介紹於下。據漢儒鄭玄的說法，《六經》書於二尺四寸之簡，《孝經》一尺二寸，《論語》八寸，可見古代簡牘的長度應該是有一定規制的。王國維等近代學者的考察，認為抄寫書籍的竹簡，常為漢尺二尺四寸、一尺二寸和八寸（相當於周尺三尺、尺半、一尺），長簡用於較為重要的典籍，比如經典或律令，中簡用於抄傳記或簿籍，短簡用於抄子書等次要之書。這種規範的形制在古代是否嚴格執行，據出土材料看也未必然，長短之制多有溢出規範者。

　　李零認為二尺四寸簡和一尺二寸簡可能是最基本的長度，張顯成透過對出土簡的長度考察，認為一尺長的簡最為常用，為常規簡。這都說明有關古代簡牘形制方面的問題，由於出土材料的有限，記載的不明確，還有可探討的地方。從出土材料來看，甘肅武威發現的《儀禮》，甲本、丙本簡長 56 釐米，約合漢制二尺四寸，書寫禮經，可以證明漢代用長簡書寫儒家經典的制度。而出土的律文簡則有很多都不符合漢制二尺四寸的，定縣漢簡《論語》也只有七寸。漢代木牘的長度，王國維考證，以「五」為基數，由五寸至三尺不等，各種不同長度的木牘也各有一定的用途，長者書法令、文告，短者書信件、通行證等，也有書寫書籍的。

　　簡牘的寬度在古籍中並無明文記載。關於每支簡的行數和字數，王國維說竹簡書字或兩行或一行，字數視簡之長短，自八字至四十字不等，從出土材料看，因簡的長短及字體的大小不同，每簡所容納字數差別很大，且未發現有一簡兩行者。通常只在簡的正面書寫，也有正面背面皆書者。牘之寬者一般可容五行，多為單版，窄者可容兩行，往往編聯。但尹灣發現木牘中有多至 24 行者，說明在實際使用中，因為材料難得、製作不易等原因，這一制度多有例外。

　　竹木簡的編聯方式，有的是先寫後編，有的是先編後寫，編聯的繩道不同。甘肅居延出土的《永元器物簿》，上面的字有些被編繩蓋住，可見是先寫後編。武威出土《儀禮》漢簡上編繩的地方空白無字，應該是先編後寫。編繩以麻繩、絲繩居多，記載中有用皮條編的，1970年代甘肅居延漢代遺址中曾發現用紅色編繩連結的簡策。一般簡冊大都用麻繩二道編聯，也有用三道或四道的，比如武威出土《儀禮》漢簡有三道編痕。

　　簡策書籍的收藏，可能有二種不同形式：一為數簡編成後，以最後一根簡為軸，卷成一捆，《永元器物簿》出土時，就保持著原來卷起的形態。另一為折頁形，每冊簡面相對，類似現在書籍的冊頁形式。

　　簡策制度古代最早的書籍制度，流行時間長達數千年，對後來的影響也極為深遠。簡牘從右至左的書寫習慣影響到後來的卷子、紙本書籍。為保護正文不致磨損，古人編簡時常在正文簡前邊再加編一根不寫文字的空簡，叫做「贅簡」，背面上端常書寫典籍中的篇名，下端書寫典籍的書名，後來書籍封面及書名的題寫，仍然帶有這種贅簡的遺意。簡策編聯卷收的做法，是適應竹木簡的特質而形成的特定形式，後來帛書卷子裝、紙書卷軸裝的出現，就是對簡策卷起收藏形式的模仿。

　　除此之外，後來圖書稱「冊」，文章稱「篇」，尺牘、三尺法、汗青、殺青、政策、罄竹難書、連篇累牘等說法也都反映出簡策制度在中國傳統文化的深遠影響。

（二）卷軸制度

1、帛書卷子裝

　　帛書是指書寫於縑帛上的書籍，帛書與竹木簡書製作材料不同，成書之後的面貌也不同，但在裝幀形式上卻有許多相同之處。既有折疊形式，也有卷子形式。湖南長沙馬王堆出土的帛書，有一種寫在整幅帛上，折疊之後放在一個漆盒內。有的寫在半幅寬的縑帛上，用一條竹片粘於帛書的末尾，然後此為軸心將帛書從尾向前卷成帛卷，這是卷軸裝的雛形，也成為後來帛書的主要形制。

後來紙發明以後，因為與帛在特性上有相近的地方，所以其裝幀形式便模仿帛書卷子裝，而慢慢發展成普遍流行的紙書卷軸裝。這無論是從文獻記載，還是實物留存，都能得到有力的證明。

篇是木簡典籍的計量單位和名稱，卷則是縑帛典籍的計量單位和名稱。周秦時盛行竹木簡書，故多以篇章稱之。漢以後，縑帛為書普遍流行，卷便成了廣泛使用的計量名稱。西漢時，劉向、劉歆父子整理國家藏書，凡是整理完畢正式謄錄進呈的書，都是用縑帛書寫的，「劉向事孝成皇帝典校書籍二十餘年，皆先書竹，改易刊定，可繕寫者以上素也」，書於縑帛的可能都是比較重要並且需要長久保存的書籍。

2、紙書卷軸裝

用紙來製作書籍，至晚東漢已發其端。紙具備有縑帛的輕軟，但較之縑帛更易成形，所以紙很快體現出作為書寫材料的優點，晉代傅鹹的《紙賦》中，讚美紙的方正潔白、便於書寫，「攬之則舒，舍之則卷」這兩句話既是對紙的性能的誇讚，也是對卷軸書籍特點的描繪，可見晉時的紙質書籍已是卷軸裝。

唐及唐以前關於紙書採用卷軸裝的記載較多，唐以後的有關記載更是史不絕書。北宋歐陽修《歸田錄》說：「唐人藏書，皆做卷軸。」清朝高士奇《天祿識餘》說：「古人藏書，皆作卷軸……此制在唐猶然。」這些說法表明自紙書出現，直到隋唐五代，大約近千年時間裡書籍盛行的裝幀形式，的確是卷軸裝。

敦煌莫高窟藏經洞出現發現的書籍主要是寫本，有的木軸猶存，證明唐五代及唐五代以前的紙書裝幀形式的確普遍存在。從出土材料可以看出紙書卷軸裝的基本情形，一部典籍用多張紙寫完後，按順序粘接起來，可以先寫後粘接，也可以先粘接好後寫。在最後一紙的末尾粘上一根圓木棒，然後以木棒為軸心從左向右卷，使紙卷不致於折皺或損壞，所以稱卷軸。軸的長度比紙的高度略長，紙書卷好後上下兩端都有軸頭露出，以利典籍的保護。除了木軸以外，還用其它材質的書軸，皇帝及王公貴族，常用貴重的料制軸，如琉璃、象牙、玳瑁、珊瑚、黃金等。據《隋書·經籍志》載：隋煬帝即位之

後，秘閣所藏之書，上品用紅琉璃軸，中品用紺琉璃軸，下品用漆軸，從裝潢看藏書已分出不同等級。

卷軸存放的方法是在書架上平放，軸的一端向外，系上不同質料、不同顏色的書籤。籤上標寫書名、卷次，以便於取閱。為保護紙卷，卷頭除了自身留有的空白外，往往要加一塊「包首」（後稱「包頭」），來保護書卷。包首或者用堅固的硬紙，或者仿效帛書，用絹帛之類的絲織品，古人又稱為「褾」。褾的中間系上一根帶子，用來捆紮卷了，叫「帶」。

紙卷放入帙（書衣）中，通常以十卷或五卷為一帙。用帙包書，只包裹卷身，卷子兩邊軸頭仍露在外，放在書架上，只看見軸頭。架上的卷軸如果很多，為便於尋找，就在軸頭上掛一個小牌子，上寫書名和卷次，叫「簽」。考究的用象牙製成，叫做「牙籤」。唐韓愈《送諸葛亮覺往隨州讀書》詩中所說：「鄴侯家多書，插架三萬軸。一一懸牙籤，新若手未觸。」就是當時卷軸裝書籍的真實寫照。唐代集賢院所藏四庫圖書，分別用紅、綠、碧、白四色牙籤，區分經、史、子、集四部。

（三）冊頁（葉）制度

1、由卷軸向冊頁制度過渡的書籍形制：

（1）經折裝

經折裝也稱「摺子裝」，由折疊佛教經卷而得名，大約出現於九世紀。到唐代為止，最盛行的典籍裝幀形式仍然是卷軸裝。到唐代，佛學的發展達到了鼎盛時期，對流行許久的卷軸裝的改革首先在佛教經卷發生。1975年，錢存訓先生在《中國古代書史》中披露了一幅唐寫本經折裝圖版——《入楞伽經疏》，這是現在所知最早的經折裝實物。經折裝的裝幀做法是將長卷的佛經，從頭至尾依一定行數或一定寬度連續左右折疊，使之成為長方形的一疊，再在前後各粘裱張厚紙封皮。後來仿照這種裝幀形式者，不論是否為佛經，都以經折裝稱之。元朝吾衍在《閒居錄》中說：「古書皆卷軸，以卷舒之難，因而為折。久而折斷，複為簿帙。」五代以後雕印的佛、道兩家典籍，從現存的實物來看，採用經折裝的很多，經折裝流行的時間也很長。影響所及，後來大臣上奏的奏摺，相互來往的書簡，形式上也很接近經折裝。

（2）梵夾裝

梵夾裝原本不是中國古代書籍的裝幀形制，是古代中國人對古印度用梵文書寫在貝多樹葉上的佛教經典的稱呼，所以又稱為「貝葉經」。印度的梵夾裝是將修長碩大的貝多樹葉裁成長方形並晾乾，將寫好經文的貝葉依序排好，用兩塊經過刮削加工的竹板或木板將經葉上下夾住，然後連板帶經穿一個（在中間）或兩個（在兩端靠裡）洞，穿繩繞捆。這樣既可以把書葉連在一起，又可使文獻免於受損。

中國古代以紙張來製作典籍，至隋唐而極盛。書籍的製作材料與貝葉不同，當然裝幀方式也就不同。但是出土的紙制典籍中，包括寫本和印本，也有裁成長條模仿貝葉，採用梵夾裝式的。比如敦煌藏經洞出土，現藏於北京圖書館的唐寫本《思益梵天所問經》，是迄今所見到的中國紙書梵夾裝最典型的實物。

（3）旋風裝

旋風裝是紙質典籍的另一種裝幀形制，大約出現在八世紀。旋風裝的出現，與唐代詩歌的發展有關，近體律詩的創作，除了格律的要求之外，對於遣詞造句、運用典故的要求也很高，這就使查檢詞句典故的工具書、韻書大行其道，這類書籍的書寫方式和裝幀形制也以方便隨時翻檢為原則而作出相應的改變，於是便出現了旋風裝，雖未完全突破卷軸裝的裝幀形制，但達到了方便翻檢的目的。北京故宮博物院珍藏的唐寫本王仁昫《刊謬補缺切韻》，是現存中國古代典籍旋風裝的典型實物例證。外形是卷軸式樣，裡面粘貼散葉，每頁均由兩張紙裱成，正反都有字。其裝幀方式，是以一張比書葉略寬的長條厚紙作底，然後將書葉粘在上面，粘貼方法是把每張散葉的一邊貼在卷子上，另一邊不貼，蓋住下頁紙的大半，成一種錯疊的魚鱗式樣，所以又叫做「龍鱗裝」。

有關旋風裝或龍鱗裝，過去說法很多，李致忠根據故宮所藏唐寫本王仁昫《刊謬補缺切韻》，對歷代記載進行詳盡的辨析，判明了何謂旋風裝或龍鱗裝，後來學界大多接受了這一觀點。但也有不同意見，黃永年認為，所謂的「旋風裝」，古人稱為「旋風葉」，是從卷子到冊頁的過渡形式，主要特

點是將較長的卷子一反一正地折疊成長方形的摺子，然後包上書皮，形成一冊書的形制，與經折裝、梵夾裝並沒有根本區別，與「龍鱗裝」有所不同。也有學者認為經折裝分兩種形式，一為黃氏所說的形制，一為故宮所藏唐寫本王仁昫《刊謬補缺切韻》的形制。旋風裝或龍鱗裝這種裝幀方式，既保留了卷軸裝保護書頁的優點，又彌補了翻檢不便的缺陷，是卷軸裝向冊頁裝轉化過程中的過渡形態。

2、冊頁制度的產生：

在介紹冊頁制度之前，首先需瞭解雕版印刷術的發明，這是書籍形態變化的技術前提。所謂雕版印刷，是指用木板雕刻，一般選用梨木或棗木等較堅硬的木種，鋸成版片後，經過加工處理，然後寫樣、上版、刊刻，就可以進行刷印了。雕版所印都是一頁一頁，並可以大量印製，因此是一項重大的發明，也影響到書籍形制的改變。

雕版印刷術的發明時間，過去有東漢、東晉、隋、唐、五代、宋等不同的說法，比如明人胡應麟說：「雕木肇始於隋，行於唐世，擴於五代，精於宋人」（《少室山房筆叢》），影響較大。現存印刷實物中，沒有早於西元8世紀的印刷品，但據文字的記載則遠早於這個時期。錢存訓詳細列舉分析文獻記載中有關雕版印刷的材料，認為「6世紀已出現印本之說難以成立；8世紀已有印刷品實物，無需辯論；至於7世紀的說法，文獻較多而可信度較高。因此我們採取這一論斷。」從現存的史料及實物來看，錢氏的論斷是比較審慎客觀的。

其他一些學者也有相關考證，張秀民透過對文獻記載材料的考訂，認為雕版印刷始於唐初，肖東發等也認為中國印刷術「起源時間應該是在六七世紀之交」，「雕版印刷術發明時間斷定在初唐是有根據的」。黃永年綜合考察大量的文獻材料，認為雕版印刷的時間最早不過唐玄宗時期，亦備一說。

現存的雕版印刷實物，國內發現較早的是敦煌所見西元868年《金剛經》卷子。另外1966年在韓國慶州佛國寺釋迦塔中發現《大陀羅尼經》，因為其中有武則天在位期間所造新字，石塔及佛寺建於751年，因此時間應在704-751年間，據學者研究，應是從中國流傳過去的。日本也發現有770年

以前的雕印佛經，有些是在中國印行的，有些是使用從中國流傳的雕印技術印行的。這些材料都證明雕版印刷的發明應該在西元 7 世紀左右，並很快傳播到周邊國家。

隨著雕版印刷的發明，古代書籍的裝幀形制也發生了相應的變化。手寫書籍可以任意裁接，但雕版印刷書籍必須將一書分成若干部分一版一版地雕刻印刷，以版為單位印出來若干張，稱為書葉（頁），因此雕板印刷的書籍必須經過裝訂。繼續採用已有的卷軸裝、經折裝、旋風裝，都已經不合適了。書籍製作方式的變革對裝幀形態變化有著深刻的影響。

（1）蝴蝶裝

蝴蝶裝是最初出現的一種適應書籍製作方式變化的裝幀形式。

蝴蝶裝始於唐末，盛行於北宋。蝴蝶裝的裝訂法，是將每張印好的書頁從中縫將有文字的兩個半頁對折，背面空白處在外，然後把這樣對折的一疊散葉用一張紙從前包到後面，並將各頁折口處牢牢地粘連在這張紙上，以免脫落。其所以得名，是因為書冊打開後左右對稱，猶如蝴蝶展開雙翅飛翔。蝴蝶裝適應了印製書籍一版一葉的特點，並且文字朝裡, 版心集於書脊，有利於保護版框以內的文字。上下左三邊即使磨損也不致於傷害框內文字，散了重裝也不致於損壞。但蝴蝶裝也有缺點，由於每頁有字的一面對折在內，空白的背面在外，打開書，往往碰上空白的背面。而且讀完一頁，必須連翻兩頁，才能繼續讀下去，很不方便。而且蝴蝶裝書脊用漿糊粘連，可以作為藏書，若是經常翻閱，則容易脫落和散亂。

（2）包背裝

針對蝴蝶裝的缺點，有人把書葉的背面同背面對折在內，有文字的一面露在外（與後來的線裝書各頁相同），再用一張書衣，把折疊好的一疊散葉從前到後包裹起來，就成了「包背裝」，也叫「裹背裝」。包背裝是一種便於翻閱而又更加牢固的新的裝幀形式，大約出現在南宋，經元、明，一直到清朝末年還在使用。因為包背裝的材料和裝飾往往比較考究，因此明、清時期，政府的官書幾乎都是使用包背裝，比如著名的類書《永樂大典》就是包背裝。

包背裝解決了蝴蝶裝開卷往往是無字反面以及裝幀不牢的弊病。但這種裝幀仍是以紙撚裝訂，包裹書背，因此也還只是便於收藏，仍經不起反復翻閱，仍然很容易脫葉散亂。為了解決個問題，一種新的裝幀方式又慢慢出現並逐漸興盛起來，這就是線裝。

（3）線裝

用線裝訂典籍始何時，難以詳考。過去一般認為，線裝書籍的裝幀形式出現在明朝中葉以後，但也有學者認為這一說法並不確切。現藏於英國國家圖書館東方手稿部的中國敦煌遺書中，有唐末五代時的遺籍，也有少數北宋初年的遺籍。這些遺籍的裝訂辦法，從遺留的訂線、穿孔來看有的已經很接近線裝的方式，可能在唐末五代就開始出現了線裝的方式。

線裝與包背裝的折葉並沒有區別。只是裝訂時，線裝不先用紙撚固定書葉，也不用整紙包裹書背而作封面，而是將封皮紙裁成與書葉大小相一致的兩張，前後各一張，與書葉同時整齊，再將天頭地腳及右邊剪齊，用重物壓穩固定，最後打眼穿線裝訂。明代中葉以後，流行起來的線裝書籍，其裝幀形式不是唐末五代時線裝形式的簡單重複，而且在折葉、打眼、配封皮、裝訂等方面又有發展和變化。現在仍能見到的大量的古籍線裝書，都是四眼裝訂的形式，這種形式是在明、清兩代逐漸定型的。由於線裝書都是軟書衣，為保護書籍，也為了便於上架收藏，明清以來的藏書家，還常為線裝書製作書套，又稱為「函」。線裝的裝幀形式，是中國書籍傳統裝幀史上集大成的形式。「它既便於翻閱，又不易破散，既有美觀莊重的外形，又堅固耐用」，所以它成為古代書籍最完美的一種裝幀形式。

線裝是中國古代書籍裝幀形式的最後階段，清中葉以後，隨著西方近代新的圖書印製技術的傳入，中國的書籍也逐漸出現了平裝、精裝等新的裝幀形式。

為使大家對古代書籍的形態有進一步的瞭解，最後我們再介紹一下古書的版式情況。版式就是古籍每一印頁的格式。每一印頁上的各部分都有特定名稱，比如說版面，指每頁上印版所占範圍。版框，指版面四周的粗線，也叫邊欄，有單欄（邊）和雙欄（邊）的區別。版心，指每頁版面正中的位置。

版心中常有用作對折準繩的黑線或魚尾形圖案，有的印有書名、卷數、頁碼、本頁字數或刻工姓名。界欄，又叫行格，以紅色印的稱為朱絲欄，以黑色印的稱為烏絲欄。有的在版框左欄外上方刻出一個小方格，題寫篇名，叫做書耳或耳格。

　　在漫長的歷史過程，中國古代的書籍制度，經歷了由簡策、卷軸到冊頁的發展。每一種書籍制度都體現著中華民族的智慧，也記錄著古代中國人的知識與情感，推動著古代中國文明的發展，從這一意義上說，書籍制度並不僅僅是一種外在的形式，同樣也是燦爛的古代文明的突出體現。

第十七講 書法：中國哲學的藝術表現

　　在世界林林總總的文字中漢字具有非常獨特的個性，除了具備「前人所以垂後，後人所以識古」的基本功能之外，漢字本身還是一種抽象藝術的載體。漢字藝術——書法，被哲學家稱為「中華文化核心的核心。」

　　何謂書法？中國書法的本質是什麼？作為一種藝術書法具有哪些顯著特徵呢？以下就此略作探討。

▌一、書·書藝·書道·書法

　　書法是一門看似簡單而其實非常複雜的藝術。要給它下一個合乎科學而又具有概括性的定義並非易事。書法一詞，早在《左傳》裡就出現過：「孔子曰：『董狐，古之良史也，書法不隱。』」然此處的書法，與我們今天所說的書法藝術毫不相干，它是指古之良史的史家筆法，嚴格地說是指史官在修史時，對史料處理、史事評論、人物褒貶，所持有的原則、體例和方法。中國書法雖然從甲骨文時代就開始了，但書法作為一個藝術概念，大約晚至東漢才開始出現。

　　漢以前，叫做「書」。甲骨文作「𦘠」，象手執毛筆書寫之形。到了小篆則變作「書」，許慎謂從聿者聲。「書」既是動詞又是名詞，表示書寫動作，又表示所書的作品。在東漢蔡邕《筆論》、《九勢》中「書」字就有表示書寫動作以及書法作品之義。

　　春秋以降，出現了史無前例的大動盪，禮崩樂壞，私肥於公，王權衰微，文化下移。諸侯之間，刀兵相向，你攻我伐，硝煙彌漫。風云突變的社會形勢，迫使王公貴族要應付各種各樣的事情，書寫速度亟需提高，從容結篆空閒少了，文字不得不草書急救，於是出現了分解牽引纏繞的線條，於是橫、豎、掠、波磔等隸書筆劃開始出現，古漢字的象形表意體系受到破壞。隸書之後有出現了撇、捺、點、折、勾、挑等各種形態的點畫，漢字完全變成了由橫、豎、撇、捺、點、折、勾、挑組合而成的具有規定性符號系統。書寫的手段也更加多樣化，從結構到體勢，書寫漢字的書法藝術逐漸走向成熟。書寫水

準有高低上下之分，好的作品受到人們的追捧，漢代之際就有以書法名家者。西漢之能書者，據史籍記載，有漢武帝、元帝、蕭何、司馬相如等，而以蕭何為尤顯焉。《書小史》云：「何善篆隸，作未央宮，制度弘壯，覃思三月，以題蒼龍、白虎二闕，觀者如流。何便禿筆書，時謂蕭籀」「書」「藝」二字在有漢一代或已聯結在一起，《後漢書》就有關於漢和帝的陰皇后「善書藝」的記載。

漢、魏之後，書論、詩論、畫論之類的理論著作漸次出現。趙壹、衛夫人（鑠）、成公綏、王羲之、羊欣、虞和、王僧虔、蕭子云、梁武帝、庾元威、庾肩吾等著名書法家，都有書論作品問世。魏晉時代，由於老莊之學盛行，士大夫以清談玄理為尚，風習所扇，書學也被道論所浸染，王羲之《記白云先生書訣》云：「天臺紫真謂予曰『子雖至矣，而未善也。書之氣，必達乎道，同混元之理。七寶齊貴，萬古能名。陽氣明則華壁立，陰氣太則風神生。把筆抵鋒，肇乎本性。刀圓則潤，勢疾則澀；緊則勁，險則峻；內貴盈，外貴虛；起不孤，伏不寡；回仰非近，背接非遠；望之惟逸，發之惟靜。敬茲法也，書妙盡矣。』」王僧虔《筆意贊》云：「書之妙道，神采為上。形質次之，兼之者方可紹於古人。」書家率以「道」為書法藝術的終極目標，遂有「書道」之稱，舊題衛鑠的《筆陣圖》即有「書道畢矣」之說。

有唐一代，楷書與今草發展已臻頂峰，筆法特點日益豐富，結體方法也日趨複雜。出現了歐陽詢的《八訣》、《三十六法》、《傳授訣》、《用筆論》，虞世南的《筆體論》等專講技法的著作。由於太宗李世民對於書法藝術具有特殊的興趣，書法藝術在唐代被提升到空前的高度，書法教學也深為帝王所重，由於兩晉以降所追崇的「道」難以把握，難以言傳，不便講授。因此，書法研究便又轉向技法探討，據《唐六典·卷八》「弘文館學士」條記載：太宗貞觀元年，詔令現職之京官，不論文武，凡列五品之上，喜學書法，且筆法稍佳、具有發展潛能者，皆准到弘文館內聆聽書法講授，由歐陽詢和虞世南負責講授楷法。到唐末，凡有關執筆、用筆、點畫、結體等各種書法技巧的理論均已建立。這種重「法」的研究狀況使書寫藝術的名稱開始從「書道」。逐漸轉變為「書法」。

初唐虞世南在《筆髓論·契妙》中說：「故書道玄妙，必資神遇，不可以力求也。」又在《書旨述》中說；「書法玄微，其難品繪」。「書道」、「書法」兩個術語並見虞著，可見初唐正處於新舊觀念的交替過渡時期。中唐以後，儘管還有人襲稱「書道」，但稱「書法」的人越來越多了。顏真卿《述張長史筆法十二意》說：「書法當自悟耳。」蔡希綜《法書論》：「餘家歷世皆傳儒素，尤尚書法」。宋代帖學盛行，《淳化閣帖》等又叫法帖，以昭模仿、效法之義。當時的理論研究也多仿效前代，薑夔的《續書譜》，朱長文的《續書斷》，都是在唐人《書譜》、《書斷》的基礎上續寫的。所續內容不出用墨、用筆，方圓、向背、位置、疏密等技法問題。宋人的書論比唐人更重視技法，因此，「書法」之名日益普及，越叫越響。郭紹虞先生說，其時道學盛行，一般人格外看重這個「道」字，不敢隨便亂用，認為天下之理只有宋儒講的一套才是大道，書法屬於雕蟲小技，不能忝列大道，於是「書道」之名遂被廢棄，在宋代的書學著作中一般都稱「書法」。

元明兩代，書法界復古之風日熾，與之呼應，理論研究也以二王及初唐名家作品為物件，深入分析它們的點畫、結構和章法、技巧，成了研究者最關心的問題。有關著作超過以往任何一個時代，筆劃上有「把筆八法」、「運筆八法」、「點畫永字八法」，結體上有李淳的「大字結構八十四法」，高松的「七十二法」等等。條分縷析，結果「為學日益，為道日損」，七竅開而混沌死，道的精神喪失殆盡，書道的稱呼徹底被書法所取代，這種情況一直延續到今天。

綜上所述，漢字書寫藝術的名稱最初叫做書，以後經歷了書藝、書道和書法的演變。應該說明的是，書法的概念具有伸縮性、多層性，至少可以分為以下幾個層面：其一，書寫方法（一般形態，淺表階段）；其二，美化形態（次深層階段）；其三，藝術形態（深層階段）。如果以淺層理解，書法就是寫字。深層階段是書法的最高級形式，表現為書家在藝術活動中具有一定的藝術衝動，對作品注入了一定的藝術情感，其作品具有一定的審美追求，具有一定的創造性，是令人感動的藝術形態。書法概念的多層性，表現了不同藝術修養的人對書法藝術的不同理解。這種多層性可以借用傳統訓詁學上的術語來概括，即渾言則不分，析言則有別。籠統地說，可以認為書法與文字書寫是

一回事；深究起來，書法與寫字則有區別。文字的書寫重於記錄語言的實用性，書法的旨歸在於滿足人們的藝術的需求。

二、書法藝術的本質

1、中國書法──線條性格化的表現藝術

　　書法是一種藝術，要研究各種藝術之間的區別和聯繫，勢必要依據其各自的藝術特點進行合理的分類。對書法藝術本質的歸類，向有模仿藝術、再現藝術、表現藝術、抽象藝術、具象藝術、時間藝術、空間藝術、靜態藝術、運動藝術、綜合藝術等多種不同，甚至截然對立的提法。我們以為，之所以形成種種歧見，歸根結蒂是對藝術哲學名詞的糾纏，諸說各執一端。每人立說，都有有各自的道理，也都有自己的偏見，究其根源，是因為各家闡釋的角度和切入點不同，才形成了有始無終的爭論。撥開各種迷障，說穿了書法藝術還是關於寫字的藝術，是書寫者為表現自己的主體意識和審美要求及藝術技巧而創造的藝術。藝術活動的全過程就表現為一種表現過程，藝術形態的出現，就是書寫者主體審美趣味和技能表現的結果。但是我們必須明白，「表現」二字並不能十分熨貼地說明書法藝術的特點，並不能說明書法藝術與其它藝術的區別。

　　書法是表現藝術，繪畫、雕塑也是表現藝術。我們有必要指出它們之間的區別。要指出書法與其它藝術品種的區別，就不能不用比較的方法。有比較才有鑒別，比較法永遠是最簡明、最省力的辦法。

　　書法活動是寫字，這一點是無庸置疑的。問題的關鍵是如何寫，寫的怎麼樣。寫字可以分為不同的情狀，有的是機械地劃道，是毫無性情的簡單筆劃組合；有的是有意識地表現某種意趣、某種精神，但由於技術原因，並不能如願以償；有的是有意識地表現某種情感、哲學理念或創作欲望，並且準確完美地表現出了理想的形態。我們對於書法藝術的理解應該是後者。這樣表述似乎還是具有模糊性，似乎很難區分書法與繪畫，尤其是中國畫的區別。

　　中國書法與繪畫藝術是有共通之處的。書法和繪畫都是用線條造型來表現主體意識的藝術，西方繪畫最早也是依靠線條為表現語言的，但是，後來

西方繪畫完成了向面造型為主的轉軌，與中國繪畫表現手段有了本質的區別。然而中國繪畫數千年來一直沿著線造型的單軌向前運演，與中國書法的造型一直保持著共同的關係，所以中國素來有「書畫同源」之論。

但是應該明白，書法與繪畫畢竟是兩碼事。二者最重要的區別是，書法藝術不是以狀物為指歸的。它的本質性的元素還是一種文字，是語言美麗的物化形態。而中國畫的本質元素是對客觀物類的準確的摹繪。雖然它也主張寫意，但其寫意的基本手段仍是依靠線條去狀物的。書法與中國畫的另一個重要區別是，書法除了靠線條的變化來表現主體的意趣之外，幾乎沒有輔助性的手段。而中國繪畫還有點、線、面、色彩等各種手段來能動地再現外物的視覺形狀。

書法是企圖將抽象的線條轉化為具象的形態，並藉此業完成自己的美學追求。繪畫是企圖用線條的摹狀的具象物態來表現抽象的主體理念。書法的藝術美是隱性的，是不可捉摸的；繪畫的藝術美相對來說是顯性的，是容易感知的。書法和繪畫一般說來都是一次完成的形象，但書法表現的更突出。書法，無可續性、補充性、規定性，是一種跳躍性、隨意性很強的藝術活動。而繪畫卻相對有可續性、規定性、補充性。書法作品，少有合作者；而繪畫二人、三人、四五人合作的例子是不勝枚舉的。書法藝術是散點的、片斷的藝術，其形象具有不完整性和高度洗練的概括性；而繪畫藝術相對來說具有集中性、完整性和瑣細性。

羅丹曾說：「沒有一件藝術品能單靠線條、色調的勻稱或僅僅為了滿足視覺刺激而打動人的」。他是就繪畫而言的，就中國書法而論，此說未必中肯，中國書法藝術往往就是單靠線條勻稱來打動人的，甚至對色調的勻稱亦可以忽略。但這裡的「勻稱不能機械地理解為均勻對稱，整齊劃一，而應該理解為「和諧」。

繪畫往往取材於自然物象，借自然物象之屍，靠線條、色調勻稱的手段來還意象之魂。而中國書法可以說是無物可象，無屍可借，純粹是靠線條的優美組合來滿足視覺的藝術。有時一幅篆書、草書、甚至真書、隸書，我們可能不認識是何字，表現為何意，但我們完全可以從令人感動的線條中強烈地感受到書家的那種美的意味、美的情緒和美的和諧。當然，從接受美學的

角度來說還有審美者自身的問題。審美的過程是一個藝術創造的過程,不是主體意識的簡單再現和書寫歷史的簡單複歸。

2、中國書法——人文精神的線條化形態

如果說書法是線條性格化的表現藝術,立足點側重於主體方面,那麼縱觀整個書法歷史長廊,從客觀方面來看,中國書法又是人文精神的線條化形態。中國書法靠極其有限的筆劃線條的變化高度抽象地體現著華夏民族的人文精神和藝術哲學理念。中國人藉書法「達其情性,形其哀樂」、「窮變態於毫端,合情調於紙上。」(孫過庭《書譜序》)中國書法之所以具有永久的魔力,從一定意義上說,就是因為它沉積著幾千年的中國歷史文化。

中華文化是典型的東方文化,與西方文化具有很大的差異。西方古希臘時代,形式邏輯比較發達;中國先秦的名辯之學雖然也是形式邏輯,卻不如希臘形式邏輯的精密,但中國傳統文化中的辯證思想,足可以與希臘辯證思維抗行,辯證思維是中國哲學中的重大命題。老子提出「正複為奇,善複為妖。」(《道德經》五十八章)「禍兮福之所倚,福兮禍之所伏。」(《道德經》五十八章)「故物或損之而益,或益之而損」(《道德經》四十二章)強調矛盾對立的雙方可以互相轉化。易傳:「在天成象,在地成形,變化見矣。」充分肯定變化的普遍性,同時指出變化的根源在於對立面的相互作用。「剛柔相推而生變化」(《易傳》)提出一陰一陽之謂道,肯定了對立統一是天地萬物的普遍規律。

中國古代哲學思想,也影響了自然科學和藝術,祖國醫學的辯證理論是人所共知的。作為最能代表中華民族藝術個性的書法藝術,更是完美地體現了中國哲學的辯證思維方式。孫虔禮《書譜序》:「《易》曰『觀乎天文,以察時變;觀乎人文,以化成天下』,況書之為妙,近取諸身」。「豈知情動形言,取會風騷之意;陽舒陰慘,本乎天地之心。」這「陽舒陰慘」觸到了中國哲學的實質,指出了陰陽轉化,指出了矛盾統一。這是中國書法藝術的外在形式最重要的特徵,也是中國書法藝術哲學內含的基本精髓。

中國書法藝術是矛盾的藝術,沒有矛盾的舒慘變化,也就沒有藝術和藝術魅力。書法藝術的王國,就是一個充滿矛盾的世界。諸如順逆、向背、揖讓、

起伏、輕重、剛柔、疏密、長短、曲直、俯仰、緩急、點線、增減、險夷、肥瘦、濃淡、斷續、黑白、脫接、大小、方圓、欹正、巧拙、醜媚、聚散、開合、收縱、鈍銳、抑揚、頓挫、乖合、屈伸、首尾、藏露、虛實、呼應、遠近、平側、垂縮、鬆緊、避就等等。形形色色的矛盾，造就了千奇百怪的形態，造就了生動感人的藝術。但是僅有矛盾，如不能互相轉化，將對立的雙方納入一個共同體裡，就構不成一個完整的藝術體系。中國書法最善於處理對立雙方的關係，寓矛盾於統一之中。「濟成厥美，各有攸宜」（《書譜序》），強調中和美，強調分寸美。

歐陽詢指出：「最不可忙，忙則失勢，次不可緩，緩則骨癡。」孫過庭《書譜序》亦云：「質直者則徑侹不遒；剛佷（heng 兇狠）者又倔強無潤；矜斂者弊拘束；脫易者失於規矩；溫柔者傷於軟緩；躁勇者過於剽迫；狐疑者溺於滯澀；遲重者終於蹇鈍；輕瑣者染於俗吏。」中國書法藝術的本質很重要的側面就是處理矛盾的藝術，整個書寫活動的過程就是矛盾不斷變化的過程，所以有人又說書法藝術是運動的藝術，當然也可以說書法藝術是辯證的藝術。辯證思維永遠是中國人文精神的重要主題，書法藝術正是靠具體線條紐結變化來折射我們民族的人文精神的。所以有人又說中國書法是具象的藝術。

▌三、書法藝術的特徵

中國書法藝術本質決定了它的藝術特徵是線條的性格化，規定了它具有抒情性。人文精神的線條化形態，規定了它所具有的特徵是世界上獨一無二的「這一個」，即民族性。它所返照的只能是華夏民族特定的人文精神和哲學意識。書法是中國一門獨特的藝術，但在西方詞典裡也有這樣的條目。我們不妨將中國書法與西方書法來一個有趣的比較，希望能在比較中凸現中國書法藝術獨特的藝術個性。

書法一詞，在西方詞典裡寫作 Calligraphy, 意思是優美的書寫。據英國裘蒂．馬丁說：「這個定義範圍較大，因此對這個詞的解釋也是多種多樣的。『有關書法的』（Calligraphic）這個詞包括各種手書的、塗畫的和設計的書寫內容，或是平面的或是立體的。」「主要是指西方書法的形式美傳統，

羅馬字母及其異體的書寫、它們的產生與演變、書寫的工具材料、使用平頭筆所構成的傳統意義上的書體、書寫設計的基本思想以及書法在設計中與各種媒介上的特殊應用等。從根本上說書法就是文字書寫，借助於筆的移動和節奏，它與描畫或機械地規定字母的組合形式是不同的。從上述的定義中我們就可以看出，西方所謂的書法與我們的書法名同而實異。

西方書法的本質是「優美地書寫」，並不是一種藝術。其書寫物件是羅馬字母及其異體，其書寫的工具是平頭筆，其書寫的方法是手書的、塗畫的，其書寫的形態「或是平面的，或是立體的」，據裘蒂·馬丁介紹：「總的說來，書寫地位並不顯赫；書寫主要是為了日常交流，至於形式美並不是人人都關心的，忽視了傳統與技巧。西方的真正書法只是在文藝復興以後才在少數地區出現」。書法是關於文字的書寫方法，書法與文字總是有千絲萬縷的聯繫，文字是記錄語言的一種符號，與人類的日常生活經常發生關係。為了交際的需要，方案總是要求寫得端正，易於辨認，同時盡可能地講究美觀，西方文字書寫也是這樣，但是由於民族思維方式的差異，西方的書寫方法──書法，始終沒有超越實用的水準，大體上可與我們的仿宋體、黑體及其變種的美術字劃歸一個系列。什麼是藝術？宗白華先生說：「表現出藝術家獨特的個性與風格來，才是真正的藝術，藝術是創造出來的，不是如法炮製。」（見《美學散步》，上海人民出版社，1987 年）我們說西方書法和中國美術字與書法藝術的根本差別就在於它們是千字一面，可以如法炮製。

藝術與生命、與情感是孿生姊妹，一切無情的、死的東西都應該從藝術的田園裡剔去。所以詩人艾裡剔說：「創造一種形式並不是僅僅發明一種格式、一種韻律或節奏，而且也是這種韻律或節奏的整個合式的內容的發覺。莎士比亞的十四行詩並不僅是如此這般的一種格式或圖形，而是一種恰是如此思想感情的方式。」中國書法正是如此，她不僅僅是發明一種格式、一種韻律或節奏，它還有藝術所需的更重要的東西──情感。抒情性是中國書法的一大特徵。它可以「達其情性，形其哀樂」，熔鑄書家的思想感情。正如李陽冰論書所說：「於眉發口鼻，得喜怒舒慘之分。」書家有時表現恬靜舒暢，有時表現嚴肅剛勁，境界不同，亦如人之喜怒有別。李煜說過：「善法書者，各得右軍之一體，若虞世南，得其美韻而失其俊邁；歐陽詢得其力，而失其

秀；褚遂良得其意，而失其變化；薛稷得其清，而失於窘拘；顏真卿得其筋，而失於粗魯；柳公權得其骨，而失於生獷；徐浩得肉，而失於俗；李邕得氣，而失於體格；張旭得法，而失於狂；唯獻之俱得之，而失於驚急，不得其蘊藉態度。」李煜道出了諸書家的書風和性情。中國書法在不影響識讀的前提下，多一筆，少一筆，要粗要細，要正要斜，疏疏密密，大大小小，都可以根據書寫者自己的審美趣味，隨心所欲地去處理，即所謂隨心所欲不逾規，這使得它摹狀擬物，「於天地山川，得方圓流峙之常；於日月星辰，得經緯昭回之度；於云霞草木，得霏布滋蔓之容；於衣冠文物，得揖讓周旋之體；於鬚眉口鼻，得喜怒舒慘之分；於蟲魚禽獸，得屈伸飛動之理；於骨角齒牙，得擺位咀嚼之勢。隨手萬變，任心所成。可謂通三才之品匯，備萬物之情狀矣（李陽冰《上採訪李大夫書》）。」

　　蔣彝先生在《中國書法》中也曾談及西方書法的特點，他說：「我曾多次參觀大不列顛博物館的手稿部和格蘭維爾圖書館，並仔細地查看了從巴凱萊德到大憲章的古代手稿。在我看來，雖然每頁手稿的字母及單詞都排列得頗為雅致，但其整體卻缺少變化。我想，原因可能在於拼音文字的限制。二十六個字母完全由圓圈、曲線、直線和斜線構成，大大限制了字形的變化。手稿通篇看，不過是圓圈、曲線、直線和橫線的重複，用近似的動勢彼此相連。而且墨色沒有濃淡枯濕之分，因此藝術性就差遠了。」

　　之所以不把西方書法包括中國的美術字算作藝術，就是因為它們無情無性，只具有圖案意味和裝飾意味，只具有工藝美術性質。裴蒂·馬丁很清楚地把西方書法劃歸工藝美術系列，他在《西方書法指南》一書的特別醒目的篇首引愛德華·約翰斯頓的話說：「手工藝人一方面要使作品讓人理解，另一方面還要對作品進行加工創造，使它富於表現力。」很明顯，他是把西方書法與工藝美術等同看待的，在講到東方書法時他曾坦率地承認東方書法「是藝術技巧和哲學傳統的完善結合。」東西方的書法的確是兩種不同性質的東西。說到底西方書法和中國美術字只是「優美地書寫」，不具有抒情性和性格化。它們不能表現書家主體的喜怒哀樂，更不能蘊含一種民族文化的人文精神。與之相比，中國書法不僅能抒情寫意，還能完善地體現我們民族的哲學理念。正如蔣彝《中國書法》中所說：「書法除了它本身就是中國各種藝術中一種

最高級的形式之外，我們還可以斷言：在某種意義上說，它還構成了其它中國藝術的最基本的因素。」

也許有人會問，同樣是寫字的方法，為什麼在中國的田園裡生長的就是藝術，在西方田園裡生長的就變成了工藝美術了呢？形成這種奇特文化現象的直接原因是什麼？這是一個不太好回答的問題。

導源這種情形的原因是多方面的，其中最本質的因素應該是二者絕不相同的書寫物件。即東西方文字的差異。中國書法之所以成就為一門獨特的高級別藝術，從客體方面說決定的因素在於漢字的「特殊形體」。書法的對象是漢字。漢字的藝術性表現為三個方面。

首先是象形性。最初的漢字都是「畫成其物，隨體詰屈」的象形字。每個字都含有圖畫的意味，具有藝術的形象美。後來，漢字在象形的基礎上，又產生出指事、會意和形聲字，它們都是以象形字為偏旁組合而成的，依然帶有比較濃重的象形意味。漢字的這種象形性允許書寫者為了追求不同的書寫風格，對字形作各種變形處理，或長或短，或大或小，甚至或繁或簡。漢字的象形性質為藝術創作提供了一個可以充分施展想像和張揚個性的表現天地。

正是因為漢字是方塊字，每一個字都有各自不同的面目和造型，所以，且不說每人手書漢字都具有很大的隨意性、不可重複性，即使是雕版印刷的漢字字形，此字與彼字也絕無雷同的現象。漢字造字之初，就是靠不同形狀的筆劃組合來區別一個個漢字的。我們的先民「仰則觀象於天，俯則觀法於地，視鳥獸之文與地之宜」，「囊括萬殊，裁成一相」，造就了一個個漢字。可以說，漢字的本身就是天地萬物變化莫測的寫照。因此，漢字形體很難大小相同、整齊劃一，它們有疏有密，有大有小，有長有扁，有正有斜，有斷有連，有高有低。由於漢字本身的多樣性、複雜性，即便想把它們硬嵌入一個個方框的虛實分割也實在難於統一。可以這樣說，各有面目的字樣形成了漢字的千姿百態。這為漢字成為書法藝術提供了可能性和必要性。如果沒有漢字的這一特點，漢字書寫要想昇華為一門藝術是不可想像的。

相比之下西方文字的變化就簡單得多，它們不過是由二三十個字母組成的一個個單詞，它們的形體筆劃要比漢字簡單的多，其線條長短伸縮曲直粗細變與不變幾乎毫無藝術意義，只不過是書寫的重複性準確不準確的差異而已。從構形方面講，由於其先天字構系統並不複雜，因此，即便是才華橫溢的書家，也很難在如此簡短的基礎上和十分局促的框架內構築出精美絕倫的藝術大廈。換句話也可以說，西方文字自身的簡約性，強制地限定其書寫的途徑只能是在實用的軌道上運行，不可能叉入藝術途徑上去。從書寫的實用性角度看，的確有其易學易寫的優越性，但從藝術的角度看，則是令人沮喪的。西方文字只是一種符號，一種工具而已，絕無可能生成獨具面目的藝術品類。

從章法上講，雖然它們也有十來個，甚至二、三十個字母拼成的單詞，構成了一個貌似複雜的長鏈，但是其長短的意義只在於內容，只在於別義。其形式上只不過是二三十個字母的簡單重複罷了。其本身線條十分單調，幾乎只有孤線和直線以及少許的「點」，利用這些單調的樂符，無論是誰也很難創作出感耳動心的交響曲。其一律自左至右的字母排列方式樣，就象一支冗長而缺少變化的曲譜，沒有明顯的快慢節奏，沒有強弱的音調變化，因而也構不成一支優美的謠曲，西方文字符號的簡單化，無論書寫者如何努力，也難以彌補其文字本身缺少藝術潛力的先天不足。

與其相反，中國漢字，萬字不同，每一個點畫撇捺，穿插勾連，各有規律，其點畫撇捺的筆劃走向、位置略有調整，就可以構成不同的形，不同的義。其形與義之間既有一定的規定性，又有一定的隨意性，表與裡（形式與內容）之間是規定的，但又不完全是規定的，它們之間有可拆分性，又有不可拆分性，漢字是因形而寓義，因義而立形，音與形義之間也有難分難解的糾葛。漢字的形音義是一個有機的整體，合之則生，分之則死。其自身的結構的完整性、複雜性既是大千世界的一個縮影，又是其創造者個體和人類的模擬系統。創造者有多複雜，其自身就有多麼複雜，誠如自然天象和人的內心一樣瞬息萬變，不可端倪。

另外，整個漢字系統，縱向看有甲骨文、金文、篆書、隸書和楷書，一個字在各個不同時期有不同寫法。橫向看，在同一個時期，由於中國地域遼

闊，各地方言不同，造成形聲字注音偏旁的歧異，如鱥或作鮍，剝或作。對字義的理解各有側重，又使得形義偏旁也不盡相同，如膀或作髈，髀或作。一個字常常有多種不同寫法，《集韻》中「豔」字的異體字多達二十幾個。這樣龐大的漢字體系，書寫時任你挑選，繁簡古今，千姿百態，絕不會雷同，絕不會單調乏味。它們組成一幅完整的作品，其豐富性也是拼音字母所無法比擬的。

再次是點畫形式的多變。隸書和楷書的點畫形式非常豐富，豎如懸針垂露，點若奔雷墜石，橫似千里陣云……」。「一畫之間變起伏於鋒杪，一點之內殊衄挫於毫芒」，各種不同形態的筆劃經過處理，「或重若崩云，或輕如蟬翼；導之則泉注，頓之則山安；纖纖乎似初月之出天涯，落落乎猶眾星之列河漢」（孫過庭《書譜》）。漢字的基本筆劃在書法家的筆下，與音樂藝術中從自然界的群聲裡概括出來的少數「樂音」一樣，透過相互間的組合規律，用強弱、高低、節奏、旋律等有規則的變化，可以充分表現作者的內心情感和世界諸象。

還有書寫工具毛筆，以及墨和宣紙等也是促使書法成為藝術重要要素。

筆字從聿，聿就是筆。甲骨文作「」，即象以手把筆之形，筆桿下表示筆毫。毛筆在商朝就有了。它軟柔有彈性，根據用筆時提按頓挫的變化，能寫出粗細方圓各種形狀和質感的點畫。一般來說，起筆方折的斬截嚴峻，圓轉的溫潤含蓄，線條中鋒的結實厚重，側鋒的清勁遒美，所以漢代蔡邕說：「惟筆軟則奇怪生焉」。(《九勢》) 毛筆的這種表現能力，比鵝管筆，鋼筆，鉛筆以及油畫筆要強多了，磨的墨可濃可淡，可枯可潤。濃者近，淡者遠，平面的紙上能夠出現立體的縱深效果。在心理感覺上，濃的似火，刺激強烈；淡的如水，文靜優雅。歷史上蘇東坡善於用濃墨，如漆珠光，神彩煥發。董其昌善於用淡墨，瑩潤空靈，古雅秀逸。

宣紙吸水量大，滲化性能強。行筆慢則化，快則幹，枯濕飛白，能敏感地記錄下書寫速度，表現書寫運動的節奏感。並且濕者實，枯者虛，虛虛實實，變化多端。古人說：「潤似春草，枯如秋藤。」清淡的洇潤滲化，如春草淒迷，飽含生命的玄機；乾裂的枯澀飛白，如千秋古藤，蒼勁老辣。

　　正是漢字本身所蘊涵的藝術潛質和毛筆、宣紙、墨等各種因素的共同作用，使漢字的書寫得到美的昇華。漢字本身構築的複雜性足以使人耗盡畢生的心血去玩味。

　　中國書法是積木，是魔方，足以讓你在有滋有味的圖案和造型變化中陶醉和沉迷。如果能走進這個神秘的溶洞，你會發現這是一個撲簌迷離的世界。這裡面有人生哲理、宇宙物象、風雨雷電、山川河流、有草木魚蟲、風花雪月，有血有肉，有哭有笑，有愛有恨，有喜有悲。真正認識她、瞭解她的人明白，這是一個比萬花筒美妙得多、複雜得多的迷幻世界、童話王國。

　　這就是中國書法！

　　這就是藝術的魅力所在！

後記

　　書到寫序的環節，總不免心生輕風之快，信馬由韁地走筆，落下一些要緊的話，不得不再續之記。

　　由於專業相近，我們二人若水流濕，猶火就燥，同聲相應，同氣相求，皆有補短取長之願。我們共同商定了全書的框架，然後分頭撰寫各自熟悉的部分。茲將具體分工加以說明，以示自負文責。

　　第 12 至 16 講由李洪波承擔，其餘由常耀華承擔。

作者

國家圖書館出版品預行編目（CIP）資料

中華文化史十七講 / 常耀華，李洪波編著 . -- 第一版 . -- 臺北
市 : 崧博出版 : 崧燁文化發行 , 2019.02

　面；　公分
POD 版
ISBN 978-957-735-687-1(平裝)

1. 文化史 2. 中國史 3. 文集

630.7   108002036

書　　名：中華文化史十七講

作　　者：常耀華，李洪波 編著

發 行 人：黃振庭

出 版 者：崧博出版事業有限公司

發 行 者：崧燁文化事業有限公司

E - m a i l：sonbookservice@gmail.com

粉 絲 頁：　　　　　　網 址：

地　　址：台北市中正區重慶南路一段六十一號八樓 815 室

8F.-815, No.61, Sec. 1, Chongqing S. Rd., Zhongzheng

Dist., Taipei City 100, Taiwan (R.O.C.)

電　　話：(02)2370-3310 傳　真：(02) 2370-3210

總 經 銷：紅螞蟻圖書有限公司

地　　址: 台北市內湖區舊宗路二段 121 巷 19 號

電　　話:02-2795-3656 傳真 :02-2795-4100　　網址：

印　　刷：京峯彩色印刷有限公司（京峰數位）

定　　價：500 元

發行日期：2019 年 02 月第一版

◎ 本書以 POD 印製發行

獨家贈品

親愛的讀者歡迎您選購到您喜愛的書，為了感謝您，我們提供了一份禮品，爽讀 app 的電子書無償使用三個月，近萬本書免費提供您享受閱讀的樂趣。

ios 系統

安卓系統

讀者贈品

請先依照自己的手機型號掃描安裝 APP 註冊，再掃描「讀者贈品」，複製優惠碼至 APP 內兌換

優惠碼（兌換期限2025/12/30）
READERKUTRA86NWK

爽讀 APP

- 多元書種、萬卷書籍，電子書飽讀服務引領閱讀新浪潮！
- AI 語音助您閱讀，萬本好書任您挑選
- 領取限時優惠碼，三個月沉浸在書海中
- 固定月費無限暢讀，輕鬆打造專屬閱讀時光

不用留下個人資料，只需行動電話認證，不會有任何騷擾或詐騙電話。